〔元〕脱脱 等撰
陳述 補注

遼史補注

第四册

卷二五至卷三〇（紀四）

中華書局

遼史補注卷二十五

本紀第二十五

道宗五

三年春正月乙卯，如魚兒濼。甲戌，出錢粟振南京貧民，仍復其租賦。己卯，大雪。〔一〕

二月丙戌，發粟振中京饑。甲辰，以民多流散，除安泊逃户徵償法。

三月乙卯，高麗遣使來貢。己未，免錦州貧民租一年。甲戌，免上京貧民租如錦州。庚辰，女直貢良馬。

夏四月戊子，賜中京貧民帛，及免諸路貢輸之半。丙申，賜隈烏古部貧民帛。〔二〕庚子，如涼陘。甲辰，南府宰相王績〔三〕薨。乙巳，詔出户部司粟，振諸路流民及義州〔四〕之饑。

五月庚申，海雲寺進濟民錢千萬。〔五〕

秋七月〔六〕丙辰，獵黑嶺。丁巳，出雜帛賜興聖宮貧民。庚午，大雨，罷獵。丁丑，秦越國王阿璉薨。〔七〕

九月乙亥，駐蹕匣魯金。〔八〕

冬十月庚辰，以參知政事王經爲三司使。壬辰，罷節度使已下官進珍玩。癸卯，追封秦越國王阿璉爲秦魏國王。〔九〕

十一月甲寅，以惕隱耶律坦同知南京留守事，遼興軍節度使耶律王九爲南府宰相。〔一〇〕

十二月己卯朔，以樞密直學士呂嗣立參知政事。〔一一〕

〔一〕高麗史卷一〇：「宣宗四年（一〇八七）春正月「乙丑，遣告奏使秘書監林昌槩如遼」。「庚辰，遣密進使閤門引進使金漢忠如遼。」

〔二〕按本史卷二二紀清寧九年七月及卷三三營衛志下並作隗烏古部。

〔三〕全遼文卷九賈師訓墓誌銘作王籍。

〔四〕按本史卷三七—四一地理志無「義州」。有懿州、宜州。

〔五〕契丹國志卷九：「夏六月，有星如爪，出文昌。」

〔六〕長編：「元祐二年（一〇八七）秋七月庚戌朔，日當食，陰雨不見。」

〔七〕長編：秋七月「戊午，遼國遣崇儀軍節度使蕭德崇，中散大夫、守太常少卿、充乾文閣待制張琳來賀坤成節。宴垂拱殿，始用樂。太師文彦博言：『北使見於紫宸殿，宴垂拱殿。左右内侍執用白紙及柿油蕉葉扇，率不直十餘錢，此止士庶便於日用。今萬乘臨軒操用，有以見堯舜儉德之美。……乞付史册。』詔可」。「戊辰，遼使辭。」八月「戊子，詔：『北人及兩輸人應送他州者，除婦人小口外，并依配軍法，差兵級部送。』」「乙未，户部侍郎張頡爲太皇太后賀遼主生辰使，皇城使楊永節副之；中書舍人曾肇爲皇帝賀遼主生辰使，皇城使向綽副之；太僕少卿王欽臣爲太皇太后賀遼國正旦使，西作坊使劉用賓副之；工部郎中盛陶爲皇帝賀遼國正旦使，西頭供奉官、閤門祗候趙希魯副之。」

「是月，中書舍人蘇轍言：『……董戩與西夏世爲仇讎……乃者，董戩老病，其相鄂特凌古擅其國事，與其妻契丹公主殺其二妻森摩氏，其大將果莊及温錫沁等皆心懷不服。」

〔八〕高麗史卷一〇：九月「戊午，遼遣高州管内觀察使高惠來賀生辰」。

〔九〕高麗史卷一〇：十月壬辰，「遣告奏使禮賓少卿柳伸如遼」。

〔一〇〕高麗史卷一〇：十一月「丙辰，遣衛尉少卿庾晳如遼謝賀生辰」。「己巳，遣殿中少監金德均如遼獻方物。」

〔一一〕長編：十二月「壬午，遼主遣寧昌軍節度使耶律拱辰，客省使、海州防禦使韓懿來賀興龍節」。

「丙戌，興龍節，羣臣及遼使初上壽於紫宸殿。」「甲辰，遼主遣瑞聖軍節度使耶律仲宣，泰州觀察使耶律凈，正議大夫、守崇禄卿郭牧，中散大夫、守太常少卿、充史館修撰姚企程來賀正旦。」高麗史卷一〇：十二月「己丑，遣刑部侍郎崔翥如遼賀天安節」。

四年春正月庚戌，如混同江。甲寅，太白晝見。甲子，五國部長來貢。庚午，免上京逋逃及貧户稅賦。甲戌，以上京、南京饑，許良人自鬻。丁丑，曲赦西京役徒。〔一〕

二月己丑，如魚兒濼。甲午，曲赦春州役徒，終身者皆五歲免。己亥，如春州。赦泰州役徒。〔二〕

三月乙丑，免高麗歲貢。己巳，振上京及平、錦、來三州饑。

夏四月己卯，振蘇、吉、復、淥、鐵五州貧民，并免其租稅。甲申，振慶州貧民。乙酉，減諸路常貢服御物。丁酉，立入粟補官法。〔三〕癸卯，西幸。召樞密直學士耶律儼講尚書洪範。〔四〕

五月辛亥，命燕國王延禧寫尚書五子之歌。乙卯，振祖州貧民。丁巳，詔免役徒，終身者五歲免之。己未，振春州貧民。丙寅，禁挾私引水犯田。〔五〕

六月庚辰，駐蹕散水原。丁亥，命燕國王延禧知中丞司事，以同知南院樞密使事耶律聶里知右夷離畢，知右夷離畢事耶律那也同知南院樞密使事。庚寅，北院樞密使耶律頗德〔六〕致仕。

秋七月戊申，曲赦奉聖州役徒。丙辰，遣使册李乾順爲夏國王。庚申，如秋山。己巳，禁錢出境。〔七〕

八月庚辰，有司奏宛平、永清蝗爲飛鳥所食。庚寅，謁慶陵。〔八〕

冬十月丁丑，獵遼水之濱。己卯，駐蹕藕絲淀。癸未，免百姓所貸官粟。己丑，知北院樞密使事耶律阿思封漆水郡王。癸巳，以乙室大王耶律敵烈知西北路招討使事，權知西北路招討使事蕭朽哥知乙室大王事。壬寅，詔諸部長官親鞫獄訟。〔九〕

十一月庚申，興中府民張化法以父兄犯盜當死，請代，皆免。〔一〇〕

十二月戊寅，南府宰相耶律王九致仕。癸未，以孟父敞穩耶律慎思爲中京留守。〔一一〕

閏十二月癸卯朔，預行正旦禮。丙午，如混同江。〔一二〕

〔一〕高麗史卷一〇：宣宗五年（一〇八八）春正月「戊午，遼遣横宣使、御史大夫耶律延壽來」。

〔二〕高麗史卷一〇：「二月甲午，以遼議置榷場於鴨江岸，遣中樞院副使李顔托爲藏經燒香使，往龜州密備邊事。」

〔三〕全遼文卷一一張世卿墓誌銘：「大安中，民穀不登，餓□死者衆。詔行郡國開發倉廩以賑恤之。公進粟二千五百斛，以助□用。皇上喜其忠赤，特授右班殿直。累覃至銀青崇禄大夫、檢校國子祭酒，兼監察御史、雲騎尉。」

〔四〕長編：元祐三年（一〇八八）夏四月壬寅，「河東路經略司言：『北界步騎七百餘人於解板溝界出没，及府州河濱、斥堠堡，有西賊百餘騎，襲獲一騎，推驗是北人。』詔曾布將所獲北人推問來歷，牒送北界。」（宋會要同。）

〔五〕高麗史卷一〇：五月「己未，遼東京回禮使檢校右散騎常侍高德信來」。

〔六〕耶律頗德，又作頗的，本史卷八六有傳，曾官北院樞密使，大安中致仕。與卷七三有傳之耶律頗德爲同名。

〔七〕長編：七月「癸丑，遼主遣使長寧軍節度使蕭孝恭，副使中大夫、守太常少卿、充乾文閣待制劉慶孫來賀坤成節」。「庚申，坤成節。詔罷上壽，羣臣及遼使拜表稱賀於内東門，以魏王頵在殯故也。」

〔八〕長編：八月「辛卯，龍圖閣直學士、工部侍郎蔡延慶充太皇太后賀遼國生辰使，皇城使、海州防禦使劉永壽副之；給事中顧臨充皇帝賀遼國生辰使，文思副使段綽副之；司農少卿向宗旦充太皇太后賀遼國正旦使，西京左藏庫使高遵禮副之；户部郎中王同老充皇帝賀遼國正旦使，内殿崇班、閤門祗候賈祐副之」。

東國通鑑：宣宗五年九月，遣太僕少卿金先錫如遼，乞罷鴨綠江榷場。

高麗史卷一〇：「九月，遣太僕少卿金先錫如遼乞罷榷場。表曰：『三瀆靡從，雖懼冒頓之非禮；一方所願，豈當緘默以不言。況昔者投匭上書，萬姓悉通於窮告；叫閽撾鼓，四聰勿閡於登聞。幸遭宸鑑之至公，盍寫民情而更達。臣伏審承天皇太后臨朝稱制，賜履劃封。舞干俾格於舜文，執圭甫參於禹會。獎憐臣節，霑被睿恩。自天皇鶴柱之城，西收彼岸；限日子鼈橋之水，東割我疆。統和十二甲午年，入朝正位高良賚到天輔皇帝詔書勅高麗國王王治：「省東京留守遜寧奏，卿欲取九月初發丁夫修築城砦，至十月上旬已畢。卿才惟天縱，智達時機。樂輸事大之誠，遠奉來庭之禮。適因農隙，遠集丁夫。用防曠野之寇攘，先築要津之城壘。雅符朝旨，深叶時情。況彼女真，早歸皇化，服我威信，不敢非違。但速務於完修，固永期於通泰，其於眷注，豈捨寤興。」於時陪臣徐熙，掌界而管臨；留守遜寧，奉宣而商議。各當兩境，分築諸城。是故遣河拱辰於鴈門，爲勾當使於鴨綠，晝則出監於東涘，夜則入宿於內城。遂仗天威，漸怯草竊，後來無備，邊候益閑。聖宗之勅墨未乾，太后之慈言如昨。甲寅年，河梁造舟而通路；乙卯歲，州城入境以置軍。乙未設弓口而創亭，丙申允需頭而毀舍。詔曰：「自餘瑣事，俾守恒規。」又壬寅年，欲設買賣院於義宣軍南，論申則葺修設罷；甲寅歲，始排探守庵於定戎城北，回報曰起蓋年深。當國代代忠勤，年年貢覲。幾遣乎軺車章奏，未蠲乎庵守城橋，矧及茲辰，欲營新市。似負先朝之遺旨，弗矜小國之竭誠。數千里之輪蹄，往來忘倦；九十年之苞篚，輸獻無功。百舌咨嗟，羣心怨望。今臣肇承先閫，恪守外蕃。纔寸悰更切於激昂，何片利將興於締構。界連大楚，懽和誓效於灌瓜；地狹長沙，忭舞尚難於回袖。屢飛縑奏，莫奉綸俞。上蹋蓋高，下慙有衆。伏望皇帝陛下，排鬬臣之橫議，念邊府之殷憂。任耕鑿於田原，復安舊業；禁榷酤之場屋，無使新成。儻免驚騷，永圖報效。』」

〔九〕高麗史卷一〇：「十月丁丑，遼遣太常少卿鄭碩來賀生辰。」

〔一〇〕長編：十一月「戊辰，中書舍人曾肇言，臣今年春奉使契丹歸，嘗奏論河北開孫村口減水河未便。……」

高麗史卷一〇：十一月「壬申，金先錫還自遼，回詔曰：『屢抗封章，請停榷易。諒惟細故，詎假繁辭。邇然議於便宜，況未期於創置。務從安帖，以盡傾輸。釋乃深疑，體予至意。』」（東國通鑑畧同。）

〔一一〕本史卷二七紀乾統二年十一月，以上京留守耶律慎思爲北院樞密副使，此中京或是上京。長編：十二月「丙子，遼國遣使長寧軍節度使耶律迪，副使中散大夫、守太常少卿、充史館修撰鄧中舉來賀興龍節」。

〔一二〕長編：閏十二月「丁卯，遼國遣使興復軍節度使蕭京，永州管内觀察使耶律睦，副使中大夫、守衛尉卿劉泳，東上閤門使、海州防禦使劉彦昇來賀正旦」。

高麗史卷一〇：「是歲遼遣使賜羊二千口，車二十三輛，馬三匹。」

五年春正月癸未，如魚兒濼。甲午，高麗遣使來貢。

三月癸酉，詔析津、大定二府精選舉人以聞，仍詔諭學者，當〔一〕窮經明道。〔二〕

夏四月甲辰，以知奚六部大王事涅葛爲本部大王。壬子，獵北山。甲子，霖雨，罷獵。

五月丁亥，駐蹕赤勒嶺。己丑，以阻卜磨古斯爲諸部長。癸巳，回鶻遣使貢良馬。己亥，以同知南院樞密使事耶律那也知右夷離畢事，左祗候郎君班詳穩耶律涅里知北院大王事。

六月甲寅，夏國遣使來謝封册。壬戌，以參知政事王言敷爲樞密副使，前樞密副使賈士勳參知政事，兼同知樞密院事。〔三〕

秋七月庚午，獵沙嶺。〔四〕

九月辛卯，遣使遺宋鹿脯。壬辰，駐蹕藕絲淀。〔五〕

冬十月乙巳，以新定法令太煩，復行舊法。庚申，以遼興軍節度使何葛爲乙室大王。

十一月丁卯朔，燕國王延禧生子，大赦，妃之族屬進爵有差。〔六〕

〔一〕當，百衲本作常，亦可通解。此從殿本。

〔二〕長編：元祐四年（一〇八九）三月「辛卯，日中天晴，四方有雲，午時有流星自東北方向西北方急流，入濁没。」契丹國志卷九：「春三月，晝有流星出東北。」宋史卷六七五行志五：「（元祐）四年春，陝西、河北地震。」

〔三〕賈士勳，有墓誌出土，作賈師訓。見全遼文卷九。師訓以大安二年授樞密副使，進禮部侍郎……刑部尚書、中書侍郎平章事。本書卷九六有補傳。

〔四〕長編：秋七月「丁丑，遼國遣使保静軍節度使蕭寅，副使朝議大夫、太常少卿、充乾文閣待制牛温仁來賀坤成節」。「甲申，坤成節，羣臣及遼使上壽於崇政殿。」蕭寅，蘇頌蘇魏公集作蕭宣。八月癸丑，「刑部侍郎趙君錫，翰林學士蘇轍爲賀遼國生辰使，閤門通事舍人高遵固、朱伯材副之；少府監韓正彦，光禄卿范純禮爲賀正旦使，閤門祗候賈裕，曹晚副之。純禮辭疾，改命太府少卿陳紘」。曹晚，蘇魏公集作曹暵。

陸嘉淑辛齋詩話：「蘇子由爲賀遼生辰國信使，在元祐四年八月，子瞻有詩送之，既至，國人每問大蘇學士安否，子由經涿州寄詩曰：『誰將家譜到燕都。識底人人問大蘇，莫把聲名動蠻貊，恐防他日卧江湖。』子瞻得詩次韻云：『氈毳年來亦甚都，時聞鴃舌問三蘇；那知老病渾無用，欲向君王乞鑑湖。』聞曩時有刻石於使館者，今無存矣。」胡仔苕溪漁隱叢話前集卷四一：「（蘇）子由奉使契丹寄子瞻詩云：『誰將家集過幽都，每被行人問大蘇。莫把文章動蠻貊，恐防談笑卧江湖。』」澠水燕談録卷七：「張芸叟奉使大遼，宿幽州館中，有題蘇子瞻老人行於壁者，聞范陽書肆，亦刻子瞻詩數十篇，謂之大蘇小集。」岳珂桯史卷二：「承平時，國家與遼歡盟，文禁甚寬、輅客者往來，率以談謔詩文相娛樂。元祐間，東坡實膺是選。遼使素聞其名，思以奇困之。其國舊有一對曰『三光日月星』凡以數言者，必犯其上一字，於是徧國中無能屬者。首以請於坡，坡唯唯。謂其介曰：『我能而君不能，亦非所以全大國之體。「四詩風雅頌」，天生對也，盍先以此復之。』介如言，方共歎愕。坡徐曰：『某亦有一對，曰「四德元亨利」。』使睢盱，欲起辯，坡曰：『而謂我忘其一耶？謹閟而舌，兩朝兄弟邦，卿爲外臣，此固仁祖之廟諱也。』使出不意，大駭服。……自媿弗及。迄白溝往返齚舌，不敢復言他。」

蘇轍欒城集卷四二有北使還論北邊事劄子五道，一論北朝所見於朝廷不便事：「臣等近奉使出疆，見北界兩事，於中朝極爲不便。謹具條列如後：本朝民間開版印行文字，臣等竊料北界無所不有，臣等初至燕京，副留守邢希古相接送，令引接殿侍元辛傳語臣轍云：『令兄內翰（謂臣兄軾）眉山集已到此多時，內翰何不印行文集，亦使流傳至此？』及至中京，度支使鄭顓押宴，爲臣轍言：先臣洵所爲文字中事迹，頗能盡其委曲，及至帳前，館伴王師儒謂臣轍：『聞常服伏苓，欲乞其方。』蓋臣轍嘗作服伏苓賦，必此賦亦已到北界故也。臣等因此料本朝印本文字，多已流傳在彼，其間臣僚章疏及士子策論，言朝廷得失、軍國利害，蓋不爲少，兼小民愚陋，惟利是視，印行戲褻之語，無所不至。若使盡得流傳北界，上則洩漏機密，下則取笑夷狄，皆極不便。訪聞此等文字，販入虜中，其利十倍，人情嗜利，雖重爲賞罰，亦不能禁，惟是禁民不得擅開版印文字，令民間每欲開版，先具本申所屬州，爲選有文學官二員，據文字多少，立限看詳定奪，不犯上件事節，方得開行。仍重立擅開及看詳不實之禁，其令（令一作今）日前已開本，仍委官定奪，有涉上件事節，並令破版毀棄。（如一集中有犯，只毀所犯之文，不必毀全集；看詳不實，亦准前法。）如此庶幾此弊可息也。」另一事論錢幣北流。別詳食貨志。

二論北朝政事大畧：「臣等近奉敕差充北朝皇帝生辰國信使，尋已具語録進呈訖。然於北朝所見事體，亦有語録不能盡者，恐朝廷不可不知。謹具三事，條列如左：一、北朝皇帝年顏見今六十以來，然舉止輕健，飲啗不衰，在位既久，頗知利害，與朝廷和好年深，蕃漢人户，休養生息，人人安居，不樂戰鬥，加以其孫燕王幼弱，頃年契丹大臣誅殺其父，常有求報之心，故欲依倚漢人，託附本朝，爲自固之計。雖北界小民，亦能道此。臣等過界後，見其臣僚年高曉事，如接伴耶律恭、燕京三司使王經、副留守邢希古、中京度支使鄭顗之流，皆言及和好，咨嗟嘆息，以爲自古所未有。又稱道北朝皇帝所以館待南使之意極厚，有接伴臣等都管一人，未到帳下，除翰林副使；送伴副使王可，離帳下不數日，除三司副使，皆言緣接伴南使之勞。以此觀之，北朝皇帝若且無恙，北邊可得無事。惟其孫燕王，骨氣凡弱，瞻視不正，不逮其祖，雖心似向漢，未知得志之後，能彈壓蕃漢保其禄位否耳。一、北朝之政，寬契丹，虐燕人，蓋已舊矣。然臣等訪聞山前諸州祗候公人，止是小民爭鬥殺傷之獄，則有此弊。至於燕人强家富族，似不至如此。契丹之人，每冬月多避寒於燕地，牧放住坐，亦止在天荒地上，不敢侵犯税土。兼賦役頗輕，漢人亦易於供應，惟是每有急速調發之政，即遣天使帶銀牌，於漢户須索，縣吏動遭鞭箠，富家多被强取，玉帛子女不敢愛惜，燕人最以爲苦。兼法令不明，受賕鬻獄，習以爲常，此蓋夷狄之常俗。若其朝廷郡縣，蓋亦粗有法度，上下維持，未有離析之勢也。一、北朝皇帝好佛法，能自講其書，每夏季，輒會諸京僧徒及其羣臣，執經親講。所在修蓋寺院，度僧甚衆。因此僧徒縱恣，放債營利，侵奪小民。民甚苦之。然契丹之人，緣此誦經念佛，殺心稍悛，此蓋北界之巨蠹而中朝之利也。」「右謹録奏聞，乞賜省閲，亦足以見鄰國向背得失情況。」

〔五〕高麗史卷一〇：宣宗六年（一〇八九）「九月乙亥，遼遣永州管内觀察使楊璘來賀生辰。丁丑，以天元節宴遼使於乾德殿，王製賀聖朝詞曰：『露冷風高秋夜清，月華明；披香殿裏欲三更，沸歌聲。擾擾人生都似幻，莫貪榮；好將美醁滿金觥，暢懽情。』」

〔六〕長編：十一月「甲申，河北沿邊安撫司言：『滄州巷沽寨收到北界人船一隻，取問得涿州人户孫文秀等捕魚，值風入海，若依指揮刺充廂軍，緣非賊徒姦細，朝廷推示恩信，綏服四夷，乞令監司雄州牒送北界。』從之」。（宋會要同，監司作監赴。）十二月「庚子，遼國遣使奉國軍節度使耶律常，副使中大夫、太常少卿、充史館修撰史善利來賀興龍節」。「壬戌，遼國遣使保安軍節度使蕭永誨，長寧軍節度使耶律寬；副使朝議大夫、守秘書少監劉從誨，廣州防禦使姚景初來賀正旦。」

六年春正月，如混同江。

二月辛丑，駐蹕雙山。〔一〕

三月辛未，女直遣使來貢。

夏四月丁酉，東北路統軍司設掌法官。庚子，以同知南院樞密使事耶律吐朵知左夷離畢事。

五月壬辰，駐蹕散水原。

六月甲寅，遣使決五京囚。

秋七月丙子，如黑嶺。〔二〕

冬十月丁酉，駐蹕藕絲淀。〔三〕

十一月壬戌，高麗遣使來貢。己巳，以南府宰相竇景庸爲武定軍節度使。〔四〕

是年，放進士文充等七十二人。

〔一〕長編：元祐五年（一〇九〇）二月「戊申，翰林學士蘇轍言：『……臣尋被命出使契丹，道過河北，見州縣官吏，訪以河事，皆以目相視，不敢正言。及今年正月，還自北邊，所過吏民方舉手相慶，皆言近有朝旨，罷回河大役。命下三日，北京之人驩呼鼓舞，以爲二聖明見千里之外，雖或巧爲障蔽，而天日所照，卒無能爲」。

索隱卷二：「案一統志（雙）山在克西克騰旗北二百四十里，蒙古名屯圖山。」

〔二〕長編：秋七月「壬申，遼國遣使崇義軍節度使耶律永孚，副使中散大夫、守太常少卿、充乾文閣待制劉彦儒來賀坤成節」。戊子，「禮部言：『凡議時政得失，邊事軍機文字，不得寫録傳布。本朝會要、國史、實録，不得雕印，違者徒二年，許人告，賞錢一百貫。……』從之。以翰林學士蘇轍言，奉使北界，見本朝民間印行文字多已流傳在彼，請立法故也」。「八月庚戌，龍圖閣待制、樞密都承旨王巖叟，權兵部侍郎范純禮爲賀遼主生辰使，引進副使王舜封，莊宅使張佑副之；吏部郎中蘇注，户部郎中劉昱爲正旦使，供備庫使郭宗顏，西京左藏庫副使畢可濟副之。巖叟以親老，純禮以病辭，改命中書舍人鄭雍、權工部侍郎馬默。默又以病辭，改命吏部侍郎、天章閣待制劉奉世。奉世復辭，又改命太僕卿林旦。最後，郭宗顏亦病，詔西頭供奉官、閤門陸孝立代往。」

傳表云：「宋史三二〇王古傳：『歷工部、户部員外郎、太府少卿，奉使契丹……紹聖初户部侍郎』，古出使當在紹聖畧前，本年聘使闕漏較多，或即在本年，姑附此。」故傳表於元祐八年（大安九年）載吏部右司員外郎、太常少卿王古使遼。宋史翼卷五王古傳：「（元祐）五年，易秘閣校理，尋遷太府少卿，奉使契丹，其時北使所過，凡供張悉貸於民，古請出公使錢爲之，民得不擾。」

道山清話：「元祐五年先公爲契丹賀正使，虜主問范純仁今在朝否，先公曰：純仁去年六月以觀文殿學士知潁昌府，又問何故教出外，先公曰，純仁病足不能拜，暫令補外養病耳。又問吕公著如何外補，先公曰：公著去年卒於位，初不曾外補。乃咨嗟曰：朝廷想見闕人。先公曰：見在召用舊人。先是虜主聞先公言純仁以足疾外補，乃回顧近立之人微笑，先公既北歸，不敢以是載於語録。嘗因便殿奏陳，上微語曰：通書説與純仁。未幾，先公捐館舍。八年，純仁再入相，上首以此告之。」

高麗史卷一〇：宣宗七年（一〇九〇）「九月辛未，遼遣利州管内觀察使張師説等三十一人來賀生辰。庚辰，再宴遼使於乾德殿，令三節人坐殿内、左右有司奏，再宴使者古無此例，三節就坐殿内，亦所未聞。王曰：『使者賫御製天慶寺碑文以來，宜加殊禮。』不從」。

〔三〕長編：冬十月癸丑，「先是御史中丞蘇轍言：『臣伏見高麗北接契丹，南限滄海……熙寧中，羅拯始募海商，誘令朝覲，其意欲以招致遠夷，爲太平粉飾，及犄角契丹，爲用兵援助而已。然自其始通，至今屢至，其實何益於事。徒使淮、浙千里，勞於供億；京師百司，疲於應奉。而高麗之人，所至游觀，伺察虚實，圖寫形勝，爲契丹耳目。或言契丹常遣親信，隱於高麗三節之中，高麗密分賜予，歸爲契丹幾半之奉，朝廷勞費不貲，而所獲如此，深可惜也。……況高麗之於契丹，大小相絶，有君臣之别，今館餼之數、出入之節，或皆如一，或更過厚，其於事體，實爲不便。』」

〔四〕長編：十二月「甲午，遼國遣使崇義軍節度使蕭固，副使朝議大夫、守太常少卿、充史館修撰閻之翰來賀興龍節」。「丙辰，遼國遣使興復軍節度使耶律慶先，利州觀察使蕭忠孝，副使朝議大夫、太常少卿、充乾元閣待制趙圭延，東上閤門使、海州防禦使韓寀來賀正旦。」高麗史卷一〇：十二月「遼遣横宣使、益州管内觀察使耶律利稱來」。

七年春正月壬戌，如混同江。

二月己亥，駐蹕魚兒濼。壬寅，詔給渭州貧民耕牛、布絹。〔一〕

三月丙戌，駐蹕黑龍江。

夏四月丙辰，以漢人行宫副部署耶律谷欲知乙室大王事。〔二〕

五月己未朔，日有食之。

六月甲午，駐蹕赤勒嶺。己亥，倒塌嶺人進古鼎，有文曰「萬歲永爲寳用」。辛丑，回鶻遣使貢方物。癸卯，以權知東京留守蕭陶隗爲契丹行宫都部署。丁未，端拱殿門災。〔三〕

秋七月戊午朔，回鶻遣使來貢異物，不納，厚賜遣之。〔四〕

八月庚寅，以霖雨，罷獵。壬寅，幸慶州，謁慶陵。〔五〕

九月丙申，還上京。己亥，日本國遣鄭元、鄭心及僧應範等二十八人來貢。〔六〕

冬十月辛巳，命燕國王延禧爲天下兵馬大元帥，總北南院樞密使事。

十一月庚子，如藕絲淀。

十二月甲子，〔七〕望祀木葉山。〔八〕

〔一〕高麗史卷一〇：宣宗八年（一〇九一）「二月癸丑，遼東京持禮回謝使、禮賓副使烏耶呂來」。

〔二〕長編：元祐六年（一〇九一）夏四月乙未，「左諫議大夫鄭雍言：『昨充北朝生辰國信使，伏見朝廷歲以玉帶贈遺遼人，恐歲久有時而盡，請自今令後苑作玉工揀選精玉，旋琢新帶以充歲用。』從之」。

〔三〕長編：六月己酉，「引進使嘉州團練使狄諮差充館伴遼國賀坤成節人使，副使以病臂乞免。詔温州刺史何宗回代之」。又本月甲寅原注：「北人到雄州，三接人從爭三揖，就坐，自來皆三揖，今欲止一揖，意爲雄守王崇拯及接伴宇文昌齡堅執，俾如例。太皇太后曰：『須放些劣相。』」

〔四〕長編：秋七月「丙寅，遼國遣使長寧軍節度使耶律純嘏，副使朝議大夫、守太常少卿、充乾文閣待制韓資睦，來賀坤成節」。

〔五〕長編：八月「乙巳，中書舍人韓川爲太皇太后賀遼主生辰使，皇城使康州刺史訾虎副之；刑部侍郎彭汝礪爲皇帝賀遼主生辰使，左藏庫使曹諮副之。吏部郎中趙偁爲太皇太后賀遼主正旦使，西京左藏庫使王鑒副之；司農少卿程博文爲皇帝賀遼主正旦使，左藏庫副使康昺副之。其後虎辭不行，以西上閤門副使宋球代之。川辭不行，以樞密都承旨劉安世代之。安世辭，以中書舍人孫升代之。升辭，以户部侍郎韓宗道代之。汝礪辭，以鴻臚卿高遵惠代之。宗道又辭，乃復以命汝礪。」

〔六〕應範在日本古籍如百練抄等俱作明範。此似避穆宗明名改。由常盤大定文轉引。

高麗史卷一〇：九月「癸巳，遼遣永州管内觀察使高崇來賀生辰」。

〔七〕「十二月」三字原缺。按十一月乙酉朔，不當有甲子；十二月乙卯朔，甲子爲初十日，據補。

〔八〕長編：十二月「戊午，遼國遣使保静軍節度使蕭倜，副使中大夫、守太常少卿、史館修撰王初，來賀興龍節」。「己卯，遼國遣使寧昌軍節度使耶律迪，泰州觀察使蕭仲奇；副使中散大夫、守太常少卿、充乾文閣待制高端禮，東上閤門使、廣州防禦使劉彦國來賀正旦。」迪病死途中，參見明年正月注〔一〕。

八年春正月乙酉，如山榆淀。乙未，阻卜諸長來降。〔一〕

三月己亥，駐蹕撻里舍淀。丁未，曲赦中京、蔚州役徒。

夏四月乙卯，阻卜長來貢。丁丑，獵西山。惕德酋長胡里只來附。〔二〕

五月甲辰，駐蹕赤勒嶺。

六月乙丑，夏國爲宋侵，遣使乞援。

秋七月丁亥，獵沙嶺。〔三〕

九月乙巳，駐蹕藕絲淀。丁未，日本國遣使來貢。〔四〕

冬十月庚戌朔，遣使遺宋鹿脯。丙辰，振西北路饑。辛酉，阻卜磨古斯殺金吾吐古斯以叛，遣奚六部禿里耶律郭三發諸蕃部兵討之。壬申，南府宰相王經薨。戊寅，以左夷離畢耶律涅里爲彰聖軍節度使。

十一月戊子，以樞密副使王是敦兼知樞密院事，權參知政事韓資讓參知政事，漢人行宮都部署奚回離保知奚六部大王事。〔五〕丁酉，以通州潦水害稼，遣使振之。戊申，北院大王合魯薨。

是年，放進士冠尊文等五十三人。〔六〕

〔一〕長編：元祐七年（一〇九二）春正月「乙酉，樞密院言：『遼使耶律迪病且殆，緣通好以來，未有故事，今用章頻、王咸宜奉使卒於契丹，北人津送體例比類，預立畫一，送館伴所密掌之，如迪死即施行。』從之。迪尋死於滑州，送伴使校書郎呂希績等以聞。詔賜下饗器幣、賻贈等。就差知通利軍趙齊賢假中大夫充監護使。詔遣内供奉官王遘馳驛治喪事，特賜迪黄金百兩，水銀、龍腦以殮」。（宋會要蕃夷同。王遘作王遇。清波别志所記亦畧同。）「甲辰，以遼寧昌軍節度使耶律迪卒，輟視朝一日。先是太常寺言：『典故無例，輟朝。』用節度使葬格。特輟一日。迪喪所過州致祭，守、倅皆再拜。知瀛州蔣之奇以爲生覿且長揖，奈何屈膝内死者，乃奠而不拜，識者韙之。」宋會要職官三十六：「（元祐）接送伴（遼使）語録：元祐七年，契丹賀正旦使，左番係賀太皇太后耶律迪、高端禮，右番蕭仲奇、劉彦國。來程：六年十二月五日到瀛州，左番太傅耶律迪遣人傳語：『欲得醫者看脈，並要兜轎。』十五日到磁州釜陽驛，中使王慎押到醫官楊文蔚過位，迪立聽口宣，看脈。十六日早，離磁州上馬，行次，高端禮云：『左番太傅不安，蒙朝廷遣醫，一行人皆放心，兼來得甚速，必是朝廷留意。』二十四日，入内内侍高班蘇世長傳宣館伴所，北朝人使耶律迪不安，與放免朝見，其例物就驛交割。七年正月二日，入内内侍高品康承錫傳官（官，疑當作宣館二字。）伴所，大遼國使人耶律迪見患，所有玉津園本人射弓例物，令就驛使，仍免次日引謝。六日，入内内侍黄門邵琦傳宣館伴所，大遼國使人耶律迪爲患，與免朝辭，所有例物令就驛交割。又入内東頭供奉官張士良傳宣，宣問耶律迪春寒安樂，知所患未得一向康和，入辭不得，已差醫官元常、楊文蔚二人隨行，看醫調治，途中切在加愛。耶律迪令人答，小人上感聖恩，願太皇太后皇帝萬萬歲。尋左番副使代跪謝表一道與天使。七日，入内東頭供奉官馮世寧傳宣問耶律迪春寒安樂，今特賜湯藥一銀合、御酒一十瓶、途中宜加調護。耶律迪令人答，自到館，累蒙聖恩，差天使宣問，賜湯藥物件，及差到醫官，上感聖恩，只是爲患不瞻見得聖人，心裏噭不好。左番副使代跪謝表與天使。是日回程到班荆館，耶律迪乘檐子先行。九日，到滑州通津驛。晚遣人傳語，爲左番太傅昏困，欲來日住一日，往復一兩次，遂許之。十日，住滑州至晚，蕭仲奇差人傳語，左番太傅身亡。告令聲鍾及請僧於靈前道場。十二日，住滑州，送伴呂希績、李世昌過位澆奠，與蕭仲奇等相見，遣人送耶律迪襚衣、銀裝棺及棺衣、奠酒、銀器等物，既殮，希績等又過位奠酹及慰蕭仲奇。十三日，住滑州，希績等過位澆奠，與高端禮等相見揖次，遣人持迪賻贈下饗銀器及三節人從孝贈等與之，端禮等致謝。晚，中使王慎至，賫仲奇等詔書并迪本家密賜，仲奇等受賜拜表謝恩如儀。十四日早，離滑州，過河，馬上高端禮謂送伴李世昌云：耶律迪不幸物故，諸事皆感激。昨日蒙朝廷差中使降詔撫問及密賜耶律太傅本家，上荷天恩，唯祝二聖聖壽無疆也。十九日早，離驛，馬上相揖次，希績等諭蕭仲奇等，昨日得朝廷文字，皇帝爲耶律太傅輟視朝一日。北副使劉彦國云左番太傅雖九泉之下，亦有榮耀。」宋會要所引語録爲紹興十八年國信所引用元祐舊案，王遘作王慎，避高宗嫌名。宋會要蕃夷作王遇。

宋劉跂暇日記（説郛卷四）：「元祐七年賀正虜使耶律建，卒於滑州，虜人倒懸其屍，出滓穢口鼻中，又以筆管刺皮膚出水，以白礬塗屍令瘦，但留皮骨以歸。」建應作迪。

畫墁録：「元祐末，宣仁聖烈太后上賓，遼人遣使弔祭，回至滑州，死，刳其中央，以頭内孔中，植其足，又取葉數百，披招偏體以疏，別造轂車方能行。次年春，予被差報謝入蕃，見其轍路深尺餘，此蕃國貴人禮也。賤者則燔之以歸，耶律之羓，尚矣。」宣府鎮志卷五：「二月，有星出心東，如太白，急流至尾南没，青白有尾跡，明燭地。」

〔二〕高麗史卷一〇：宣宗九年（一〇九二）夏四月「戊辰，遼東京持禮使高良慶來」。

〔三〕長編：秋七月「庚寅，遼國遣使崇義軍節度使蕭迪，副使中大夫、守太常少卿、乾文閣待制王可見來賀坤成節」。八月「丁卯，以權兵部郎中杜純充皇帝賀遼國生辰使，六宅使郝惟幾副之；權刑部侍郎王覿充太皇太后賀生辰使，皇城使、忠州刺史張藻副之；惟幾更名惟徹，避其國諱也。殿中侍御史吳立禮充皇帝賀正旦使，內殿承制閤門祇候向綍副之；太常少卿宇文昌齡充太皇太后賀正旦使，供備庫使曹讀副之；純以目疾辭，權户部侍郎范子奇代之，子奇又以足疾辭行，太府卿劉忱代之，尋改差忱館伴高麗使人，以刑部侍郎豐稷代之」。己巳，「遼國令涿州移牒雄州稱：『奉遼主旨，夏使告乞應援，緣南北兩朝通好年深，難便允從。委涿州牒雄州，聞達南朝，相度施行。』詔雄州回牒涿州，具夏國犯邊事狀，聞達照會」。

〔四〕長編：九月「甲申，王子韶罷秘書少監，以將命使遼，而御下苛細，致指揮使刃其子并傷子韶，故罷之」。九月，「詔：『入國接伴使副，今後不得將帶親屬并有官人充職員小底，違者罪之。其入國使副，實有宿疾，聽帶親屬一名充小底，不以有官無官，具奏聽旨。』先是，惟汎使出疆，以老疾自陳，有例得帶親屬。自熙寧後爲通法，奉使者稍以親屬自隨，因緣干擾，故條約之」。高麗史卷一〇：九月「乙酉，遼遣王鼎來賀生辰」。

〔五〕王是敦，前此未見，上文大安五年六月有王言敷知樞密副使。全遼文卷一〇王師儒墓誌銘：「（大安）八年，加尚書刑部侍郎、知樞密副使。是冬，正授樞密副使。」

長編：十二月庚戌，「殿中侍御史吴立禮，與一子官，以使遼卒於道故也」。「壬子，遼國賀興龍節使奉國軍節度使耶律可舉，副使太常少卿、乾文閣待制鄭碩入見」。「甲戌，遼國遣使長寧軍節度使蕭昌祐，益州觀察使蕭福；副使中散大夫、守太常少卿、充史館修撰劉嗣昌，海州防禦使韓适來賀正旦。」

〔六〕「冠」，疑當作「寇」。

九年春正月庚辰，如混同江。〔一〕

二月，磨古斯來侵。〔二〕

三月，西北路招討使耶律阿魯掃古追磨古斯還，都監蕭張九遇賊，與戰不利。二室韋、拽剌、北王府、特滿羣牧、宫分等軍多陷没。〔三〕

夏四月乙卯，興中府甘露降，遣使祠佛飯僧。癸酉，獵西山。〔四〕

六月丁未朔，駐蹕散水原。庚申，以遼興軍節度使榮哥爲南院大王，知左夷離畢事耶律吐朵爲左夷離畢。

秋七月辛卯，如黑嶺。壬寅，遣使賜高麗羊。

九月癸卯，振西北路貧民。〔五〕

冬十月庚戌，有司奏磨古斯詒西北路招討使耶律撻不也僞降，既而乘虚來襲，撻不也死之。阻卜烏古札叛，〔六〕達里底、拔思母並寇倒塌嶺。壬子，遣使籍諸路兵。癸丑，以南院大王特末〔七〕同知南京留守事，命鄭家奴率兵往援倒塌嶺。甲寅，駐蹕藕絲淀，以左夷離畢耶律禿朵、〔八〕圍場都管撒八並爲西北路行軍都監。乙卯，詔以馬三千給烏古部。丙辰，有司奏阻卜長轄底掠西路羣牧。丁巳，振西北路貧民。己未，燕國王延禧生子，肆赦，妃之族屬並進級。壬戌，以樞密直學士趙廷睦參知政事兼同知南院樞密使事。癸亥，烏古敵烈統軍使蕭朽哥奏討阻卜等部捷。甲子，宋遣使告其母后曹氏哀，〔九〕即遣使弔祭。己巳，詔廣積貯，以備水旱。

十一月辛巳，特抹等奏討阻卜捷。

十二月丙辰，宋遣使以母后遺留物來饋。

〔一〕長編：元祐八年（一〇九三）春正月「辛卯，樞密院言：『鄜延路經畧司言，保安軍得宥州牒，本國準北朝札子，備載南朝聖旨，稱夏國如能悔過上表，亦許應接，今既北朝解和，又朝廷素許再上表章，欲遣（使）詣闕。』詔：『夏國如果能悔過，遣使謝罪，可差人引伴赴闕，其辭引北朝非例，令經畧使以意喻之。』先是，知延安府李南公以保安軍所得宥州牒來上，執政共議，欲許夏人上表。

尚書左丞梁燾曰：『牒内不當引北界解和之語，恐懷詐不誠，未可遽聽。且使邊臣諭令退換牒文，更伺其意。如果效順誠實不許，許之未晚。』持之累日，未決，會燾在告，遂如南公奏。翌日，燾出至上前，力陳：『自割棄要地一失之後，羌人屢犯邊内侮，朝廷恩信不行，威勢不立，豈可今日更失處置。西賊既請納欵貢奉，乃引北朝解和爲端。此最害事，恐開他日生事之漸，不可不慮。況北人未嘗預西事也。願追止已降指揮，且令退換牒文，更俟採伺誠實之意，事雖稍遲，庶無後悔。』於是詔從燾議」。

〔二〕長編：二月辛亥，「禮部尚書蘇軾言：『臣伏見高麗人使，每一次入貢，朝廷及淮、浙兩路賜予、餽送、燕勞之費，約十餘萬貫，而修飾亭館、騷動行市、調發人船之費不在焉。……高麗所得賜予，若不分遺契丹，則契丹安肯聽其來貢，顯是借寇兵而資盜糧，……高麗名爲慕義來朝，其實爲利，度其本心，爲契丹用，何也？契丹足以制其死命，而我不能故也。今使者所至，描畫山川形勢，窺測虛實，豈復有善意哉？……慶曆中，契丹欲渝盟，先以增置塘泊爲中國之曲，今乃招來其屬國，使每歲入貢，其曲甚於塘泊，幸今契丹恭順，不敢別有生事，萬一異日桀黠之敵，以此藉口，不知朝廷何以荅之。……臣聞河北榷場禁出之書，其法甚嚴，徒以契丹故也。今高麗與契丹何異，乃廢榷場之法。……前來許買册府元龜及北史已是失錯……今乃廢見行編敕之法，而用一時失錯之例，後日復來，例愈成熟，雖買千百部，有司不敢復執，則中國書籍山積於高麗，而雲布於契丹矣。……使敵人周知山川險要，邊防利害，爲患至大。』」

〔三〕長編：「三月乙未，新權戶部侍郎章楶（字質夫）知同州。」考異引李清臣與知定州許將小簡云：「北方極靜，牛溫仁決不來矣。夏羌圍環州，劫慕恩族……章帥以兵將間道邀擊之。……」又與太原韓縝云：「羌人抄環，劫慕恩族……獲橐駝千，馬四百八十，梟甲首三百八十，羌酋遁去。朝廷遣使賚帛賜有功者，章質夫懦甚，乃有戰多耶，斯亦異事矣。此中得諜者言：遼人爲夏國求援，差牛溫仁來泛使，已而聞夏國點集頻數，部族疲於奔命，議臣謂不能爲中國大害，豈可爲他夷失我朝廷舊好耶。遂罷溫仁之來。即不審信然否？然遼人亦自顧有達靼之役，戰頻不勝，西京奉聖州一帶，調發未已，因書及此。」

長編：三月，「（御史董敦逸）後奏云：『……高麗買書之事，是陛下已降之命，因衆臣共爲之議，得旨而後行，尋以蘇軾見拒而罷。見有文案在尚書省禮部、國子監，乞取索看詳。』」（原注：祖宗以來，祥符年中，賜九經、史記、兩漢、三國志、諸子、聖惠方等文字，天禧年中，又賜陰陽、地里等書，皆從其請。）

〔四〕高麗史卷一〇：宣宗十年夏四月「乙卯，遼遣高州管內觀察使馮行宗來命王起復」。

〔五〕高麗史卷一〇：九月「壬午，遼遣永州管內觀察使大歸仁來賀生辰」。

〔六〕按下文十年正月及本史卷七〇屬國表並作烏古扎。

〔七〕下文十一月作特抹，本史卷九五有傳作耶律特麽。

〔八〕上文六月作吐朵，大安六年四月，下文壽昌元年五月亦並作吐朵。

〔九〕按錢氏考異：是歲宋元祐八年，太皇太后高氏崩，非曹氏。

宋史卷一七哲宗紀：「九月戊寅，太皇太后崩。庚辰，遣使告哀於遼。」

宋會要凶禮后喪門：「十月遣中書舍人呂陶、西京左藏庫使郝惟立爲遺留禮信使副。」宋會要禮三三后喪門：「十二月丁巳，遼國祭奠弔慰使副到闕，入奠於慶壽殿。」

范太史集卷三〇：「皇帝賀大遼皇帝……正旦書：『正月一日，姪孫大宋皇帝謹致書於叔祖大遼聖文神武全功大畧聰仁睿孝天祐皇帝闕下：歲歷更端，方春陽之發育；鄰邦繼好，宜壽祉之綏將。善頌所深，名言曷既。今差左朝散大夫、守祕書少監、上護軍、河東縣開國男、食邑三百户、賜紫金魚袋呂希績，供備庫使、上騎都尉、贊皇縣開國男、食邑三百户李昌世充正旦國信使副，有少禮物，具諸別幅，專奉書陳賀不次。謹白。』」傅表據此國書稱謂，謂呂、李出使，當在本年。又：「□□月遼遣泰州觀察使蕭禮等來賀正旦。」注云范太史集有宋荅禮所齎國書回書稿，原未稱禮來於何年，就集中他書考之，當在本年。

范太史集卷三二：「皇帝回大遼賀正旦書：『正月闕日姪孫大宋皇帝謹致書於叔祖大遼聖文神武全功大畧聰仁睿孝天祐皇帝闕下：歲歷更端，導春陽之發育；鄰邦繼好，馳使乘以皇華。厚幣展儀，信書致問，永惟敦睦，第切感悰。今泰州觀察使蕭禮等回，謹奉書陳謝不次。謹白。』」

畫墁録：「元祐末，宇文昌齡命稱聘契丹，皇城使張璪价焉。張頽齡，樞府難其行，璪哀請。故事：死於虜，朝廷恩數甚渥，北虜棺銀裝校三百兩。既行，璪飲冷食生無忌，昌齡戒之，不納，果病。噤不納粥藥至十許日，既而三病三愈，竟復命。登對進前，上面哂之，退語近臣曰：『張璪生還，奈何詣政事堂？』諸公大笑。至其家，婦孺睥睨，阿翁劃地又卻來也。」老學庵筆記卷二：「王聖美子韶，元祐末，以大蓬送北客至瀛。賜宴罷，有振武都頭卒不堪一行人須索，忽操白刃入，斫聖美，其子冒死直前護救，中三刀，左臂幾斷。虞候卒繼至，傷者六人，死者一人。聖美腦及耳皆傷甚，明日，不能與虜使相見，告以冒風得疾，虜使戲之曰：『曾服花蘂石散否。』」

傳表：「元祐八年，又遣東上閤門使、成州團練使王湛使遼。」（傳表備注引宋會要國信使門：「紹聖元年正月……詔王湛奉使遼國與館伴妄争……罷所居官。」湛當爲本年使臣。）

錢表：「按呂陶傳以中書舍人奉使契丹在哲宗親政之前，當是此年事。又蘇東坡有送王敏中北使詩，施元之注：『敏中名古，以太常少卿奉使契丹，亦當在此年。』」

九朝編年備要卷二三：「范祖禹懷不能已，又上奏，畧曰：『先帝早棄天下，陛下嗣位，幸賴先太皇太后以大公至正爲心，罷王安石、吕惠卿等所造新法而行祖宗舊政，故社稷危而復安，人心離而復合。乃至契丹主亦與其宰議曰：「南朝專行仁宗皇帝政事，可敕燕京留守使戒邊吏守約束無生事。」陛下觀戎狄之情如此，則中國人心可知也。』」

高麗史卷一〇：「十二月甲子，遼遣横宣使安州管內觀察使耶律括來。」

十年春正月，如春水。癸未，惕德來貢。戊子，烏古扎等來降，達里底、拔思母二部來侵，四捷軍都監特抹死之。

二月甲辰，以破阻卜，賞有功者。丙午，西南面招討司奏討拔思母捷。癸丑，排雅、僕里、同葛、虎骨、僕果等來降。達里底來侵。

三月壬申朔，日有食之。〔一〕山北路副部署蕭阿魯帶奏討達里底捷。〔二〕

夏四月壬寅朔，惕德萌得斯、老古得等各率所部來附，詔復舊地。甲辰，駐蹕春州北平淀。〔三〕丙午，烏古部節度使耶律陳家奴奏討茶扎剌捷。庚戌，以知北院樞密使事耶律斡特剌爲都統，夷離畢耶律禿朵爲副統，龍虎衛上將軍耶律胡呂都監，討磨古斯，遣積慶宮使蕭糺里監戰。辛亥，朽哥奏頗里八部來侵。擊破之。己巳，除玉田、密雲流民租賦一年。

閏月庚子，賜西北路貧民錢。達里底、拔思母二部來降。〔四〕

五月甲辰，駐蹕赤勒嶺。甲寅，括馬。戊午，西北路招討司奏敵烈等部來侵，統軍司出兵與戰，不利，招討司以兵擊破之，敦睦宫太師耶律愛奴及其子死之。辛酉，以知國舅詳穩事蕭阿烈同領西北路行軍事。

六月辛未，宋遣使來謝弔祭。〔五〕乙酉，烏古敵烈統軍使朽哥有罪，除名。丙戌，和烈葛等部來聘。癸巳，惕德來貢。己亥，禁邊民與蕃部爲婚。

是夏，高麗國王運薨，子昱遣使來告，即遣使賻贈。〔六〕

秋七月庚子朔，獵赤山。是月，阻卜等寇倒塌嶺，盡掠西路羣牧馬去，東北路統軍使耶律石柳以兵追及，盡獲所掠而還。

九月己未，以南院大王特末爲南院樞密使。甲子，敵烈諸酋來降，釋其罪。是月，斡特剌破磨古斯。〔七〕

冬十月丙子，駐蹕藕絲淀。壬午，山北路副部署蕭阿魯帶以討達里底功加左金吾衛上將軍。癸巳，西北路統軍司獲阻卜長拍撒葛、蒲魯等來獻。

十一月乙巳，惕德銅刮、阻卜的烈等來降。達里底及拔思母等復來侵，山北副部署阿魯帶擊敗之。

十二月癸酉，三河縣民孫賓及其妻皆百歲，復其家。甲戌，以參知政事趙廷睦兼同知樞密院事，樞密副使王師儒參知政事兼同知樞密院事。〔八〕己卯，詔録西北路有功將士及戰歿者，贈官。乙酉，詔改明年元，減雜犯死罪以下，仍除貧民租賦。戊子，西北路統軍司奏討磨古斯捷。〔九〕

〔一〕契丹國志作：「咸雍三十年春三月朔，日當食，雲霧不辨。」

〔二〕羅校：「山北路，山當作西。」

〔三〕本史卷二二咸雍三年閏三月作春州北淀。

〔四〕宋會要蕃夷二：「紹聖元年（一〇九四）閏四月二十六日，樞密院言：『瀛州通判徐興宗名與北朝廟號偶同。因遼使問，即權更易。』詔後爲例。」

〔五〕宋會要國信使門：「秘書少監張舜民爲回謝大遼弔祭宣仁皇太后禮信使，鄭介副之。」郡齋讀書志卷一〇：「張浮休使遼録二卷，皇朝元祐甲戌春（一〇九四），張舜民被命爲回謝大遼弔祭使，鄭介爲副，録其往反地理及話言也。舜民字芸叟，浮休居士，其自號云。」東都事畧卷九四張舜民傳：「舜民少慷慨，善論事，其使遼也，見耶律延禧爲皇太孫，因著論以所喜者名茶、古畫、音樂、美姝，他日必有如張義朝挈十三州以歸，當不四十年見之。」拾遺卷一〇：「宋史：宣仁太后以元祐八年九月崩，遣使告哀於遼。十二月，遼人遣使來弔祭。遼史不書使臣姓名，宋史失書遣使報謝。今據畫墁録及郡齋讀書志知爲張舜民，舜民自云次年春被差入蕃，則甲戌爲紹聖元年。而晁氏以爲元祐者，是年夏四月，曾布始請改元故也。」

〔六〕高麗史卷一〇：宣宗運十一年五月壬寅薨。元子昱即位，稱獻宗。「十二月，遼敕祭使蕭遵烈、副使梁祖述，慰問使蕭褫、起復使郭人文等來。乙酉，敕祭使詣返魂堂祭宣宗，王迎詔助祭。詔曰：『朕言念先臣，保全亮節，將被便蕃之寵，遽從汗漫之遊。靈魄夫遥，渥恩宜及，遣陳祭酹，庸表眷懷。今差永州管内觀察使蕭遵烈、衛尉少卿梁祖述充敕祭使副，祭所諸物，具如別録。』」

祭文曰：『惟靈器範淵英，姿神秀邁。慶遇風雲之會，恭依日月之華。承祖業之貽修，纘王藩之嗣理。表海遵修於舊服，朝天奉達於勤誠。寔稟義方，克全忠節，將加寵懋，奄至淪亡。聞訃奏以茲來，痛恩褒之莫及。特遣騑傳，往陳奠觴，凝想貞魂，固諒深意。』祭訖，王還宮。慰問使傳詔於乾德殿，詔曰：『省所奏高麗國王薨逝事，具悉。朕以先臣，表是東海，方賴匡扶之績，遽聆隕越之災，顧爾幼沖，遘斯凶閔。當永思於纘襲，用少節於哀摧，順以禮文，副予遐念。今差廣州防禦使蕭褫，賫詔往彼慰問，兼賜賻贈。具如別録。』丙戌，起復使傳詔於乾德殿，詔曰：『王適遘家艱，爰膺世嗣。由苫在制。然孺慕以鍾情；金革從權，固牽復而就政。諒極哀榮之至，勉符眷委之深。今差崇禄卿郭人文往彼，賜卿起復告勑各一道。』官告曰：『立孝惟親，在苴麻則禮當終慼；移忠於國，順金革則義貴從權。故襄子繇發命以即戎，伯禽因有爲而攝事。朕若稽古典，誕撫庶邦，眷青社之名封，迺皇家之鉅屏。上帝不憖，列侯云薨。屬令嗣以有成，宜舊服以與繼。式涓剛吉之旦，載考牽復之文。僉議允諧，寵章攸舉。高麗國王嗣子王昱，慶隆世嫡，才茂人英。龍星騰七宿之精，夙鍾其智；木神冠五行之秀，生富於仁。爰在妙齡，早推俊器。方幹承家之蠱，遽罹陟岵之艱。訃奏云來，盡傷攸至。然痛纏苫塊，三年未忍奪其情；而任重蕃垣，一日不可虛其守。是用特降出綸之命，俾從始墨之經。付馳組之崇權，升鳳池之峻秩。檢階優錫，勳邑兼新。與襲國封，用慰人望。於戲！肇爾烈祖，臣於我朝，誓著泰山，表茲東海。尊主庇民而有裕，貽孫翼子以承休。顧惟八世之莫京，皆獲一卣之所賜。汝其祗蹈先訓，永懷令圖。勤儉可以保民，信義可以行政。服是烱戒，往惟欽哉。可起復驃騎大將軍、檢校太尉兼中書令、上柱國、高麗國王，食邑七千户，食實封七百户，仍令所司擇日備禮，册命主者施行。』」

〔七〕宋會要蕃夷二：「九月七日樞密院言：『河北沿邊安撫司奏：勾當事人北界將仕郎、國子監直講田仲容願歸附。』詔與三班借職。」

〔八〕按全遼文卷一〇王師儒墓誌銘：「（大安）十年，改授參知政事，簽樞密院事，仍加散騎常侍，特賜佐理功臣。」

〔九〕宋會要凶禮賻贈門：「紹聖二年……朱服使遼，未還，其母亡歿，……賜絹三百匹。」服當於本年出使。宋史卷三四七有朱服傳，但云紹聖初使遼，不著何年。傅表據宋會要補又著井亮采作「□月□□遣中書舍人朱服、井亮采等使遼賀生辰正旦」。

宋史卷三四七朱服傳：「紹聖初……召爲中書舍人，使遼，未反而母死。詔以其家貧，賜帛二百。喪除，拜禮部侍郎。湖州守馬城言其居喪疏几筵而獨處它室，謫知萊州。」按續資治通鑑長編拾補卷一四繫朱知萊州於紹聖四年閏二月甲辰。

長編拾補卷一一：「續宋編年資治通鑑：『（十二月甲午）嚴銅錢出界禁。』（案）十朝綱要：辛未日。編年備要云：『奉使鄭价言：北界支到抬厢人例物見錢七千餘貫，並是國朝新鑄寶。遂詔增重其禁。』據宋史食貨志下二：『鄭价使契丹還，言其給輿厢者錢，皆中國所鑄，乃增嚴三路闌出之法。』」

遼史補注卷二十六

本紀第二十六

道宗六

壽隆元年春正月己亥，〔一〕如混同江。庚戌，西南面招討司奏拔思母來侵，蕭阿魯帶等擊破之。乙卯，振奉聖州貧民。

二月戊辰，賜左右二皮室貧民錢。癸酉，高麗遣使來貢。乙亥，駐蹕魚兒濼。

三月丙午，賜東北路貧民絹。

夏四月丁卯，斡特剌奏討耶覩刮捷。乙亥，〔二〕女直遣使來貢。庚寅，録西北路有功將士。

五月乙未朔，左夷離畢耶律吐朵爲惕隱，南京宣徽使耶律特末爲北院大王。癸卯，贈陣亡者官。丁巳，駐蹕特禮嶺。〔三〕

六月己巳，以知奚六部大王事回里不爲本部大王，〔四〕權參知政事趙孝嚴爲漢人行宮

都部署，圍場都管撒八以討阻卜功，加鎮國大將軍。癸巳，阻卜長禿里底及圖木葛來貢。〔五〕

秋七月庚子，阻卜長猛達斯等來貢。癸卯，獵沙嶺。癸丑，頗里八部來附，進方物。甲寅，斡特剌奏磨古斯捷。〔六〕

九月甲寅，祠木葉山。丙辰，詔西京砲人、弩人教西北路漢軍。

冬十月甲子，駐蹕藕絲淀。甲戌，以北面林牙耶律大悲奴爲右夷離畢。癸未，以參知政事王師儒爲樞密副使，漢人行宮都部署趙孝嚴參知政事。壬辰，録討阻卜有功將士。〔七〕

十一月丙申，女直遣使進馬。己亥，以都統斡特剌爲西北路招討使，封漆水郡王。甲辰，夏國進貝多葉佛經。〔八〕庚申，高麗王昱疾，命其叔顒權知國事。〔九〕

十二月癸亥朔，以知北院樞密使事耶律阿思爲北院樞密使。〔一〇〕

是年，放進士陳衡甫等百三十人。

〔一〕壽隆，錢大昕十駕齋養新録卷八稱，東北諸蕃樞要、北遼通書、歷代紀年、東部事畧、文獻通考以及各種石刻均作「壽昌」。遼人謹於避諱，道宗斷無取聖宗名紀元之理。錢説是，「隆」當作「昌」。壽昌，全史只本史卷四三閏考一見，今一律未改。疑是金人諱晟，昌避晟嫌，改用同義字隆。

〔二〕乙亥，原誤「己亥」。按本史卷四四朔考，四月丙寅朔，無己亥，初十日乙亥。據改。

〔三〕高麗史卷一〇：獻宗元年（一〇九五）五月「癸丑，遼東京回禮使高遂來，遂私獻綾羅彩緞甚多，王御乾德殿引見，命近臣問留守安否，賜酒食衣對」。

〔四〕本史卷二五大安八年十一月作回離保。

〔五〕禿里底，禿，百衲本作「香」，南、北監本，殿本作「杳」。

〔六〕高麗史卷一〇：「秋七月戊戌，行遼壽昌年號。」

〔七〕高麗史卷一一：「十月己巳，獻宗下制禪位（肅宗即位）。辛未，遣左司郎中尹瓘，刑部侍郎任懿如遼。前王表曰：『伏以爲君之道，有事必陳，敢具封章，仰干負扆。伏念臣記齡幼弱，植性戇愚，不違乃父之遺言，謬承家業；庶效維藩之劇務，永竭忠勤。緣痟渴之夙嬰，歷歲時而漸極。其奈醫乏十全之妙，莫究診詳；藥虧百品之靈，猶微瞑眩。匪朝伊夕，有加無瘳，肺膽焦熬，形骸枯槁。兩膝於以緩懦，雙睛於以暗昏。行之維艱，何以撰戴經杖履；視之不見，何以辨師冕席階。徒僵卧於衾牀，阻監臨於軍國。微軀是揣，殆危尤甚於茲辰；分寄非輕，管守難虚於頃刻。乃於今月八日，以臣父先臣之弟熙令權守藩務，特馳陪肆，聊達宸庭。』王表曰：『竊以皐鳴所切，天耳可通，敢陳臣子之誠，仰黷君親之鑒。伏念臣侯藩末胤，聖域濱臣。生逢有道之時，坐樂無爲之化。昨國王臣昱早嬰微瘵，近至沉痾，雖經服餌多方，未見痊瘳一效，於今月八日，令臣權守藩務，臣顧兹付託，擬欲升聞，奈恨邈於闕庭，未即申於懇欵。輒將孱劣，假守宗祊。爰啟處以不遑，積戰兢而尤甚。尋馳封奏，上告宸嚴。』」

〔八〕貝多樹，棕櫚類，多出印度，其葉可裁成長方形，用以代紙書寫文字。册府元龜卷九九六：「周世宗顯德末，占城國遣使朝貢，所貢表文於貝多葉，簡以香木。」今傳世貝多葉經、亦稱貝葉經，即書佛經於長方形貝葉，夾以木板。西夏書事卷二十九云：「經，回鶻僧所譯。」恐未必然，或是由西藏傳入者。

〔九〕叔，原誤「子」。按高麗史，徽三子：勳、運、顒。昱，係運之子，于顒爲侄，據改。

高麗史卷一一：十一月「癸丑，遣崔惟舉如遼進奉。甲寅，遣崔用圭賀正，董彭載賀天安節。己未，遼遣劉直來賀前王生辰，王代迎於乾德殿，其勑曰：『卿襲封日域，述職天朝。適當授鉞之初，載屬玄弧之旦。宜申慶錫，用示眷懷。今差泰州管内觀察使劉直往彼，賜卿衣對匹段鞍馬弓箭諸物等。具如别録。至可領也。』」

〔一〇〕高麗史卷一一：「十二月己巳，劉直還，附表以送，前王表曰：『春出嚴宸，恩流殘喘，寵靈越分，喜懼交并，臣素以尫恣，謬叨重寄。因非福之所速，致厥疾之漸深。視聽惟難，舉動不遂，推骨親而權守藩務，馳家隸而仰告天聰，豈意今者猥借睿慈，特紆使指。芝綸之旨，慰誨曲敦；賓幣之資，匪頒益厚。奈羸虚而未起，俾代受以彌兢。誓至百生，少酬大賚。』王表曰：『國王臣昱久處沉痾，無由視立。屬遽霑於寵澤，奈莫遂於躬迎。臣權守維藩，代承丕錫，其所受詔録諸物，並已傳付。』」「庚寅，任懿還自遼。回詔曰：『眷言青社，祇奉紫宸，世竭忠圖，時修貢品。饗者，昱已附陳於章表，謂染沈痾；卿復申奏於闕庭，權知重務。勉思勤順，姑用允從。』」

二年春正月甲午，如春水。癸卯，西南面招討司討拔思母，破之。乙卯，駐蹕瑟尼思。辛酉，市牛給烏古、敵烈、隈烏古部貧民。〔一〕

二月癸亥，振達麻里別古部。〔二〕

夏四月己卯，振西北邊軍。〔三〕

六月辛酉，駐蹕撒里乃。〔四〕

秋七月甲午，阻卜來貢。丙午，獵赤山。

八月乙丑，頗里八部進馬。

九月丙午，徙烏古敵烈部于烏納水，〔五〕以扼北邊之衝。〔六〕

冬十月戊辰，駐蹕藕絲淀。庚辰，高麗遣使來貢。〔七〕

十二月己未，斡特剌討梅里急，〔八〕破之。壬戌，南府宰相耶律鐸魯斡致仕。癸亥，蕭撻不也爲北府宰相，耶律大悲奴殿前都點檢。乙亥，夏國獻宋俘。〔九〕

〔一〕宣府鎮志卷六災祥考：「春正月，契丹奉聖等州饑。」

〔二〕宋元通鑑卷四五：「紹聖三年（一〇九六）二月，生女真節度使頗剌淑死，弟盈哥嗣，以兄劾者子撒改爲國相。時紇石烈部阿疎有異志，盈哥召之，阿疎與部人毛睹禄阻兵爲難，盈哥自往伐之，至阿疎城，阿疎聞之，往訴於遼，遼遣使止盈哥勿攻，盈哥留劾者守阿疎城而還。」汪藻謀夏録：「有岩版者，生女真之酋也。聚族帳最多，其孫曰楊割，土人謂之楊割太師，頗能用其人，遂稱彊諸部。與東海黄頭相攻十餘年，卒服屬之。楊割有子曰阿骨打，身長八尺，狀貌雄偉，方頤隆準，沈毅寡言，顧視端重而有大志。契丹壽昌二年，大國舅帳蕭解里四郎君，養亡命殺人，契丹捕之急，即嘯聚爲盜，未旬月有衆數千，攻陷乾、顯等數州，諸道累發兵討之，不獲。潛率衆奔女真，結楊割爲亂，諸軍追襲，至其境，不敢進。因命楊割圖之，楊割遷延觀望數月，獨斬解里，遣其子阿骨打持首級獻之，餘悉留不遣。謾云已誅絶，隨行鞍馬器甲財物之類，稱已給有功部曲。契丹不得已，反進楊割父子等官。至是其徒陰懷異志，契丹知其爲東方患者，必此人也。楊割自平解里之後，自恃有功，始并服旁近部族，誣以誘納叛亡，盜藏牛馬，好則以言説而取之，怒則以兵劫而有之，力農積粟，練兵牧馬，多以金珠名馬歲時賂遺權貴。如此十餘年，終契丹道宗朝，未有以發。」拾遺卷一〇云：「金史：太祖阿骨打爲世祖劾里鉢之第二子，謀夏録作楊割子，非。」

高麗史卷一一：肅宗元年（一〇九六）二月甲子，遣謝恩兼告奏使禹元齡如遼。表云：『去年十一月，泰州管内觀察使劉直至，奉傳詔書、別録各一通，以前王生日，特賜衣對銀器匹段弓箭鞍馬等，因前王有疾，令臣代受者。眷出中宸，澤霑遐域，承傳之次，兢懼并增。伏維皇帝陛下，道正執中，化包無外。記藩臣之生日，遣使華以頒恩。寵命既臨，禮固當於拜受；病身彌弱，終莫遂於親迎。臣權守一方，代承大賚。所受詔書、別録，已曾傳付。』前王表云：『浩蒼之道，罔阻聽卑，窘迫之誠，必須訴上。爰憑削牘，輒叩嚴閽。臣早染瘵痾，難圖療愈。蕃宣劇任，固不可以暫虚；貢獻常程，或不可以致闕。敢推延於叔父，乃附屬於國權。抛棄世緣，退居別第，尪羸之質，自長卧於漳濱；恍惚之魂，但仔遊於岱嶽。已深危殆，何計痊瘳。近者聞公牒之俄臨，認帝言之垂下，落起復之特禮，行封册之盛儀。並悉蠲除，致諧願望。且生日之命，横賜之恩，欲有頒流，預先諭示。揣殘喘而殊無片効，迄兹辰而曷受厚私。伏乞曲借仁憐，俯詳懇告，旋紓俞旨，寢遣降於使華；遂俾病臣，永免居於重寄。』」三月「己酉，遣持禮使高民翼如遼東京」。

〔三〕高麗史卷一一：五月「戊午，遼東京持禮使禮賓副使高良定來」。

〔四〕金史卷二四地理志：臨潢府有撒里乃地，熙宗嘗避暑於此。

〔五〕烏納水即今鄂嫩河。元史斡難河，清一統志作敖嫩河，一名鄂諾河，即黑龍江上流。屠寄黑龍江輿圖説，謂烏納河爲今海拉爾河支流免渡河上源烏納爾河。或謂烏納爲納烏，即今嫩江。（松井等滿洲歷史地理第二卷。）

〔六〕索隱卷二：「案一統志：遼以臚朐河爲邊界，今考克魯倫河源出肯特山，西北距敖嫩河源出肯特山之忒勒爾几嶺止二百里許，故烏古與敵烈二部徙居敖嫩河，扼邊界北邊之衝。」金初，二部降於金。金史卷三太宗紀：天會二年閏三月，「烏虎里、迪烈底兩部來降」。

〔七〕高麗史卷一一：冬十月「乙酉，遣吴延寵如遼賀天安節」。十一月「丁未，遣蘇忠如遼進奉。戊申，遣白可臣賀正」。

西夏書事卷三〇：「十一月，獻金明俘於遼。中國自金明破，哲宗命沿邊諸路相度要害，增嚴守備。熙河將王文郁等築汝遮爲安西城，以通秦鳳援師。梁氏懼中國聲討，遣使獻俘遼國，以爲應援。」

〔八〕案斡特剌時爲西北路招討使。此梅里急即本史卷三〇天祚紀之密兒紀。至金、元間亦與蒙古爲敵曰蔑兒乞。

〔九〕高麗史卷一一：「十二月丁巳，遼遣李惟信來賀前王生辰。」

宋史卷三五四時彦傳，紹聖中使遼，失職坐廢。

宋會要國信使門：「（紹聖四年）三月八日開封府言，賀北朝正旦使副……時彦、曹脛奏……虚妄不實。詔……時彦、曹脛……特各追一官勒停。」可知彦於本年出使，曹脛副之。

三年春正月丁亥，如春水。壬寅，烏古部節度使耶律陳家奴以功加尚書右僕射。癸卯，駐蹕雙山。〔一〕

二月丙辰朔，〔二〕南京水，遣使振之。〔三〕

閏月丙午，〔四〕阻卜長猛撒葛、粘八葛長禿骨撒、梅里急長忽魯八等請復舊地，貢方物，從之。

三月辛酉，燕國王延禧生子。癸亥，賜名撻魯。妃之父長哥〔五〕遷左監門衛上將軍，仍賜官屬錢。

是春，高麗王昱薨。〔六〕

夏四月，南府宰相趙廷睦出知興中府事，參知政事牛温舒兼同知樞密院事。

五月癸亥，斡特剌討阻卜，破之。己巳，駐蹕撒里乃。〔七〕

六月〔八〕甲申，詔罷諸路馳馹貢新。丙戌，詔每冬駐蹕之所，宰相以下構宅，毋役其民。辛丑，夏人來告宋城要地，遣使之宋，諭與夏和。〔九〕庚戌，以契丹行宮都部署耶律吾也爲南院大王。

秋七月壬子朔，獵黑嶺。

八月己亥，蒲盧毛朵部長率其民來歸。乙巳，彗星見西方。〔一〇〕

九月壬申，駐蹕藕絲淀。丁丑，以武定軍節度使梁援爲漢人行宮都部署。戊寅，斡特剌奏討梅里急捷。己卯，五國部長來貢。〔一一〕

冬十月庚戌，以西北路招討使斡特剌爲南府宰相。〔一二〕

十一月乙卯，蒲盧毛朵部來貢。戊午，以安車召醫巫閭山僧志達。己未，以中京留守韓資讓知樞密院事，同知南院樞密使事蕭藥師奴知右夷離畢。〔一三〕丁丑，西北路統軍司奏討梅里急捷。〔一四〕

〔一一〕高麗史卷一一：肅宗二年（一〇九七）「春正月壬寅，遼遣橫宣使海州防禦使耶律括來，賜前王勑曰：『卿夙撫藩封，恭修職貢。屬嬰疾恙，請遂調頤。有司爰考於典彝，閒世用頒於恩賚。示優存念，當體眷懷。今賜卿衣對匹段鞍馬弓箭等物，具如别録，至可領也。』」

〔一二〕丙辰朔，丙，原誤「甲」。按正月丙戌朔，下推三十一日丙辰。本史卷四四朔考，二月丙辰朔。據改。

〔一三〕全遼文卷一〇王師儒墓誌銘：「公任樞密副使時，適知燕民歉乏，力奏賑之。而主計者過恪官粟，以狀上聞，謂粟價騰踊，不可賤出，以是未允其奏，餘無肯言者。公再三爲請，上悟之，深所嘉納。燕民賴之濟活者數百萬。」

〔一四〕「閏月」二字原脱。按二月丙辰朔，無丙午；閏二月丙戌朔，丙午二十一日。據補。

〔一五〕本史卷七一天祚德妃傳及卷八二本傳并作常哥。全遼文卷九有蕭義墓誌銘云：「公諱義，字子常。……天祚皇帝初九潛龍……公之次女，選儷儲闈。」

〔六〕高麗史卷一一：肅宗二年「閏(二)月甲辰，前王薨」。「三月庚申，葬前王於隱陵，移牒遼東京兵馬都部署：『前王自退居別邸以來，病勢日增，於閏月十九日薨逝，今已葬訖。前王遺命云：「昨乞解機務，幸蒙詔允，退養殘骸。近來疾劇，決無生理。飾終諸事，宜從儉約，不須告奏，煩瀆大朝。」肆遵前王遺命，不敢遣使告哀。』」

〔七〕長編：紹聖四年(一〇九七)五月「丙寅，詔：『以歸信、容城知縣左侍禁廉嗣復爲閤門祗候。……百姓張保、桂竘並與三班借使。』先是有北賊三十餘人，入界爲擾。保、竘告嗣復等盡掩殺之，故有是命」。

〔八〕據長編、契丹國志：「癸未朔，日有食之。」

〔九〕西夏書事卷三〇：「五月，遣使以宋城要地告於遼。梁氏遣使告於遼曰：『夏國與南朝歷年交和，忽於諸路齊發人馬，大行殺掠。今則深入近裏地分，及於朝廷邊界相近諸要害處，多修城壁，侵取不息。伏望計會南朝，却令還復所奪疆土城砦，盡毀所修城壁。』八月，夏州被圍，復遣使如遼乞援。」

長編：冬十月壬辰，「三省樞密院同呈涿州牒雄州稱：『西夏本當朝建立，兩曾尚主，近累遣使奏告，被南朝侵奪地土及於當朝側近要害處修城寨，顯有害和好，請追還兵馬、毀廢城寨，盡歸所侵地土，如尚稽違，當遣人别有所議。』衆深訝其不遜。章惇笑曰：『元豐中牒亦如此，一牒便已。』上亦深駭其牒語太峻，遂退檢元豐中牒，首尾語言大約相類，當時回一牒，更不復來。其後數因國信往還詰問，然亦不甚力。又韓忠彥使虜，接伴韓資睦但云：『不得已，深恐貴朝疑斷，不敢以小國害大國和好。』癸巳，同呈元豐涿州牒，先帝草定回牒本末，悉如惇語。惇曰：『使者方在北庭，俟來年正月乃可回牒，事與元豐不同。』上然之。元豐中涿州以六月牒，七月二十五日即回也」。

〔一〇〕長編：八月「己酉，彗星見氐間，斜指天市垣，光芒約三尺餘，至九月戊辰没」。契丹國志卷九：「秋八月彗出氐，（宋史作己酉。）斜指天市垣，光芒三尺餘，越三夕，長丈餘，掃巴星。」

長編：八月癸未，「詔：『高陽關界河司巡檢王溥、権場徐昌明、霸州刀魚巡檢楊拯、劉家渦、黃金寨巡檢賈嵒、知霸州李昭玘、通判侍其琮、權通判寇毅，並先次差替，仍於瀛州供答文字。』以遼人入霸州権場，殺傷兵士及偷拆橋梁，昭玘等坐失措置，溥等不及救援也。（宋會要蕃夷同。司巡檢，司作同。楊拯作楊極。）先是，高陽奏：『霸州相度北門外橋，自元祐三年增修，後爲水壞，沿邊安撫司令復修。及施工，北界屢以兵來，即令婉順應答，過作隄防。六月甲辰，北界忽將人船千餘，夜圍権場，叫呼拆橋，梯城射傷戍卒四十六人，其一人死。未明，即遁去。』詔雄州未得移牒，及令高陽指揮，密切隄備。時七月癸丑也。已而琮申昭玘示怯太過，及界河巡檢承牒不報，卻徙雄州出巡等事。詔高陽體量，應干有罪人取勘奏裁。於是琮及昭玘等，皆先坐責，琮亦託出巡避寇故也。初章惇與曾布皆言，敵聞西羌喪地，頗不自安，探報多言求助於敵，而敵亦自驚疑，云有收復燕、幽之舉。因此欲生事，但勿與深較，則自無事。尋聞敵移牒云：『橋屬北界，合從北界修。』乃詔邊吏：『如北人來修橋，無得與争，須俟其去，卻行毀折。』時路昌衡自高陽歸，入對，亦言修橋比舊太高，致敵驚疑。又言霸州累有探報，略無措置。琮、昭珙等既坐責，其後雄州言：『敵追牛欄監軍及安撫副使赴帳前，各決沙囊三百，監軍勒停，以擅拆橋及殺傷南界戍卒故也。』」丁酉，「樞密院言：『河北沿邊州軍及安撫司，各置間牒，密伺北邊動静之實，訪聞涿州軍雖探到敵中事，久例不經報過雄州，並匿而不聞。自來與雄州所奏，稍相符合者，只是一事，而重疊奏報，朝廷無緣得知緩急，有誤事機。』詔定州高陽關路安撫司：『應有探事人通説，並畫一以聞。即不得觀望畏避，輒行隱漏。』」八月，「遣禮部侍郎范鏜，左藏庫使兼閤門通事舍人向綽賀北朝生辰；太常少卿林邵，供備庫使兼閤門通事舍人張宗卨賀北朝正旦」。（原注：此據國信名銜録，實録云無之。）錢氏考異卷八三：「中書舍人朱服，有司員外郎時彦奉使，本傳不載其年，當在紹聖中也。毗陵志，余中於紹聖中使遼，不知何年，又長編載元符二年，蹇序辰奏取勘客省帳茶酒，有王曉例，是曉亦從前奉使者也。」王曉即王曙。

〔一一〕長編：九月丁巳，「詔國信使副自今依熙寧條，許帶親屬一名充小底。其元祐法勿行。從國信使范鏜請也」。

〔一二〕高麗史卷一一：冬十月「甲辰，遣安仁鑑如遼賀天安節。丁未，遣柳澤謝横宣」。

〔一三〕按本史卷百官志及下文四年十一月，應作知右夷離畢事。

〔一四〕高麗史卷一一：「十一月己未，遣庾惟佑如遼謝賀前王生辰。戊辰，遣畢公贊進方物，又遣林有文賀正。」

長編：十二月「甲申，遼國遣使保静軍節度使耶律永芳，副使中散大夫、守太常少卿、充史館修撰張商英來賀興龍節」。「乙巳，遼國遣使益州管内觀察使蕭括，副使東上閤門使、海州防禦使張搋來賀正旦。」

高麗史卷一一：「十二月癸巳，遼遣耶律思齊、李湘來，賜玉册、圭印、冠冕、車輅、章服、鞍馬。匹段等物。册曰：『朕以昊蒼眷祐，祖宗貽範，統臨天下，四十有三載矣。外康百姓，内撫諸侯，咸底於道。而海隅立社，北抵龍泉，西極鴨緑，祗稟正朔，奉輸琛賮。乃者先臣告謝，嫡嗣銜哀，既即苫塊，俾襲茅土。疊抗章奏，懇稱疾恙，願歸諸父，庸荷崇構，尋依虔請，適委權莅。而能竭節事大，瀝誠恭上。矧念一方之位，既崇千乘之名。所宜必正。爰行典禮，特行册命。咨爾權知高麗國王事熙，肖二儀之閒氣，含五行之淳烈。九流藝術，通乎默識；七雄勢數，斷乎雅論。暨持政柄，專裁時務。楨幹立而宗室安，帷幄深而伯圖定。雖兄弟猶芝蘭，叢生於卞圃；子孫如騏驥，競馳乎辰野。主其祀者，非爾而誰。爰從龜筴，講求憲物。鐵券丹書，約堅帶礪。金印紫綬，榮配車服。是用遣使臨海軍節度使、檢校太傅兼御史中丞耶律思齊，使副太僕卿、昭文館直學士李湘，持節備禮，册命爾特進、檢校太尉兼中書令、上柱國高麗國王，食邑一千户，食實封七百户。於戲！肇我太祖，嗣及沖人。積功累德，剖符錫壤。於蕃於宣，家世有遺法；曰朝曰會，歲時有常制。永表東夏，與遼無極。其惟敬哉。』王受册於南郊。」

四年春正月壬子，如魚兒濼。己巳，徙阻卜等貧民于山前。辛未，宋遣使來饋錦綺。〔一〕

三月庚午，幸春州。丙子，有司奏黃河〔二〕清。〔三〕

夏四月辛丑，以雨，罷獵。

五月癸酉，那也奏北邊捷。甲戌，駐蹕撒里乃。

六月戊寅朔，夏國爲宋所攻，遣使求援。丁亥，以遼興軍節度使涅里爲惕隱，前知惕隱事耶律郭三爲南京統軍使。甲午，以參知政事牛溫舒兼知中京留守事。〔四〕

秋七月戊午，如黑嶺。〔五〕

冬十月乙亥朔，駐蹕藕絲淀。己卯，以南府宰相斡特剌兼契丹行宮都部署，以傅導燕國王延禧。〔六〕

十一月乙巳朔，知右夷離畢事蕭藥師奴、樞密直學士耶律儼使宋，諷與夏和。辛酉，夏復遣使求援。〔七〕

十二月壬辰，爲燕國王延禧行再生禮，曲赦三百里內囚。〔八〕

〔一〕高麗史卷一一：肅宗三年（一〇九八）「春正月丙寅，詔曰：『寡人纂承祖構，方宅丕圖，大遼遣使，特示封崇，宜頒慶賚，上答休命。其受册日接詔以下升壇執禮内外諸色員僚及客使接伴官賜爵一級，有違犯當坐者免之，指揮軍人賜物有差。』」長編：元符元年（一〇九八）二月庚辰，「朝奉郎、權開封府推官王詔言：『差充興龍節送伴遼國人使，欲乞依接伴到闕例，只于瑞聖園門設閤子，令送伴使副伺候相見，如允，乞下有司著爲令。』從之。仍令詳定編修國信條例所于儀内修入」。庚子，「雄州言：『探到北界帳前行文字，差人夫于三月上旬，開堀朔、武州沿邊壕子等。』詔：『河東路沿邊安撫司密切體探，有無前項事理，及上件界壕自來係與不係西界，同共開條具狀以聞。』」

〔二〕黄河應作潢河。

〔三〕長編：三月戊午，「詔：『雄州榷場不依様納布，監司降一官，通判展二年磨勘。北客已般到布，令減價收買，今後不如様者須退迴，如違，重行停替，監司常切覺察。霸州等處榷場並依此施行。』北客所市布，歲充軍人冬裝。景祐以前，布極厚重，自後榷場因循，一歲不及一歲，近年以草織成如魚網狀。昨酌中取元祐初布爲様，比舊已極不堪。而主者尚不肯遵依受如故，吴安持等皆言當且姑息，轉運司又以不買布則當支見錢，故利於博買。以此上下相蒙，不肯如朝旨施行，故戒之」。「癸亥，樞密院言：『司勳員外郎韓粹彦等言：使人在路、州、軍諸頓酒食料例已經編定，陳設器皿等，亦各新備。惟府界諸頓祗應人等自京差到，及酒食之類未曾豐厚。府界宿頓中路管設處，共差内臣兩人管勾，顯見難以照管。……』詔：『更不自京差内官並祗應人等，只委本處令佐管勾排辦，令府界提點司官提舉點檢，其合差祗應人等，許於本處並鄰近縣係將不係將下禁軍内選差。合用器皿陳設什物之類，令府界提點司別行置造，本處置庫收掌。應約束排辦等，並依河北、京西路州軍條例。』」癸酉，「雄州言，涿州牒稱：『爲夏國告訃會南朝，卻令還復舊所奪疆土城寨。』詔樞密院定牒本付雄州，回牒涿州。先是，范鏜使北朝，接伴問夏國事，且言夏人數遣使來彼求助，欲祈罷兵，仍云要地多爲漢家所據，及云曾移牒。鏜答以不知。是日，進呈涿州牒，詔令以四月中旬回牒，而章惇言未可回牒，尋已之。他日，上諭曾布曰：『北界又有牒催夏國文字。』曾布對曰：『此牒來日已久，不可以不答。』上亦以爲然。曾布退以語章惇，章惇曰：『須十月乃可答。』布曰：『舊例皆即時答，若一向不答，萬一欲遣汎使，何以拒之。』惇曰：『只消令雄州答以無例。』布曰：『終能遏之否？』惇曰：『若答速，見自家勞攘，往往便遣使。若不答，必不敢遣。若如子宣意，去年十二月已答了。』布曰：『答之何害？元豐中，牒至便答，未嘗聞遣使。此乃已試之效，何以知不答牒，卻不敢遣使之理？』惇曰：『正如蕭禧爭地界，只爲應接太速。』布曰：『此事自有舊例，莫與爭地界事不同。』惇勃然曰：『惇措置邊事不錯。』布曰：『安知不錯！若誤他邊事，自家莫難更安位。』惇曰：『自家誤他邊事，不止不安位，當斬首以謝天下。』……既而吏檢元豐五年正月牒，二月答，惇乃已。時六月壬寅也。翌日，同呈牒本，旨以七月降牒本付雄州，令八月回北界。惇默然。布亦不復論。及再對，布因言：『北界回牒已緩，昨四月得旨，既而章惇又欲罷。今已得旨七月回，乞更不移易。緣朝廷待此北人，一飲食，一坐，一揖，皆有常數，以示無所輕重。至於相國寺與館伴燒香先後，亦必爭論。但事皆有常故，未嘗不屈伏，今牒彌年不答，迺明示以忽慢之意，恐不便。』上曰：『是他無道理。』布曰：『元豐中牒，一般事已往，無可言者，但此回更不可移易爾。』上曰：『無。』退見許將曰：『上對三省，亦深患遠人不安靜，當以理待之。蓋聞昨日喧爭之語也。』」乙亥，「詔：『遼使經過，如遇知州病患事故，差請到權迎送人使官，應本州接送人使有違慢闕誤，許權官按舉劾斷。』從接伴使韓粹彥請也」。

〔四〕長編：六月戊寅朔，「涇原奏：『已進築没煙前、後峽。』河東沿邊安撫司奏：『定到順義軍牒，本軍以北客舊自東偏頭稅場入久良津和市，今移于賈胡疃，已指揮本津不得與自新路來者交易，又移牒請其改路也。』已而河東經略司言：『沿邊安撫司不由經略司擅定牒本奏，及差官體量久良津改路事違法。』詔沿邊安撫司放罪，令今後遵依條約束施行」。辛卯，「刑部言：『瀛州勘到知霸州李昭珙等，昨爲北人盜拆霸州橋，入榷場殺傷人兵，並無處置，亦不預爲防備，該赦。』詔昭珙降一官，權通判寇毅並依衝替人例，推官梁渙差替，界河同巡檢王溥、勾當榷場徐昌明各追兩官，劉家渦莫金口巡檢賈嵒、刀魚巡檢楊極各追一官，並勒停，河北沿邊安撫使、東上閤門使、資州刺史李諒落遥郡，別與外任差遣，副使劉方降一官，機宜張棠差替。始，路昌衡歸自高陽，極言諒强愎自任，恐生事，曾布因言：『沿邊安撫司亦累有探報，並無措置，自當降黜。』上欲便行遣，布請俟勘到霸州守倅，一處行遣，上許之，及是乃責。壬辰，瀛州通判陸元長罰金二十斤，以承勘北人入霸州榷場事，不依朝旨，妄有申請故也」。

宣府鎮志卷五：「六月辛丑，有星出箕，如太白，急流至尾没，赤黄有尾跡，明燭地。」

〔五〕長編：秋七月戊辰，「定州奏：『契丹點集兵馬，謀助西人。』」癸酉，「先是，上顧執政曰：『北界牒宜早與發下。』曾布曰：『已得旨，七月下旬教二十一日便下雄州矣。』是月甲子也。甲戌，同呈邊報，西人云已干北界求通和，尚未報見點集次，上問：『北使回牒已下否？』布曰：『已下。』又問：『何時回？』布曰：『八月中旬。』上曰：『不遲否？』布曰：『數日亦不足校也。』」八月戊寅，「保州走馬言：『探到北界稱，太子尚存，見計會燕京太師，結連兵馬及羣賊謀復位，恐北人故爲此虚誕，因而起兵犯塞。』曾布曰：『必無此理。』上曰：『密劄與帥臣亦不妨。』布曰：『容與三省議。』上曰：『不須，只密院指揮可也。』布曰：『此等事密院固可施行，然臣獨當樞府，無與議事者，故稍涉三省文字，必須與三省議，及同進呈，不敢自用，恐有差失爾。』」「丁亥，朝請郎、權禮部尚書、權侍讀蹇序辰權改名授之爲賀北朝生辰使，皇城使、泰州團練使季嗣徽副之；朝散郎、度支郎中王紹爲正旦使，西京左藏庫副使曹矇副之。」王紹，長編卷五〇七引作王詔，季嗣徽，錢表作李嗣徽。「九月己酉，詔：『奉議郎、通判霸州侍其琮特追一官，勒停。坐避事出巡，致北人侵入榷場，人兵拆橋梁等也。』」（人兵上疑漏字。）

〔六〕長編：冬十月乙亥朔，「雄州奏：『契丹新置魏州，欲徙上等户一千以實之。宰相王師儒以爲不可，力諫，不從。退而自刺其腹，賴左右救止。微傷而已。戎主遽從其言，仍賜壓驚錢三千緡、（加）三官。』丙子，曾布白上：『此事虚實，雖未可知，若虜相能以憂民爲心，强諫如此，而戎主聽納，又賜金加官，君臣之際，即在中國亦甚所難得也。』上默然」。庚辰，「張詢奏：『已指揮王贍等，更不結約西蕃首領攻轄正，各令安静守疆界。』……曾布又言：『……方與西羌爲讎、契丹、青唐，不可令有生事，一方小驚，即力無以支。……』」高麗史卷一一：十月「戊子，遣知樞密院事金庸，禮部侍郎曹楊休如遼謝封册」。「壬寅，遣金若冲如遼賀天安節。」

〔七〕高麗史卷一一：十一月「乙丑，遣王嘏、尹繼衡如遼進方物，蔣寧賀正」。

〔八〕長編：十二月「戊寅，遼國遣使奉國軍節度使蕭昭彦、副使中散大夫、守太常少卿、充乾文閣待制王宗度來賀興龍節」。「己亥，遼國遣使泰州管内觀察使耶律遵禮，副使朝議大夫守秘書少監充史館修撰邢秩來賀正旦」。

高麗史卷一一：「十二月丙戌，遼遣左諫議大夫來告符來賀生辰。」「癸巳，來告符還，王附表以謝。」

五年春正月乙巳，如魚兒濼。己酉，詔夏國王李乾順伐拔思母等部。〔一〕

夏〔二〕五月壬戌，藥師奴等使宋回，奏宋罷兵。癸亥，謁乾陵。戊辰，以南府宰相斡特

剌兼西北路招討使、禁軍都統。己巳，駐蹕沿柳湖。〔三〕

六月甲申，以奚六部大王回離保爲契丹行宮都部署，知右夷離畢事蕭藥師奴南面林牙、兼知契丹行宮都部署事。乙未，五國部長來朝。戊戌，阻卜來貢。己亥，以興聖宮使耶律郝家奴爲右夷離畢。〔四〕

秋七月壬寅朔，惕德長秃的等來貢。辛亥，如大牢古山。〔五〕

閏九月丙子，駐蹕獨盧金。〔六〕

冬十月己亥朔，高麗王顒遣使乞封册。丁巳，斡特剌奏討耶覩刮捷。丙寅，以同知南京留守事蕭得里底知北院樞密使事。丁卯，宋遣郭知章、曹平〔七〕來聘。戊辰，振遼州饑，仍免租賦一年。

十一月甲戌，振南、北二紇。乙酉，夏國以宋罷兵，遣使來謝。

十二月甲子，以參知政事趙孝嚴爲漢人行宮都部署，漢人行宮都部署梁援爲遼興軍節度使。〔八〕

〔一〕西夏書事卷三一：「拔思母部，遼國西南招討使所轄。大安末，與達里底部頻爲遼難，殺四捷軍都監特抹等，左金吾衛上將軍蕭阿魯帶擊降之，已而復叛，遼屢討不悛，命乾順舉兵伐之。」

長編：元符二年（一〇九九）春正月庚戌，「高陽關路走馬承受公事所言：『訪聞北界人言，已差下泛使蕭德崇等，於二十四日已離京，上節中帶夏國二人同行，要作照明。』令河北沿邊安撫司，密切體問，詣實聞奏。雄州言：『涿州牒稱：爲夏國差人使告奏，稱南宋興兵侵討，合有計會公事，已差定國信使副。緣自慶曆二年至嘉祐二年，北界泛使一行，並只於白溝驛交割。至熙寧七年，蕭禧將牽馬擔擎人等於雄州交割。當日接伴爲不依久例，差人説諭，其蕭禧不肯依從，遂直到本州城下永安亭前交撫。慮今人使入界，亦要依上件體例於北亭子交换駝馱。乞指揮接伴使副於白溝交换。』詔：『接伴使副計會雄州，密切商量，從長施行。』」丙寅，「先是，遼使蕭昭彦謂接伴劉逵曰：『北朝遣泛使，只爲西人煎迫，住不得，若南朝肯相順，甚善。』逵曰：『事但順理無順情。』是日，輔臣進呈逵語録，衆皆稱之。上問曾布何如，布亦稱善」。「戊辰，詔：『翰林學士承旨蔡京館伴北闕泛使。』初，三省、密院同呈除目，章惇曰：『密院不曾具除目，吏人當罰。』曾布曰：『三省罷帥及帥臣辭恩命，多不與密院同呈，吏亦當罰。』惇曰：『此卻當理會改正。』布曰：『甚善。』遂取索。及再對，上又欲用范鏜。布曰：『泛使乃兩府，鏜官輕，恐須用京』，上然之。布又言：『熙寧中，泛使蕭禧來，先帝因集英春宴，遂宴泛使。百官軍校皆赴坐，與宴紫宸事體不同。遼使以爲非常待遇，然實不爲禧設。今泛使來，政在三月，亦可以春宴勞之。』上欣納。」」

宋史卷四六四曹評傳：「使契丹者四，館伴者十二。」按評嘗於元豐二年（二年未成行）、五年、八年三次使北，已見前引，第四次不知在何時，豈宋深未行，改差評往，故本史有「曹平」歟。若然，則平又當作評。

長編：二月甲申，「上以西人叩關請命，甚悦。輔臣皆言：『祖宗以來，邊事未嘗如此。元昊猖狂，朝廷嘗遣使告北敵令指約，今其計窮引咎，可謂情見力屈，朝廷威靈，固已震動遠人，兼邊事自爾收斂，於公私爲利不細。』上亦曰：『公私之力已不堪。』章惇等又言：『北敵方遣使勸和，今彼已請命，更無可言者，此尤爲可喜。』上曰：『慶曆中，乃至於求北敵。』惇曰：『此是呂夷簡及臣從祖得象爲此謀，其人皆無取，故至於此。』及富弼奉使增歲賂二十萬，半以代關南租賦，半以爲謝彈遏西戎之意。」長編二月甲申原注引呂惠卿家傳云：「牒言梁氏之死，乃北敵遣人酖殺之，使乾順自管國事。惠卿以謂誠有之，則其欲西人之歸已可知，若我答應太迂，所求難與，彼見無接納之期，則是怒彼以堅北敵之歸而深我之讐也。」

西夏書事卷三十一：「元符二年（壽昌五年）正月，初，夏人至邊，每言已干遼國乞和，嗣聞遼使蕭彦昭至中國，因遣使如鄜延，云欲議事，哲宗詔經畧司面論邊吏：『如有文字，密録奏報，不得擅接。但云已申保安軍指揮奏聽朝旨。』乾順年已成立，梁氏專恣，不許主國事，遼主素惡之，故請援輒不應，及表辭怨慢，遣人至國，酖殺梁氏，命乾順視國政，乾順不敢違。」

長編：二月甲申，「知雄州張赴奏，乞開浚雄州績城河道，又乞增修外羅城。樞密院言：『外羅城，昨熙寧汜使蕭禧來理會，尋有詔許以不增修。令張赴遵依詔旨，其河道依年例施行，不得張皇引惹。』」戊子，「熙河路經畧使孫路繳連夏國部落威明密齋南路都統威明律淩書。稱夏國欲遣使再乞修貢。已回報言，如朝廷回降指揮，別得馳報」。丁酉，「翰林學士承旨蔡京言：『乞文臣一員，同共檢詳應答泛使文字，欲差正字方天若。』從之。又乞同泛使上殿。上問曾布如何，布曰：『京亦曾爲臣言，恐泛使奏事，上有對答語與副使同記，臣答以泛使雖直前奏事，上必不答。』上曰：『若再三有所奏請如何？』布曰：『亦只是令歸驛，説館伴朝廷必有指揮，恐難便可否其所請。』上然之。遂已。又乞降對答畫一指揮，悉如擬定。曾旼奏：泛使蕭德崇等到白溝，不肯乘遞馬，欲帶北界人馬至雄州，如蕭禧例，禧當日凡駝畜車乘皆至雄州。德崇已交割畜乘，獨欲留人馬至雄州。而旼與張赴堅執不從。初，朝旨令從長相度施行。旼既拒之，卻有二貼黄，一云理當堅執；一云俟其辭婉順即依從，所貴不失其歡。奏狀止云。謹奏，而貼黄中卻乞朝廷指揮。章惇遂以堅執爲是。曾布曰：『但當依前降指揮，令從長相度施行。』許將亦以爲當然。上疑之，顧蔡卞以爲如何？卞曰：『須慮後來可堅執否，兼恐他云因何待遇不如蕭禧。』惇曰：『但堅執，必不能久留不敢不聽。』布曰：『萬一不聽如何？必更奏稟明朝廷，若從之，則是前後三降指揮皆不同。恐失體；若謂彼必不敢不聽，陛下信得及否？兼旼曾稟執政，亦曾説與度不可爭。不若便從之。今既堅執，又卻云欲依從，自是執不定。』上曰：『如此是旼處得不是。』遂如布所奏。再對，上問布昨日商量曾旼文字。布曰：『只今早商量，初意便以堅執爲是。故旼、赴皆堅執，然臣素以爲難，若朝旨數反覆不同，非便。兼泛使來，方與議大事，不須以小事致其忿怒。卻更生事費力。章惇於邊事論議多如此，臣亦未嘗敢曲從，每有所爭論，未嘗不正色折之，不爾則不足勝惇，堅稱屈則便爲惇所陵慢矣。』上哂之。布又曰：『臣於章惇、蔡京、蔡卞輩，無所適莫。惇是則從惇，京、卞是則從京、卞，未嘗敢以私意變亂是非。』上曰：『國事固當如此，惟是從之。』布曰：『臣與同列每言，公家事當以公議處之，何所用心於其間。』上曰：『當如此。』布曰：『臣嘗言，善惡各有類，蔡京孜孜欲辟一文臣於館伴所，乃意在方天若爾。臣屢言天若險薄不可任使，今置之館伴所，猶不妨，若其他薦引，願陛下更加裁察。』上曰：『在館伴所無所妨。』」「右正言鄒浩奏：『臣伏聞曾旼往界首接伴北使，與之紛爭。累日方決，終不能奪北使之議。臣以得於外論，無由備見本末，若果有之，所係不細。蓋彼我紛爭，不過是非兩端而已。謂旼等所爭爲是，則終不能奪北使之議，是捨是而從非也；謂旼等所爭爲非，則安用紛爭累日方決，是以非而爲是也。捨是從非，則必爲北使所屈；以非爲是，則必爲北使所窺。二者必有一焉。旼等曾不審處於未見北使之前，而乃輕發於已見北使之後，此何謂也。又況泛使實與常使不同，既未知其的爲何求而來，正賴接伴豫以道理處之，使不能妄有生事之漸。而乃無故啟其爭心，尤爲可罪。伏望聖慈特降指揮推究旼等，如委有上項事跡，即乞重行黜責，以爲後人之戒。』」

長編：三月「丙辰，遼國泛使左金吾衛上將軍、簽書樞密院事蕭德崇，副使樞密直學士、尚書禮部侍郎李儼見於紫宸，曲宴垂拱殿，其遣泛使止爲夏國遊説息兵及還故地也。德崇等見上，遂言：『北朝皇帝告南朝皇帝，西夏事早與休得，即甚好。』上顧張宗禼令答之曰：『西人累年犯順，理須討伐，何煩北朝遣使。』德崇等唯唯而退」。「右正言鄒浩言：『臣伏見遼國人使已於今月十三日朝見，外議以爲非，泛使不至中國久矣。今此叩廷，決不虛發，若非本朝自有所請，則必爲羌人請命而至。此實大事，尤在審詳。……伏觀祖宗以來，每有大事，雖廟謀素定，亦必謀及在廷之臣，以參用其智……乞依祖宗故事，廷集百官或只侍從，示以遼意，曲加詢訪……以爲萬一之助者。』不從。」

丁巳，「樞密院言：『賀北朝生辰使副試禮部尚書蹇序辰、皇城使秦州團練使李嗣徽於北界合得擡箱錢，不以例收受充折小絹；又見辭日於客省帳不依例茶酒，并授香藥酒，添一拜，匿不以聞；并輒受移宴就館押送使副從人擡箱馬共十四。』詔大理少卿周鼎、權殿中侍御史左膚就寺置司，取索推究。先是，序辰等既坐違例受擡箱絹，各罰金八斤。又自言移宴就館得例外馬，取旨，上欲遂賜與。曾布曰：『序辰擅收擡箱絹，隱藏五六次，不以實對。章惇謂罰金太輕，如此則自今奉使者，人人敢擅改故事，據理自當降官，或罷賜與。若罰金亦須三二十斤。臣緣序辰數見侵，進呈時，不敢不就輕典，若更賜與例外馬，恐三省以爲不當。』上曰：『罷之。』已而三省、密院同進呈王詔語録，有跪受香藥酒，舊例不拜，遼人言序辰已拜，詔亦拜。并序辰於客省帳茶酒，皆非舊例，即詔序辰、詔等分析。序辰乃言范鏜（原注：紹聖三年生辰使）林邵（原注：四年正旦使）皆曾拜，而鏜、邵及張宗禼副林邵者皆云不拜。蔡卞曰須付有司，布與惇亦以爲當。上許之。布又進呈：『序辰所修儀式册，但云跪領，無先拜之文，兼檢到紹聖以後奉使臣僚申到儀式，皆云跪受、跪領訖。就一拜起。序辰所修乃增以『請大使出班先一拜跪興』十字，又於客省帳茶酒亦無例。序辰妄引祥符二年王曉例，曉乃弔喪，序辰賀生辰，固不同。又序辰上殿劄子云：舊儀式已編次，如王曉等變例亦乞編次付將命者，貴臨事有所折衷，此蓋序辰文過飾非。黄履曰：『此欺罔太甚，兼此數事皆未足論，序辰將命見日，遼主當有宴，移於客省帳；又當大宴，亦移就館。遼人待序辰一切簡慢禮數，而序辰乃獨增拜。及宴日，例外贈馬，欣然受而不辭，此最辱命。及歸，又不具以聞，便關國信所請絹，此尤爲不可。』上令送御史臺。章惇曰：『安惇與序辰同職事，看詳理恐不可。』上曰：『莫不妨。』布曰：『此事固不可變易，然恐有嫌，則周鼎亦可使，若更以一言事官同之，則無不盡矣。』乃降是詔」。「右正言鄒浩奏：『臣伏聞蹇序辰奉命使遼，頗失使事之體，爲遼人所慢。除改例受絹，既已施行外，其宴於客省，及飲酒輒拜等，行見行取問。臣竊以使事所係，實爲朝廷重輕，故須一言一語之間，猶必致謹而不敢息。況有大於此者。今序辰乃宴非其所，拜不以道，曾不思故事當循，而惟遼人之命是從。遼雖無知，豈不萌輕中國之心乎？……序辰爲尚書，反辱命如此，宜典刑之所先而不赦也。然序辰善事執政，世所共知，竊慮早晚供到文字進呈之時，執政必有多方致力爲序辰之助者。萬一此計得行，有所寬貸，則不惟無以懲戒後人，兼恐彼中目此指爲故事，永不可改，其耻不小。伏望聖慈深賜省察，出自獨斷，重行黜責，以慰天下公議。』」

己未，「館伴遼國泛使所言：『蕭德崇等計會朝見交割禮物，稱有玉帶並小繫腰，元無封印』，館伴蔡京等詰德崇不印封因依，德崇曰：『常禮是有司排辦，金玉帶珠子繫腰是北朝皇帝親繫者，臨行時當面付授，所以無封印。』詔劄與御藥院取旨回答」。壬戌，「遼國泛使蕭德崇等致其國書云：『肇自祖宗開統，神聖貽謀。三朝通五世之歡，二國敦一家之睦。皐安萬宇，垂及百年。粤維夏臺，實乃藩輔，累承尚主，迭受封王。近歲以來，連表馳奏，稱南兵之大舉，入西界以深圖。懇求救援之師，用濟攻伐之難。理當依允，事貴解和。蓋念蓋念遼之於宋也，情重祖孫；夏之於遼也，義隆甥舅。必欲兩全於保合，豈宜一失於綏存。而況於彼慶曆、元豐中，曾有披聞，皆爲止退。寧謂輒違先旨，仍事遠征；爾後移問稠重，諭言委細。已許令於應接，早復罷於侵爭。儻蔽議以無從，慮造端而有自。則於信誓，諒繫謀維。與其小不忍以窮兵，民罹困弊；曷若大爲防而計國，世固和成。特戒使軺，往達誠素，向融淑律，加裕冲襟。』」（宋會要蕃夷二又兵八、契丹國志畧同。蕃夷二又云：「蓋其意止爲夏國遊説，欲息兵及還故地云。」）宋會要兵八：「三月十九日遼國泛使國信使蕭德崇等齎國書爲夏國解和，其畧云……四月十九日蕭德崇等辭，授以報書，許以自新。回劄子云……」

長編：三月壬戌，「館伴使蔡京等申，與蕭德崇等食，不就坐，出文字一卷，京等累拒之。德崇乞聞達，然後收受。詔京：『如文意係干夏國事，則許收接以聞。』京等收劄子，奏稱：『夏國差人告奏：「與南宋歷年交和，忽於諸路齊發人馬，大行劫掠。今則深入近裏地分，及於朝廷邊界相近諸要害處，多修城壁，侵取不息。伏望計會南宋：卻令還復所奪疆土城寨，盡廢所修城壁。」奏呈，奉旨：「仰勘合再奏。」尋檢勘到大康七年準南宋牒，以夏國囚廢其主。差兵追取作過罪人。續準夏國告奏南朝無名起兵討伐，尋經移文理辨。後又委十年正旦國信所計會定其與夏國往復事體，許令依舊休退兵馬。又大安八年，夏國主乾順狀奏：「南宋再有興兵，尋行牒報回到公文。惟是近塞，方得驅逐，如能悔過，亦許應接。前次已指揮夏國，依應施行訖，再奏呈，奉旨：「夏國元是當朝建立，兩曾尚主。昨爲南朝討伐，已曾計會定前項事因，今來更不牒報，再遣兵衆侵取不已。及於當朝邊界相近諸要害處，創修城寨，緣是有違兩朝信誓。及前來已計會定事意，仰指揮移牒聞達南國。宜準已計會定事理施行，及還復過疆土城寨，并拆廢城壁。」進呈，奉旨：「夏國頻於邊界出没，傷殺人民。自知罪惡深重，乃隱匿作過事，妄有干告，豈當憑信，便行移牒。兼夏國本是當朝藩鎮。其建立本末，皆因當朝封殖。昨北朝重熙年中，亦曾加兵討伐夏國，當朝未嘗輒有移問。今來夏國侵犯邊塞。邊臣出兵及修建堡寨，乃其職事。於兩朝信誓，畧無干涉。」又國主乾順狀奏：「自彼南宋侵約近二十年，前後告乞起兵援助。」奏呈，奉旨：「夏國元是當朝建立，累世稱藩，并受封册兼兩曾尚主。故自重熙年中，南朝差郭稹來報，稱爲夏國僭稱崇號，起兵討伐。後因南朝諭以建藩尚主之由。故於耶律仁先附到回書，既諭聯姻，當寬問罪之舉。次又遣余靖齎到書，謂姻聯且舊，遂停討伐。」又太康中，又準南朝來牒，稱爲夏國囚辱其主，起兵征討。當朝爲是戚藩。曾經移文理辨。及因便人使計會，亦便依從休退兵馬，昨於去年，夏國又遣使告奏：南宋忽於諸路齊發人馬。大行劫掠。深入近裏地分。侵取不息。尋委所司具告奏詞意，并前來已計會定事理，移牒和解。經隔多時，遷延不行報復，續準夏國再有申奏，又經牒報，方始回到公文，全未依應。至於夏國近年實有曾侵犯南朝邊界，並無前項重熙、太康年中逐起所指愆過，輕重不同。今來南朝豈可固違祖先相從和解之意及兩朝信誓，并前來已計會定事理不爲準行。據此依違不定，未悉端由。仍慮南朝臣下不經，爲縷細聞達。兼近日夏國又特遣人使告奏：「自被南宋侵圖，約近二十年，於諸要害被侵築了城寨不少。今歲以來，又多修築。夏國疆宇，日更朘削。乞起兵援助。」據當朝與夏國累世聯親。理當拯救。蓋以南北兩朝，通好年深。固存誓約，便難允其所請。今特遣使臣就去計會。候到南朝，仰具録上件委細因由，分付館伴聞達南朝子細詳究，早爲指揮，勾退兵馬，及還復已侵過疆土城寨。用固祖宗信誓，不失兩朝久來歡好。右請館伴所聞達南朝。』」

〔二〕長編：「夏四月辛卯，遼國信使蕭德崇、李儼等辭。置酒于紫宸殿，授以報書曰：『載書藏府，固和好于萬年；使節馳軺，達誠心于二國。既永均于休慼，宜共嫉于凶姦。惟西夏之小邦，乃本朝之藩鎮。曲加封植，俾獲安全，雖於北嘗預婚姻之親，而在南全居臣子之分。涵容浸久，變詐多端。爰自累歲以來，無復事上之禮，賜以金繒而不已，加之封爵而愈驕。殺掠吏民，圍犯城邑，推原罪惡，在所討除，聊飭邊防，稍修武事，築據要害，扼控奔衝，輒于去歲之冬，復驅竭國之衆，來攻近塞，凡涉兩旬，自取死傷，數以萬計，糧盡力屈，衆潰宵歸。更爲詭誕之詞，往求拯救之力。狡獪之甚，於此可知。采聽之間，固應洞曉。必謂深加沮卻，乃煩曲爲勸和。示以華緘，將之聘幣，禮雖形於厚意，事實異於前聞。緬料雅懷，誠非得已。顧於信誓，殊不相關。惟昔興宗致書仁祖，諭協力盪平之意，深同謀外禦之情。至欲全除，使無噍類。謂有稽於一舉，誠無益於兩朝。祖宗貽謀，斯爲善美；子孫繼志，其可弭忘。今者詳味縟辭，有所未喻，輒違先旨，諒不在兹。如永念於前徽，宜益敦於大信。相期固守，傳示無窮。矧彼夏人，自知困蹙，哀祈請命，屢叩邊關，已戒封疆之臣，審觀情僞之狀。儻或徒爲空語，陰蓄姦謀，暫示柔伏之形，終懷窺伺之志。則決須討伐，難議矜容。若出自至誠，深悔前罪，所言可信，聽命無違，即當徐度所宜，開以自新之路。載惟聰達，必亮悃悰。方屬清和，冀加葆嗇。」續遣使人諮謝次。又回白劄子曰：「夏國自李繼遷之後，建國賜姓，莫非恩出當朝，所有疆土，並是朝廷郡縣之地。昨自元豐以來，累次舉兵犯塞。中間亦曾赦其罪戾，加以封册，許令朝貢。兼歲賜金帛，又遣官與之分畫疆界，而狡詐反覆，前後於陝西、河東，作過不一，無非母子同行，舉國稱兵，攻圍州軍城寨。去冬又於涇原路攻打城寨近二十日，攻城之人，被傷殺者不啻萬數，勢窮力屈，方肯遁歸。比之日前愆過，不爲不重。所以逐路邊城各須出兵，討逐捍禦，及於控扼賊馬來路，修築城寨，禦其奔衝。夏人自知罪惡深重，乃更締造詭詞，飾非文過，干告北朝求爲救助。緣南北兩朝，百年和好，情義至厚，有同一家。夏國犯順，罪惡如此，北朝所當共怒。兼詳慶曆四年，興宗皇帝致書仁宗皇帝云：『蠢爾元昊，早負貴朝，疊遺林牙齋詔問罪，尚不悛心。近誘去邊民三二百户，今議定秋末親領師徒，直臨賊境。」又云：「恐因此軍深入，卻附貴朝，或再乞稱臣或依常作貢。緬惟英晤，勿賜允從。」又慶曆五年書云：（原注：五年正月，耶律宗睦來告西征回。）「元昊縱其凶黨，擾我親鄰。屬友愛之攸深，在蕩平之亦可。」又云：「藩服亂常，敢貢修之不謹；親鄰協力，務平定以永綏。」又皇祐元年再報西征云：（原注：元年三月己未，蕭惟信來告西征。）「元昊伺窺邊事，特議討除，再幸邊方，欲殲元惡。而夏國馳告，元昊云亡，嗣童未識於矜存，狡佐猶懷於背誕，載念非緣逃户，可致親征，孰料凶頑，終合平蕩，苟有稽於一舉，誠無益於兩朝。」至皇祐二年報西征回，則云：「爰自首秋，親臨戎境，先驅戰艦，直濟洪河，尋建浮梁，洎成戍壘，六軍蓄鋭，千里鼓行。」又云：「專提騎旅，徑趨梟巢，羣物貨財，戈甲印綬，廬帳倉廒，駝槖之屬，焚燒殆盡，螯毒尋挫，噍類無遺，非苟竄殘旅，全除必矣。」又云：「兼於恃險之津，已得行軍之路，時加攻擾，日蹙困危，雖悔可追，不亡何待？」載想同休之契，頗協外禦之情。深維北朝興宗皇帝敦篤勸和，情義兼至。方夏人有罪，則欲協力討除，及西征勝捷，則馳書相慶。慮彼稱臣修貢，則欲當朝勿賜允從。自來兩朝歡好歲久，契義日深，在於相與之心，宜加於前日，今乃以夏人窮蹙之故，詭詞干告，既移文計會，又遣使勸和，恐與昔日興宗皇帝書意稍異，況所築城寨，並無與北朝邊界相近之處，即非有違兩朝信誓，必料北朝臣僚不曾檢會往日書詞及所立誓約，子細聞達。』尋具進呈，奉旨：『據夏人累年於當朝犯邊作過，理合討除，況今來止是驅逐備禦，於兩朝信誓及久來和好，殊不相干。兼夏人近以事力困窮，累次叩關請命。且云：「國母喪亡，姦臣授首，欲遣使告哀謝罪。」緣夏國久失臣節，未當開納，今以北朝遣使勸和之故，見令邊臣與之商量。又緣夏人前來，曾一面修貢，一面犯邊，慮彼當計窮力屈之時，暫爲恭順，以款我邊備，邊臣審察，見得情僞，若依前狡詐，内蓄奸謀，俟後少蘇，復來作過，則理須捍禦，及行討伐，若果是出於至誠，服罪聽命，亦當相度應接，許以自新。』先是館伴所言：『信使以白劄子云：西人悔過謝罪，許以自新，則是全不干北朝遣使之意，兼未見答「休退兵馬還復疆土」八字，往復久之，未肯收受。』詔二府改定進呈。遂改定云：『夏國罪惡深重，雖遣使謝罪，未當開納，以北朝遣使勸和之故，令邊臣與之商量，若至誠服罪聽命，當相度許以自新。』上稱善。初章惇云：『夏國作過未已，北使雖來勸和，亦須討伐，若能服罪聽命，雖北朝不來勸和，亦自當聽許。』布曰：『如此止是斷罵，却了事不得。』遂如布所定，衆皆以爲然。再對，具以白上，上亦以爲不可。既而館伴所又言：『信使得改定白劄子，亦不肯受，乞與增「特停征討」四字。』布曰：『蔡卞已嘗言欲添與「特免討伐」四字，正與此同。然恐未可數改。』遂詔蔡京令不得輕許以增改語言，京又乞削去聽其反覆偏詞，是責其主，恐彼難收受，遂與删改云，夏人詭辭干告，既移文計會，又遣使勸和。是日惇、卞不入，惇深以删改爲不須也。後四日，惇謂布：『信使終未肯受白劄子，蓋是前來不合與添北朝勸和意，待卻取來，依前所草定言語與之。』衆皆默然。布曰：『當答之云：「朝廷既許以自新，夏人又不作過，即自無出兵討伐之理，其建置城寨，係僅禦奔衝之處，兼是本朝郡縣之地，決不可還復。」如此答之，看他待如何？』惇曰：『如此亦得。』布曰：『這箇須道定著，但恐下來不如此答，他必不肯去，諸公更有高見及更生異論，恐無以易此語。』惇曰：『恁地好，前來言語更不須説。』布曰：『不可，公適已言爲布欲添勸和之意，致敵人不肯受劄子。今公議論如此，布所見如此，若不盡陳於上前，取決於上，即無由有定論。』既對，上曰：『敵人堅不肯受劄子，且勿恤，更住數月亦不妨。』布曰：『陛下聖意已定，臣下足以奉行。蔡京輩館伴以來，分付得劄子，敵人未辭，是職事未了，義不自安，既得朝旨，令堅執前議，更無可商量。又聖意如此，何疑之有。』布遂悉以惇語白上。上曰：『莫難。』布又言，惇以爲臣不當添勸和一節，致敵人不受，卞曰：『此是衆人商量，不須分辯。』布又具道布所見如前所言。上曰：『極好。然且候半月十日間未受時，卻如此指揮亦可。』布曰：『如此無不可者。』惇曰：『如聖意，且更令住數月亦無妨。』是月甲戌（四月一日）館伴所言，信使兩召會食不赴，云：『事未了，不敢飲酒聽樂。如前日劄子，只得自新兩字，北朝所言八字並不曾答，雖餓殺亦不敢受此劄子。』蔡京又疑信使不肯造朝，已而如期造朝。上又曰：『恐起居時要唐突，令密院且勿退』，既起居訖便出，一無所陳，上問何以處之，布持議如前。後四日館伴所又言：『信使未受劄子，欲增「抽退兵馬還復疆土」之語。』衆議欲明諭以夏人聽命服罪，朝廷許以自新，即豈有更出兵討伐之理，其邊臣進築城寨，以禦其奔衝，兼係本朝郡縣境土，及蕃臣作過，理須削地，無可還復，以此答之不妨。上亦以爲然。是日信使造朝，跪於庭下云，所得白劄子，只得自新兩字，未分白，乞更賜增添。上令張宗卨答以事理已盡，無可更改，使者再有所陳，上欲以前語答之。而宗卨不敢再表，遂又呈嘉祐、熙寧北界打圍，亦皆批斫林木。然熙寧六年於西山打圍，七年便遣蕭禧理辨地分，十年分畫畢，元豐二年又坐冬於西京。初諸路探報，北人於邊界作圍場及於西京坐冬，惇以爲不足恤。布曰：『必恐生事，蓋蕭禧理辨地界，如黃嵬山、解子平一帶河北地分尚未了，緣此生事未可知。』上亦以爲然，故檢尋舊邊報以證其舉動非無故也。後十日，同呈館伴所語録共八件，撰定對答信使之語如前議，納於上前。又蔡京言，信使遣二書吏來傳語，要於自新字下畧添得些小抽退兵馬之意亦可受，兼白劄子内，多説興宗皇帝書，意似未便，及言朝廷郡縣之地恐生創。京答云：『自身已是分白，無可更改。只是汝兩人誤他使住許多日數。白劄子只説與興宗書不同，卻不似北朝容易輕出語言，便云有違先旨，那箇是輕重？若言本朝郡縣之地，興州、靈州、銀、夏、綏、宥，不是朝廷地是誰地？此地皆太宗、真宗賜與李繼遷，如何是生創？』兩人者皆無答，但云不由人吏，是簽樞未肯受，觀其詞氣，頗已屈服，翼日，遂受白劄子，乞朝辭。館伴所又言：『信使欲改大遼國信所爲北朝字。』從之。以元祐中因敵使授生饒劄子，欲改大遼爲「北朝」，既降旨從其所請，又令今後卻提空南朝字，彼亦不敢違。館伴所亦難以北朝白劄子内有南宋字。信使云：『西人之語，非本朝所稱。』遂已。蔡京初受詔館伴，對崇政殿。上曰：『北人以何辭解和夏國？』京曰：『彼必以尚主爲詞，蓋仁宗朝有書答北朝曰：「既論聯姻之舊，當寬問罪之師。」』上曰：『仁宗有書如此，彼何以答之。』京曰：『彼興宗有書報仁宗，「屬友愛之尤深，在蕩平之亦可。」又曰：「苟有稽於一舉，終無益於兩朝。」是彼嘗欲蕩平夏國也。』上曰：『善，可具録進入。』

德崇、儼留京師凡三十七日乃歸。」

契丹國志卷九：春三月，「宋詔郭知章報聘。初，蕭德崇堅乞於國書内增『休退兵馬，還復土疆』等語，往復議論，宋帝不從。德崇留京師凡三十七日乃歸」。

長編：四月癸巳，「朝散郎、中書舍人郭知章充回謝北朝國信使，東上閤門使、文州刺史曹誘副之。……已而誘不行，改差東作坊使兼閤門通事舍人宋深。知章等既受詔，河北諸州數言，遼主今歲必於西京坐冬，及於河東對境多作圍場，屯兵聚糧，以俟受禮。又言遣人往解子平圍，恐必造端生事。章惇屢以爲不足恤，上頗不然之，曰：『安能保其不生事，但當思所以待之爾。』知章等申乞下雄州移文，問遼主受禮處。從之。上問：『知章等到北界，對答語言如何？』……布曰：『韓縝、沈括奉使時，亦但云來回謝，及再三有所問，亦須答。』惇等又曰：『沈括當時往商量事，與此不同。』上曰：『莫須與一指揮。』布曰：『知章等方欲奏請候見文字草定，進呈取旨。』……知章等行次相州，雄州言：『涿州報，遼主已入秋山，不納回謝使、副奏狀，須十月一日過界。』尋詔知章等赴闕，期至乃行。仍以真珠鞶金鬧裝鞍轡遺遼主，不封角，答玉帶與小繫腰也。知章至契丹，蕭德崇謂知章曰：『南北兩朝通好已久，河西小國蕞爾疆土，還之如何？』知章曰：『夏人入寇，邊臣擇險要爲城栅以守，常事也。』德崇又曰：『禮數歲賜，當且仍舊』，知章曰：『夏國若恭順修臣子禮，本朝自有恩恤，豈可豫知。但累年犯邊，理當致討。本朝以北朝勸和之故，務敦大體爲優容，今既罷問罪令進誓表，即無可復問也。』」甲午，「前知保州、西上閤門使副張赴罰銅十斤，展三年磨勘，以不察覺婦人阿劉出入北界故也」。辛丑，「館伴使蔡京等言：『竊實修華戎信録，自通好以來，事無不載，粲然可觀，而所載止於元豐六年。後來未經編録，伏望委官續成。』從之」。

高麗史卷一一：肅宗四年夏四月「丁亥，遼遣橫宣使、寧州管內觀察使蕭朗來，兼賜藏經」。

〔三〕長編：五月丙辰，「河東奏，北人過天澗取水，已令地分婉順止約去訖」。甲子，「河東經略使林希言：『北界擅移久良津榷場，關門不收公牒，乞更移牒一次，如不收，即更不移牒。』從之」。

〔四〕長編：六月壬申朔，「河東奏：『北人於賈胡疃拆石墻，侵入天澗取水。』詔經略司指揮折克行：『如北人先肆轟行，令隨宜應接施行。』」己卯，「奉議郎、祕閣校理、權發遣河東路提點刑獄時彥特追一官勒停，朝請大夫、吏部郎中林邵特勒停，供備庫副使、閤門通事舍人、權管勾樞密副承旨公事張宗卨特免追官，罰金三十斤、勒停，朝散郎、度支郎中王詔、西京左藏庫使曹曣罰金二十斤，並以充北朝正旦國信使副，拜不如儀故也。……先是，制勘所上殿言：『時彥、范鏜、林邵在番皆曾拜受香藥酒，得旨令並取勘。』（左司諫陳）次升疑獄官有所偏，故有是請。上頗訝其喋喋也。已而内降（蹇）序辰奏，制勘所取勘客省帳茶酒有王曉例，拜受香藥酒依林邵等例，移宴就館，例外送馬，是書送回答之物，不可不受，乞聖鑒省察。樞密院勘會：富弼奉使，亦以契丹主瘡病，伴酒三行，差官就館伴酒食；刁約奉使，以契丹母老病久坐不得，伴酒三行，差官就館賜御筵。除蹇序辰所引王曉例，事體不同外，即無例就客省帳茶酒，及移宴就館，不曾例外送馬。並序辰稱係書送回答之物，各不委自來有無似此體例，兼不獨序辰不於語録内聲説拜受酒一節，時彦以下亦不曾聲説。並合取勘。令制勘所詳此及序辰狀内事件，逐一子細根勘取見詣實，圓結公案聞奏。……布又言：『勘會到富弼、刁約例甚分明，王曉例即不同。』上曰：『甚好。』布曰：『兼富弼等亦不曾例外受馬，臣處此事極平，所以云不獨序辰不於語録内聲説拜受酒一節。』上曰：『此指揮尤好。』……于是林邵拜受香藥酒，于語録内隱避不奏，約法合罰銅三十斤，放罪。張宗卨合追一官勒停。上以林邵爲首，宗卨爲從，輕重未允。宗卨特免追官，并邵各罰金三十斤勒停。時彦供語録在前，奏不實在後，合從事發更爲，又以首增一拜，特追一官勒停」。「壬午，詔：『河北修城池樓櫓，仍令安撫轉運司體量兵官不得力者，具名奏差人替。……』邊報多言北敵頗生事，其孫專政，慮不能安静，故降是詔。」己丑，「接伴遼國泛使朝散大夫、試秘書監曾旼等言：『新修國信敕令儀制等，其中條例不無增損，而事干北人者，恐難改革。又泛使往來，雖係不常，而新令條目，元不該及，乞下元修官審照舊例刊除，畧加添修，詳定編敕國信條例所取索合用書狀體式，更切參詳，編修成册，送國信所收管，準備照使。』」「癸巳，朝散郎、試給事中范鏜落職，知蘄州；皇城使、泰州團練使李嗣徽降授慶州刺史；朝散大夫、權禮部尚書蹇序辰落職降一官，知黄州；供備庫使兼閤門通事舍人、帶御器械向綡落帶御器械，并降供備庫副使一官衝替。並以奉使遼國拜不如儀，又不依例受擡箱馬，及對制不實等事故也。」七月，「甲辰，河東奏：『北人自六月十六日後，不復來天澗取水。』又奏：『折可大出寨獲千級，特除閤門通事舍人。』乙巳，中書舍人趙挺之詳定編修國信條例，代蹇序辰也」。

〔五〕長編：七月己巳，「河東路經畧使林希言：『北界沿邊都巡檢管勾朔州同知多造事端，自六月十三日，驅擁人夫侵越取水，除已爲巡檢何灌約回，經一月不至，今月十八日復來取水，其同知往來戎帳，節次已具奏聞。緣北人自前歲改移東偏頭稅場，去歲拆石墻，今歲不受牒，便於賈胡疃興建場屋，又過天澗取水，及有分水爲界之語。蓄謀三年，發於今日，竊恐其勢未已，除已牒折克行選差使臣前來，依朝旨隨宜應接外，緣方當進築之際，正藉克行及其子可大帶領兵馬在北界防扼。深慮那移兵馬前來，其本地分巡檢兵數又少，如北人再領人馬數多，過來陵犯，何灌等便若行應接，深慮兵力不敵，兼恐別生事端。已密諭何灌等及折克行所差使臣，但嚴勒兵馬，把截取水道路，過作隄備，不得輕易便行鬥敵，其北人所創稅場，本爲私相買賣，既嚴禁互市，自足以破其謀。今若更來取水，亦不必與之力競，俟進築了日，軍馬各歸，沿邊有備，至時尚來取水不已，即別有措置，隨宜應接，亦未爲遲。』從之」。

八月戊寅，「河東奏：『朔州同知爭賈胡疃事宜寧息。』北人自去歲欲遷東偏頭稅場於賈胡疃，徑入久良津買賣，朝廷以創改事端，令邊吏移文拒之云：『久例於東偏頭村往來買賣，難議創行改移。』後數移文至，不肯收受。又於賈胡疃創建稅場屋宇及開石墻，越漢界，於天澗及黃河取水，至以兵仗擁護取水人過界，射傷巡卒，林希日一奏，以爲北人恐因此生事。又云欲以黃河分水爲界。又云聚兵數千，欲據漢界取水。朝廷亦令折克行相度應接。曾布數論希，以爲探報皆虚聲，建税場，破石墻，過界取水，皆同知者麄暴妄作，不足恤。希憂恐不已。既而果無事」。戊子，「青唐大酋森摩乾展，及董戩妻契丹公主，鄂特淩古妻夏國僞公主、回鶻僞公主等，遣酋長李阿温旺以下六人齎寶玉至總噶爾城通欵。王愍諭以朝廷招撫之意及賜袍帶等物，即日遣還」。九月甲寅，「河東經畧司奏：『乞更不牒問北主近邊打圍。』從之。北主以今歲至西京並邊打圍，去代州邊境止十里至五、七里。知代州王宗極言，慶曆中，北主至西山打圍，嘗牒報河東，令勿驚動。今乃不牒報，乞移文取問，而熙寧、元豐中亦嘗於此打圍。不曾牒報，亦不曾問。乃以此諭河東，故經畧司有是請。是歲，北主於雲中甸受回謝生辰正旦國信禮」。「己未，隆贊與諸族首領並契丹、夏國、回鶻公主皆出降，王贍入據其城（青唐）。」

高麗史卷一一：九月「乙巳，持禮使邵師奭如遼東京」。

〔六〕長編：閏九月乙亥，「試給事中兼侍讀趙挺之言：『差充賀北朝生辰，見領詳定編修國信條例，有北道刊誤志，本所將諸州供到古跡、人物、宫觀、寺院與别書校對，例有不同，或交互差舛，已仔細考據編修。及接見北使書狀儀式，未能全備，欲乞因令就行詢訪、體究、纂記，緣路看詳修潤。』從之」。

傅表：「（是歲）以試給事中兼侍讀趙挺之等爲賀北朝生辰使副，又以尚書司勳員外郎韓粹彦，文思副使賈裕賀遼正旦使副。」

高麗史卷一一：閏九月「辛卯，遣文冠如遼賀天安節」。

〔七〕長編：十月「丁巳，供備庫副使賈裕充遼國賀正旦副使，以李希道身亡故也」。高麗史卷一一：「冬十月庚子，遣李壽如遼賀生辰。」「辛亥，告奏兼密進使文冀如遼請賜元子册命。」丙辰，「遣韓彝如遼進方物，趙臣浚賀正」。

〔八〕長編：十二月「辛丑，遼國遣使臨海軍節度使耶律應，副使中大夫、守秘書少監、充乾文閣待制王衡來賀興龍節」。壬子，「詔雄、滄、霸州：『自今遇有邊防急切事合用兵將，申稟帥臣不及，許知州徑牒本州駐劄將、副，差撥人馬應副。』」「甲寅，詔：『遼國賀興龍節人使於相國寺、集禧觀拈香，不依舊例重行立，其館伴使副安惇、向宗良不合依隨，各特罰金三十斤。』」「癸亥，遼國遣使高州觀察使蕭括，副使朝議大夫、守大理少卿王慶臣來賀正旦。」高麗史卷一一：「十二月壬寅，遼遣大淑來賀生辰。辛亥，遼東京持禮回謝使大義來。」

六年春正月癸酉，南院大王耶律吾也薨。壬午，以太師致仕禿開起爲奚六部大王。丁亥，如春水。辛卯，斡特剌執磨古斯來獻。丙申，詔問民疾苦。〔一〕

二月丁未，以烏古部節度使陳家奴爲南院大王。己酉，磔磨古斯于市。癸丑，出絹賜五院貧民。辛酉，宋遣使告宋主煦殂，〔二〕弟佶嗣位，〔三〕即日遣使弔祭。〔四〕

三月甲申，弛朔州山林之禁。

夏四月丁酉朔，日有食之。癸卯，如炭山。

五月壬午，烏古部討茶扎剌，破之。乙酉，漢人行宫都部署趙孝嚴薨。丙戌，駐蹕納葛濼。辛卯，宋遣使饋先帝遺物。〔五〕乙未，以東京留守何魯掃古爲惕隱，南院宣徽使蕭常哥爲漢人行宫都部署。〔六〕

六月庚子，遣使賀宋主。〔七〕辛丑，以有司案牘書宋帝「嗣位」爲「登寶位」，詔奪宰相鄭顓〔八〕以下官，出顓知興中府事，韓資讓爲崇義軍節度使，御史中丞韓君義爲廣順軍節度使。癸丑，阻卜長來貢。戊午，遣使決五京滯獄。己未，以遼興軍節度使梁援爲樞密副使。

秋七月庚午，如沙嶺。壬申，耶覩刮諸部寇西北路。〔九〕

八月，斡特剌以兵擊敗之，使來獻捷。〔一〇〕

九月癸未，望祠木葉山。戊子，駐蹕藕絲淀。〔一一〕

冬十月壬寅，以樞密副使王師儒監修國史。〔一二〕癸卯，五國諸部長來貢。甲寅，以平州饑，復其租賦一年。〔一三〕

十一月壬申，以天德軍民田世榮三世同居，詔官之，令一子三班院祗候。丙子，召醫巫閭山僧志達設壇於内殿。〔一四〕戊子，夏國王李乾順遣使請尚公主。〔一五〕

十二月乙未，女直遣使來貢。己亥，以知右夷離畢事郝家奴爲北面林牙。〔一六〕辛亥，詔燕國王延禧擬注大將軍以下官。庚申，鐵驪來貢。宋遣使來謝。帝不豫。〔一七〕

是歲，封高麗王顒長子俁爲三韓國公。〔一八〕放進士康秉儉等八十七人。

〔一〕長編：元符三年（一一〇〇）正月「辛未詔以服藥不視事三日，自五日爲始。今月五日紫宸殿宴遼國使副可罷，仍就驛賜宴。六日，遼國使副辭於門外。」宋會要職官國信使門：「元符三年二月二十一日詔國信使韓粹彥、賈裕回到白溝，聞國哀不別送伴，皆罰金。」趙鼎臣竹隱畸士集卷一七韓粹彥行狀：「充北朝正旦使，入辭，帝諭曰：『此行朕所選，俟還，當以右史處卿。』於是王師方西征，北人不自安，巧爲詞端以鉤索我情，或設張苛禮，疑誤使人，前奉使者數不稱旨，至抵罪，帝以戒飭公者甚備。既出境，交口問公以西事，公徐應曰：『小國有罪，中國致討，無預兩朝歡好事也。且僕以歲事來，吾子幸見館，無乃惟是相與飲食宴樂而已，遑及其他。』北朝以情得，絕口不復問。逮赴曲燕，其館伴耶律祐告曰：『生辰使者，吾君以病不置酒，今以公名家，且使有禮。故自力疾射於館中。』其酋老矣，自載以車與其孫來觀，因輟所乘馬二以侑射禮，且俾畫者竊圖公貌以歸。初聘使入賀，至客省，惟北人必持香藥酒來飲客。故事，跪而飲，飲而不拜。中間益有誤爲之屈者矣。至是因藉其口欲彊公以必拜，公持故事不可。故俄有以北主之命迫公者，公毅然曰：『使人所守惟義與理而已。墮舊典以瀆歡盟，雖帳前之命所不敢從也。』爭既久，無如之何，因趣班入，以末殺其禮，已而其臣李儼者來就館燕公，且問故。公以誠諭儼因告之曰：『帳中之飲舊矣，而近者則廢之，一杯何足爲朝重，所惜兩朝大體也。』儼蹴然慚，且歸當以曲折白吾君。明日復遣耶律祐來餉酒，卒跪飲如故事。祐私公曰：『吾君欲廢此禮，念若不足於公所者，故復致之。他日恐不可得也。』前後使者數輩，爭香藥酒皆不能得，至是始正其禮而還。北敵嘗小入甌脱爲邊患，會聞公至，相語曰：『小魏公來，吾安敢犯之。』即去。」

高麗史卷一一：「(肅宗)五年春正月庚辰，遼使蕭朗還附表以謝。」

〔二〕長編：正月「己卯，上(哲宗)崩於福寧殿」。庚辰，「禁緣邊毋得侵擾外界，務要安静。……遣閤門通事舍人宋淵告哀於遼國」。

〔三〕宋史卷一九徽宗紀：三月「庚午，遣韓治、曹譜告即位於遼」。此繫於二月，是帶叙。

〔四〕宋會要禮二九：「六月一日，遼國遣臨海軍節度使蕭安世，太常少卿、乾文閣學士姚企貢來祭奠；利州觀察使蕭進忠，客省使、勝州防禦使耿欽愈來弔慰。」

〔五〕宋會要禮二九：「二月二十九日，命尚書工部侍郎杜常假龍圖閣直學士爲大行皇帝遺留遼國禮信使，閤門通事舍人朱孝孫假西上閤門使副之。三月九日，河北路計定轉運副使吴安憲假寶文閣待制充大行皇帝遺留北朝禮信使，以杜常至澶州稱疾而回故也。」

〔六〕常哥漢名義。全遼文卷九蕭義墓誌銘云：「先皇（道宗）大漸，與左右政臣奉承遺制，推戴聖人，於是自諸行宫都部署授國舅詳穩」。

高麗史卷一一：五月「壬午，遼遣張臣言來諭册命元子，王備儀仗迎於太初門内，勑曰：『卿宣力侯邦，輸忠王室。因飛章而抗奏，乞延賞以推恩。載驗乃誠，宜從所請。仍圖嚴像，增飭貢儀。特示寵頒，式昭優眷。已令所司：擇日備禮册命次，今差秘書少監張臣言，往彼報諭，及别賜卿衣著匹段銀絹等物。具如别録。』又賜釋經二函。庚寅，張臣言還，王附表以謝」。

〔七〕此稱賀宋主而不言賀「即位」，應是實録原文。宋史卷一九徽宗紀：九月「丙寅，遼遣蕭穆來賀即位」。

〔八〕宋史卷一九徽宗紀：七月「癸未，遣陸佃、李嗣徽報謝於遼」。全遼文卷一〇王師儒墓誌銘：「六年夏，會南宋謝登位人使至，無何，宥曹書吏誤以『寶』字加之，由是累及公與門下鄭相顓、中書韓相資讓，同日削平章事，仍罷樞密中書省職。」羅校：「玉石觀音像唱和詩碑有兵部尚書兼門下侍郎平章事鄭若愚，疑若愚即顓之字。碑立於壽昌五年，故結銜尚稱平章。」

〔九〕契丹國志卷九：「秋七月，熒惑犯房心。」

〔一〇〕宋史卷一九：八月「丙午，遣董敦逸賀遼主生辰，吕仲甫賀正旦」。

〔一一〕高麗史卷一一：「九月丙戌，遣李載如遼謝詔諭。」

〔一二〕全遼文卷一〇王師儒墓誌銘：「上尋知公非罪，密詔令冬赴廣平甸之行在，及其至也，改授宣政殿大學士、判史館事、上柱國、食邑五百户，依前伴讀燕國王。」

〔一三〕高麗史卷一一：冬十月「壬子，遼遣蕭好古、高士寧來冊王太子，勑曰：『卿嗣膺祖服，遥臨海表之區；將建後昆，虔候天朝之命。適從汝請，既諭朕言，特申遣於使華，俾寵加於公爵。固昭優異，庸示眷懷。今差高州管内觀察使蕭好古等，持禮往彼，冊命卿長子俁爲三韓國公，其印綬簡冊車輅，並别賜衣帶匹段鞍馬弓箭諸物，具如别録。』冊曰：『朕荷七聖之丕圖，紹百王之正統。眷言日域，夾輔天朝，雖纘乃世封，已臨於舊服；而寵兹國嗣，未備於彝儀。申勑有司，率修故事。藏辰順卜，異數爰頒。咨爾高麗國王熙長子俁，生稟元精，幼成令器。就學克敏，究詩書禮樂之源；率德罔愆，合父子君臣之義。祖先而下，忠烈相承。永惟尊獎之勞，固有嗣續之慶。矧居嫡胄，載茂嘉聞，四履之閒，一心所係。是用遣使高州管内觀察使蕭好古、副使守衛尉卿高士寧等持節備禮，冊命爾爲順義軍節度、朔、武等州觀察處置等使、崇禄大夫、檢校太傅、同中書門下平章事、使持節朔州諸軍事、行朔州刺史上柱國三韓國公、食邑三千户、食實封五百户。於戲！誓山河而傳信，汝既同保其休；賜弓鉞以撫征，汝亦共宣其力。惟孝敬可以協天性，惟謙和可以順物情。戒哉欽哉，無替朕之嘉命。』乙卯，王與太子如南郊受冊。己未，太子宴遼使於門下省。辛酉，遣朴浩如遼賀天安節」。

〔一四〕欒城集卷四二北使還論北邊事劄子曰：「北朝皇帝好佛法，能自講其書，每夏季輒會諸京僧徒及其羣臣，執經親講，所在修蓋寺院，度僧甚衆，因此僧徒縱恣，放債營利，侵奪小民，民甚苦之。」（見本書卷二五大安五年注〔四〕。）

〔一五〕高麗史卷一一：「十一月乙丑，遼使蕭好古等還，王附表以謝。遣金侯善如遼謝賀生辰。」「辛巳，遣金龜年如遼謝恩。丙戌，遣赫連挺如遼獻方物，崔善緯賀正。」

〔一六〕按上文五年六月，郝家奴爲右夷離畢，非知右夷離畢事。

〔一七〕宋史卷一九徽宗紀：十二月「戊午，遼人來賀正旦」。高麗史卷一一：「十二月癸巳朔，遼遣大僕卿王執中來賀生辰。甲辰，王執中還，王附表以謝。」宋元通鑑卷四六：「元符三年十二月，女真攻阿踈城，取之。」洪皓松漠紀聞：「道宗末年，阿骨打來朝，以悟室從，與遼貴人雙陸，貴人投瓊不勝，妄行馬。骨打憤甚，拔小佩刀欲剚之。悟室急以手握鞘，骨打止得其柄杙其胸不死，道宗怒，侍臣以其强悍，咸勸誅之。道宗曰：『吾方示信以待遠人，不可殺。』咸以王衍縱石勒，張守珪赦安禄山，終致後害爲言，亦不聽。卒歸之。至叛遼，用悟室爲謀主，骨打且死，屬其子固倫善待之。」

〔一八〕「長子俁」三字原脱。按高麗史卷一一，顒册封爲高麗王在丁丑（壽昌三年），顒之長子俁册爲三韓國公在庚辰，（壽昌六年）據補。陸游家世舊聞卷上：「楚公諱佃，字農師，使虜歸，攜所得貔狸至京師。先君言，猶記其狀，如大鼠而極肥腯。甚畏日，偶爲隙光所射輒死。性能糜肉，一鼎之鹵，以貔狸一臠投之，旋即糜爛。

然虜人亦不以此貴之，但謂珍味耳。楚公使虜時，館中有小胡，執事甚謹，亦能華言，因食夾子，以食不盡者與之。拜謝而不食，問其故，曰：『將以遺父母。』公喜，更多與之，且問識此何物也？曰：『人言是石榴。』意其言食餾也。又虜人負戴隨行物，不用兵夫，但遇道上行者，即驅役之耳，一日，將就馬，一擔夫訴曰：『某是燕京進士，不能負擔。』公笑，爲言而遣之。楚公言，南使過中京，舊例有樂來迎，即以束帛與之。公以十一月二十日至中京，遼人作樂受帛自若也。明旦，迓使輒至止不行。曰：『國忌行香。』公照案牘，則虜忌正月二十日也。因移文問之，虜輒送還移文，曰：『去年昨日作忌，今年今日作忌，何爲不可。』蓋利束帛，故徙忌日耳。又回途送使聞其主喪而不能作操色襆頭，但以墨滅其光。行數日，既除服，則佩服如常矣。獨副使忘洗襆頭，見者皆笑。公平生待物以誠，因從容與話，使洗之，副使亟謝。」

七年春正月壬戌朔，力疾，御清風殿受百官及諸國使賀。是夜，白氣如練，自天而降。黑雲起于西北，疾飛有聲。北有青赤黑白氣，相雜而落。癸亥，如混同江。甲戌，上崩于行宮，年七十。〔一〕遺詔燕國王延禧嗣位。

六月庚子，上尊謚仁聖大孝文皇帝，廟號道宗。

贊曰：道宗初即位，求直言，訪治道，勸農興學，救災恤患，粲然可觀。及夫謗訕之令既行，告訐之賞日重。羣邪並興，讒巧競進。賊及骨肉，皇基寖危。衆正淪胥，諸部反側。甲兵之用無寧歲矣。一歲而飯僧三十六萬，一日而祝髮三千。〔三〕徒勤小惠，蔑計大本。尚足與論治哉？

〔一〕全遼文卷一〇王師儒墓誌銘：「（壽昌）七年（一一〇一）春正月，道宗宫車晚出，今上以公充攢塗都提點，所至事無不辦。」長編拾補引續宋編年資治通鑑：「是歲遼主洪基死，孫延禧立。洪基將殂，戒孫延禧曰：『南朝通好歲久，汝性剛，勿生事。』又戒大臣曰：『嗣君若妄動，當力諫止。』」契丹國志卷九：「遼帝大漸，戒孫延禧曰：『南朝通好歲久，汝性剛，切勿生事。』又戒大臣曰：『嗣君若妄動，卿等當力諫止之。』……帝聰達明睿，端嚴若神，觀書通其大畧，神領心解，嘗有人講論語至『北辰居其所，而衆星拱之』，帝曰：『吾聞北極之下爲中國，此豈其地耶？』」宋史卷三四五任伯雨傳：「臣聞北使言，去年遼主方食，聞中國黜惇，放箸而起，稱甚善者再，謂南朝錯用此人。北使又問，何爲只若是行遣？」卷三三六司馬光傳：「遼、夏使至，必問光起居，敕其邊吏曰：『中國相司馬矣，毋輕生事，開邊隙。』」澠水燕談録卷二：「韓魏公元勳舊德，夷夏俱瞻。熙寧時，留守北都。遼使每過境，必先戒其下曰：『韓丞相在此，無得過有呼索。』遼使與京尹書，故事，紙尾止押字，是時悉書名，其爲遼人尊畏如此。」孫宗鑑東皋雜録：「李章奉使北庭，遼館伴發一語云：『東坡作文多用佛書中語。』李答云：『曾記赤壁詞云：檣櫓灰飛煙滅。所謂「灰飛煙滅」四字，乃圓覺經語云：火出木燼，灰飛煙滅。』北使默無語。」拾遺補卷二云：「此數事未知係何年，姑附於此。」

〔二〕金史卷六世宗紀：大定八年正月辛未，「謂秘書監移剌子敦等曰：『……遼道宗以民户賜寺僧，復加以三公之官，其惑深矣。』」

遼史補注卷二十七

本紀第二十七

天祚皇帝一

天祚皇帝，諱延禧，字延寧，小字阿果。〔一〕道宗之孫，父順宗大孝順聖皇帝，母貞順皇后蕭氏。大康元年生。六歲封梁王，加守太尉，兼中書令。後三年，進封燕國王。〔二〕大安七年，總北南院樞密使事，加尚書令，爲天下兵馬大元帥。

壽隆七年正月甲戌，〔三〕道宗崩，奉遺詔即皇帝位于柩前。羣臣上尊號曰天祚皇帝。〔四〕

二月壬辰朔，改元乾統，大赦。詔爲耶律乙辛所誣陷者，復其官爵，籍没者出之，流放者還之。乙未，遣使告哀于宋〔五〕及西夏、高麗。〔六〕乙巳，以北府宰相蕭兀納爲遼興軍節度使，加守太傅。〔七〕

三月丁卯，詔有司以張孝傑家屬分賜羣臣。甲戌，召僧法頤放戒于内庭。

夏四月，旱。〔八〕

六月庚寅朔，如慶州。甲午，宋遣王潛等來弔祭。〔九〕丙申，高麗、夏國各遣使慰奠。〔一〇〕戊戌，以南府宰相斡特剌兼南院樞密使。庚子，追謚懿德皇后爲宣懿皇后。壬寅，以宋魏國王和魯斡爲天下兵馬大元帥。乙巳，以北平郡王淳進封鄭王。丁未，北院樞密使耶律阿思加于越。辛亥，葬仁聖大孝文皇帝、宣懿皇后于慶陵。〔一一〕

秋七月癸亥，阻卜、鐵驪來貢。

八月甲寅，謁慶陵。〔一二〕

九月壬申，謁懷陵。乙亥，駐蹕藕絲淀。

冬十月壬辰，謁乾陵。甲辰，上皇考昭懷太子謚曰大孝順聖皇帝，廟號順宗，皇妣曰貞順皇后。〔一三〕

十二月戊子，以樞密副使張琳知樞密院事，翰林學士張奉珪參知政事兼同知樞密院事。癸巳，宋遣黄寶來賀即位。〔一四〕丁酉，高麗、夏國並遣使來賀。〔一五〕乙巳，詔先朝已行事不得陳告。〔一六〕

初，以楊割爲生女直部節度使，其俗呼爲太師。是歲楊割死，傳于兄之子烏雅束，束

死，其弟阿骨打襲。〔一七〕

〔一〕趙良嗣燕雲奉使録：「阿适，天祚小字。」

〔二〕范仲熊北記：「天祚身長六尺有餘，善騎射。」

〔三〕本史卷六五公主表：昭懷太子一女延壽，幼遭乙辛之難，與兄天祚俱養于蕭懷忠家。後李氏進挾穀歌，文帝（即道宗）感悟，召還宫。

〔四〕北記：「道宗殂，延禧嗣立，辛巳歲正月十三日即位。」本年正月壬戌朔，甲戌十三日正合。

〔五〕契丹國志卷一〇：「春正月朔，有流星燭地，自西南入尾，抵距星。是夕，有赤氣起東北方，亘西方，中出白氣，二氣將散，復有黑（一作赤）氣在旁。」宣府鎮志卷五：「癸亥，有星出西南如盂，東北急流入尾。青黑無尾跡，明燭地。」

〔六〕高麗史卷一一：「肅宗六年（一一〇一）正月丙子，「遼東京持禮使禮賓副使高克少來」。

〔七〕宋史卷一九徽宗紀：建中靖國元年（一一〇一）三月乙丑，遼使蕭恭來告其主洪基殂。

〔八〕高麗史卷一一：三月「己卯，王避遼帝嫌名改名顒，告于太廟八陵，羣臣表賀」。庚辰，「遼遣檢校右散騎常侍耶律轂來告道宗崩，皇太孫燕國公延禧嗣位」。

〔九〕高麗史卷一一：夏四月癸巳，「御史臺奏：『遼告哀使傳命後，以皂衫烏帽赴宴，非禮也。請罪迎送員吏。』王曰：『此使者之失，迎送員吏何與焉。』不聽」。

〔七〕高麗史卷一一：「二月壬辰朔，貶詔諭回謝使孔目官李復，并免回謝使李載。」又卷九七金黄元傳附李軌傳云：「軌字公濟，初名載。……宣宗時，爲少府主簿，承勑校入宋表誤書遼大安年號。宋還其表。坐免官。肅宗六年，以禮部郎中奉使如遼。大覺國師屬孔目官李復請獻金鐘。使還，刑部劾治復罪。軌以知而不禁，亦罷。」

〔八〕宋史卷五二：「四月辛卯朔，日有食之，雲陰不見。」契丹國志卷一〇：「夏四月朔，日食，陰雲不見。」

〔九〕宋史卷一九徽宗紀：三月乙丑，「遣謝文瓘、上官均等往弔祭。黄寔賀其孫延禧立」。宋會要職官國信使門：「二月十四日，中書舍人謝文瓘爲遼國祭奠國信使，皇城副使王漸副之；尚書工部侍郎賈易爲遼國弔慰國信使，左藏庫使兼閤門通事舍人劉喬副之。易以目疾辭，改命給事中上官均代之。」宋史徽宗紀以文瓘等之命繫三月乙丑，王漸即宋史中王潛。長編拾補卷一九：崇寧元年二月戊子案：「宋史（謝文瓘）本傳：『以文瓘坐弔遼主變服，於崇寧元年出知濮州，尋（韓）治詒呂公著書，再調邵武軍。』考文瓘弔遼主洪基殂，令從者變服而入，事在建中靖國元年三月，時貶秩二等而已。其出知濮州，當依續長編文爲治與呂公著書故也。」

〔一〇〕高麗史卷一一：四月癸卯，「遣大府少卿王公胤、閤門使魯作公如遼弔慰會葬」。西夏書事卷三一：「四月遣使如遼奠慰。乾順遣御史中丞蘇愈如遼。時與高麗使並至。愈禮節嫺雅，館伴耶律德倫特重焉。」

〔一一〕全遼文卷一〇道宗哀册、宣懿哀册並作壬子將還座於永福陵。永福陵爲道宗陵名，慶陵殆指陵域言。

〔一二〕高麗史卷一一：八月乙巳，「都兵馬使奏：『今遼東京兵馬都部署移文，請罷靜州關内軍營，頃在大安中，遼欲於鴨江置亭子及榷場，我朝遣使請罷，遼帝聽之，今亦宜從其請。』制可」。

〔一三〕宋史卷一九徽宗紀：十月「丁酉，天寧節，羣臣及遼使初上壽於垂拱殿」。全遼文卷一〇王師儒墓誌銘：「六月，改授諸行宫都部署，加尚書左僕射兼判太常□□□□，十一月十日感疾，薨於廣平甸之公府。」

〔一四〕宋會要職官國信使門：「二月十四日，命尚書吏部侍郎張舜民爲遼賀登位國信使，西上閤門副使閻仁武副之。（又命朝散大夫淮南、江浙等路發運副使黄實代張舜民。）」宋史卷一九徽宗紀作黄寔。

〔一五〕高麗史卷一一：「九月戊寅，遣同知樞密院事郭尚、尚書左丞許慶如遼賀即位。」西夏書事卷三一：「冬十一月，遣使如遼，賀即位。天祚嗣位已十月，賀使始至，館伴傳遼主命責之。」

〔一六〕宋史卷一九徽宗紀：「是歲，遼人來獻遺留物。」陳次升讜論集卷五：「寶文待制陳公讜論跋云：『（建中靖國元年）八月，公（陳次升）出使契丹，崇寧元年還國。』」

高麗史卷一一：「十二月丙午，遼遣高州管内觀察使高德信來賀生辰。」「己酉，遼遣崇禄卿吴佺來致道宗遺留衣帶匹段等物。」

〔一七〕楊割，北風揚沙録作陽哥。金史卷一世紀作盈歌，南人稱揚割太師，追謚穆宗。卒於乾統三年癸未，烏雅束襲；烏雅束卒於天慶三年癸巳，阿骨打襲。此係帶叙，年份未合。

蔡條鐵圍山叢談卷一：「政和盡八年，下赦改十一月冬至朔旦爲重和元年，會左丞范致虚言犯北朝年號，蓋北先有重熙年號，時後主名禧，其國中因避重熙，凡稱重熙則爲重和。朝廷不樂，是年三月，遽改重和二年爲宣和元年。」

潛研堂金石文跋尾卷一七：「右釋迦定光二佛的身舍利塔記，在重熙鐵塔記之旁，天慶二年釋慧材撰。文作駢體，亦琅琅可誦，叙重熙十五年鑄鐵塔事。以重熙爲重和，初疑其誤，後讀老學庵筆記，有云：『政和末，議改元，王黼擬用重和，既下詔矣，范致虚間白上曰：「此契丹號也。」故未幾復改宣和。然契丹年名實曰重熙，後避天祚嫌名，追謂重熙曰重和耳。不必避可也。』乃知改熙爲和，實以避諱之故。碑文刻於當時，果無誤也，然此事遼史亦未及之。世謂稗官小説無益於史，豈其然哉。」

洪邁夷堅志丙卷二：「孫儔家藏寶劍絶異，夜置庭下暗處，則星象皆燦列其上，襄陽前軍統制趙嚴者，亦自北來，爲予弟景裴言，頃遼主天祚在位日，有星隕於燕，徹禁廷，既如土，猶熒熒然。召太史訊其占，對曰：其下必有異。立遣掘視之，深入七八尺，得鐵鑛一塊，其重百餘斤，命付入作司，鑄爲十劍，欲試其利鈍，喚獄中一死囚出，被以厚甲三重，曰：我今赦汝，因喜而拜謝。即舉劍砍其腰，并三甲皆斷，其堅利若是。嘗以一與駙馬都尉。孫君蓋得此云。」此事不知係天祚何年，据拾遺補卷三附此。

二年春正月，如鴨子河。

二月辛卯，如春州。

三月，大寒，冰復合。

夏四月辛亥，詔誅乙辛黨，徙其子孫于邊；發乙辛、得里特之墓，剖棺，戮屍；以其家屬分賜被殺之家。

五月乙丑，斡特剌獻耶覩刮等部捷。〔一〕

六月壬辰，以雨罷獵，駐蹕散水原。丙午，夏國王李乾順復遣使請尚公主。〔二〕丁未，南院大王陳家奴致仕。壬子，李乾順爲宋所攻，遣李造福、田若水求援。〔三〕

閏月庚申，策賢良。壬申，降惠妃爲庶人。

秋七月，獵黑嶺，以霖雨，給獵人馬。阻卜來侵，斡特剌等戰敗之。

冬十月乙卯，蕭海里叛，劫乾州武庫器甲。命北面林牙郝家奴捕之，蕭海里〔四〕亡入

陪朮水阿典部。〔五〕丙寅，以南府宰相耶律斡特剌爲北院樞密使，參知政事牛温舒知南院樞密使事。〔六〕

十一月乙未，郝家奴以不獲蕭海里，免官。壬寅，以上京留守耶律慎思爲北院樞密副使。有司請以帝生日爲天興節。〔七〕

〔一〕宣府鎮志卷五：「五月丁卯，有星出尾，如杯，西南慢流，入濁没。青白有尾跡，明燭地。」

〔二〕西夏書事卷三一：崇寧元年（乾統二年，一一〇二）六月，「乾順使殿前太尉李至忠、秘書監梁世顯如遼貢獻請婚。遼主問乾順爲人，至忠對曰：『秉性英明，處事謹慎，守成令主也。』遼主善其對，命徐議之。」

〔三〕宋史卷一九徽宗紀：是年無用兵西夏事。

〔四〕金史卷一世紀：「遼命穆宗捕討海里……是時遼追海里兵數千人，攻之不能克，穆宗謂遼將曰：『退爾軍，我當獨取海里。』太祖策馬突戰，流矢中海里首，執而殺之，使阿離合懣獻馘於遼。金人自此知遼兵之易與也。穆宗朝遼主於漁所，大被嘉賞，授以使相，錫予加等。十年癸未，二月，穆宗還。遼使使授從破海里者官賞。十月二十九日，穆宗卒。」松漠紀聞云：「初女真有戎器而無甲，遼之近親有以衆叛，間入其境上，爲女真一酋説而擒之，得甲盾五百。」即蕭海里事。宋元通鑑卷四八：「遼將蕭海里叛遼，亡入女真阿典部，遣其族人斡達剌至女真約同舉兵，節度使盈哥執之。會遼主命盈哥討海里，盈哥募兵得千餘人。兄子阿骨打曰：有此兵甲，何事不可圖也。遂次混同水。蓋先是女真甲兵未嘗滿千也。至是遼兵追海里者數千人而不能克，盈哥謂遼退爾軍，我當獨取海里。遂使阿骨打與戰，執而殺之。因大破其黨，函海里首獻於遼。遼主大喜，錫予加等。盈哥自是知遼兵之易與，益自肆矣。」

〔五〕金史卷一世紀：阿典部爲遼係案女直，即熟女直。索隱卷二：「陪朮水，當即今北流入松花江之穆書河。」

〔六〕高麗史卷一一：肅宗七年十月「壬申，遣安子恭如遼賀天興節」。

〔七〕高麗史卷一一：十一月「甲午，遣楊信孚如遼謝賀生辰」。「壬寅，遣郭峻穆如遼進方物」。甲辰，「遣金澤先如遼賀正」。

高麗史卷一一：「十二月壬子，遼遣橫宣使、歸州管內觀察使蕭軻來。癸丑，又遣中書舍人孟初來賀生辰。」

高麗史卷九六金仁存傳：「仁存，字處厚，初名緣。遼使學士孟初至，仁存爲接伴。初見其年少，頗易之。嘗一日并轡出郊，初唱云：『馬蹄踏雪乾雷動。』仁存即應聲曰：『旗尾飜風烈火飛。』初愕然曰：『真天才也！』由是情好日篤，相唱和。及別，解金帶贈之。」（並見東國史略。）

全遼文卷一〇甯鑑墓誌銘：「今上（天祚）即位……明年冬，接伴南宋人使，以小心得過，出爲忠順軍節度副使。」

三年春正月辛巳朔，如混同江。女直函蕭海里首，遣使來獻。戊申，如春州。

二月庚午，以武清縣大水，弛其陂澤之禁。

夏五月戊子，以獵人多亡，嚴立科禁。〔一〕乙巳，清暑赤勒嶺。丙午，謁慶陵。

六月辛酉，夏國王李乾順復遣使請尚公主。〔二〕

秋七月，中京雨雹，傷稼。〔三〕

九月甲辰，〔四〕如中京。

冬十月己未，吐蕃遣使來貢。庚申，夏國復遣使求援。己巳，有事于觀德殿。〔五〕

十一月丙申，文武百官加上尊號曰惠文智武聖孝天祚皇帝，〔六〕大赦，以宋魏國王和魯斡爲皇太叔，梁王撻魯進封燕國王，鄭王淳爲東京留守，進封越國王，百官各進一階。丁酉，以惕隱耶律何魯掃古爲南院大王。戊戌，以受尊號，告廟。乙巳，謁太祖廟，追尊太祖之高祖曰昭烈皇帝，廟號肅祖，妣曰昭烈皇后；曾祖曰莊敬皇帝，廟號懿祖，妣曰莊敬皇后。召監修國史耶律儼纂太祖諸帝實録。〔七〕

十二月戊申，如藕絲淀。〔八〕

是年，放進士馬恭回等百三人。

〔一〕宣府鎮志卷五：「五月戊子，夜，蒼白氣起東南方，長三丈，貫尾、箕。」

〔二〕西夏書事卷三一：崇寧二年（乾統三年，一一〇三）「五月，復乞婚於遼，遼主許之」。高麗史卷一二：肅宗八年（一一〇三）六月「丙寅，遼遣報册使邊唐英來，詔曰：『朕承八聖之鴻休，纂千齡之景祚。永懷統御，莫敢康寧。方星歲之載移，致天區之咸乂，顧兹羣辟，繼陳烈於奉章；請以徽名，願推崇於眇德。靡遑牢讓，勉循勤誠。已定今年冬行册禮。卿慶奠侯藩，忠扶王室，聞修盛禮，諒協多歡。』」

〔三〕高麗史卷一二：秋七月「甲辰，東女真太師盈歌遣使來朝，有本國醫者居完顏部，善治疾，時盈歌戚屬有疾，盈歌謂醫曰：『汝能治此人病，則吾當遣人歸汝鄉國。』其人果愈，盈歌如約，遣人送至境上。醫者至，言於王曰：『女真居黑水者部族日强，兵益精悍。』王乃始通使，自是來往不阻，盈歌既破蕭海里，報捷於我，我復使人賀之，盈歌遣其族弟斜葛報聘，王待之甚厚」。

〔四〕九月二字原缺，「甲辰如中京」五字原在冬十月下，按本年十月丁未朔，無甲辰，九月丁丑朔，甲辰爲二十八日，據補。

〔五〕高麗史卷一二：冬十月「庚申，遼東京回禮使禮賓副使高維玉等來。遣宋琳如遼賀天興節」。「甲戌，遣金國珍如遼謝横宣。」

〔六〕高麗史卷一二：九月「壬寅，遣李繼儚、朴景綽如遼賀加上尊號」。山西省應縣出土寫本講題唸誦有「恭維我願德大和仁文睿武神謀聖孝天祚皇帝。」

本史卷七一后妃傳：「天祚德妃蕭氏，乾統三年，改德妃，以柴册禮，加妃號贊翼。（全遼文卷九蕭義墓誌銘作贊睿德妃。）天祚文妃蕭氏，（乾統）三年冬，以柴册，加號承翼。」此處漏柴册禮。

〔七〕高麗史卷一二：「十一月乙酉，遣崔繼芳如遼謝賀生辰」。「丙申，東女真太師盈歌遣古洒率夫、阿老等來獻土物。丁酉，遣趙卿如遼進方物，沈侯賀正。」

〔八〕高麗史卷一二：「十二月戊申，遼遣烏興慶來賀生辰。」

四年春正月戊子，幸魚兒濼。壬寅，獵木嶺。癸卯，燕國王撻魯薨。〔一〕

二月丁丑，鼻骨德遣使來貢。

夏〔二〕六月甲辰，駐蹕旺國崖。甲寅，夏國遣李造福、田若水求援。〔三〕癸亥，吐蕃遣使來貢。

秋七月，南京蝗。庚辰，獵南山。癸未，以西北路招討使蕭得里底、北院樞密副使耶律慎思並知北院樞密使事。辛卯，以同知南院樞密使事蕭敵里爲西北路招討使。

冬十月己酉，鳳凰見于漷陰。己未，幸南京。〔四〕

十一月乙亥，御迎月樓，賜貧民錢。〔五〕

十二月辛丑，以張琳爲南府宰相。〔六〕

〔一〕高麗史卷一二：肅宗九年（一一〇四）正月辛巳，「東女真酋長烏雅束與別部夫乃老有隙，遣公兄之助發兵攻之，騎兵來屯定州關外。癸未，王以門下侍郎平章事林幹判東北面行營兵馬事」。二月「壬子，林幹與女真戰於定州城外，敗績」。

〔二〕高麗史卷一二：「夏四月甲子，遼遣耶律嘉謨、夏資睦來册王。詔曰：『朕以推尊薦號，肆類告成。覲羣后以講儀，越庶邦而同慶。卿白茅苴社，玄菟開疆。礪山銘受國之功，航海納來庭之款。適均霈澤，爰議增封。當體至恩，永符深睠。今差安遠軍節度使耶律嘉謨等備禮往彼册命，其簡册車輅並賜衣對匹段鞍馬弓箭諸物，具如别録。』册曰：『軒立諸侯，肇分於萬國；漢封異姓，始建於八王。朕祗遹先猷，紹隆正統，近從衆欲，勉受洪名。在正朔之所同，覃惠澤而已及。眷言日域，虔奉天朝。封疆廣於七雄，功烈高於五霸。式當均慶，特議疏封，申擇令辰，誕敷休命。咨爾特進檢校太尉兼中書令、上柱國高麗國王，食邑七千户、食實封七百户王顒，夙鍾間氣，生禀元精。負文武之長材，知君臣之大體。十枝若木，森森聳奉日之標；九曲洪河，浩浩得朝宗之勢。粤從道廟，慶襲王藩。益恭表海之勤，無喪礪山之誓。一方俾乂，七載於兹。屬成茅蕝之儀，當被蓼蕭之澤。是用遣使安遠軍節度使耶律嘉謨、副使利州管内觀察使夏資睦等持節備禮，册命爾爲忠勤奉國功臣、開府儀同三司、守大尉兼中書令、上柱國高麗國王，食邑七千户食實封七百户。於戲！恩隆九錫，在予既廣於榮封；業茂一匡，宜汝愈勤於夾輔。勉服丕訓，永孚於休。』王受禮於郊壇，羣臣表賀。庚午，耶律師傅、張織來册太子，王與太子如南郊，王先受詔。詔曰：『朕紹開正統，奄宅多方，俯順羣情，勉膺顯號。内則百官小大，咸被於優恩；外則九服公侯，悉加於渥名。卿嗣延祖構，尊奬皇朝，嘉兹弈世之忠勤，寵爾承家之令嫡。特遣軺馭，往將册儀，兹諭至懷，式昭殊眷。今差耶律師傅等，備禮往彼，册命卿長子三韓國公。』太子登壇受册。詔曰：『朕誕承駿命，祗紹鴻圖。膺寶册以展儀，際藩方而均慶。卿克家毓德，體國疏封。翊成尊奬之勞，深悉忠勤之力。適覃恩渥，申焕彝章。當副至懷，用昭殊眷。今差泰州管内觀察使耶律師傅等，備禮往彼册命。其簡册車輅，並別賜衣對匹段鞍馬弓箭諸物，具如別録。』册曰：『朕荷天地之靈休，席祖宗之丕構。勉膺羣請，方舉於尊稱；思與庶邦，普均於鉅慶。眷言東表，夾輔皇朝。累葉宣勞，榮分於王爵；一方述職，恪服於帝猷。載惟嫡胄之良，早宅上公之貴。若稽前訓，申焕彝儀。咨爾順義軍節度、朔、武等州觀察處置等使、崇禄大夫、檢校太傅、同中書門下平章事、使持節朔州諸軍事、行朔州刺史、上柱國、三韓國公，食邑三千户、食實封五百户王俁，器度淵宏，風猷沖粹。幼昭雅德，資孝敬以奉君親；夙蘊令圖，秉文武而翊軍國。繇克嗣於家範，俾慶襲於國封。領茅壇節制之權，同槐府平章之寄。會東蕝以崇禮，宜及蕭而霈恩。是用遣使泰州管内觀察使耶律師傅、副使鴻臚卿張織等持節備禮，册命爾爲順義軍節度、朔、武等州觀察處置等使、特進檢校大尉兼侍中、使持節朔州諸軍事、行朔州刺史、上柱國、三韓國公，食邑三千户、食實封五百户。於戲！鏤竹泥金，示優加於眷矚；若帶如礪，當共保於安榮。爾其忠順以律躬，慈和而撫衆。副朕嘉命，厥惟懋哉。』

〔三〕長編拾補卷二四引通鑑續編：「初，蔡京使王厚招夏卓羅右厢監軍仁多保忠，厚言：『保忠雖有歸意，而下無附者。』章數上，京責厚愈急，厚乃遣弟詣保忠，還，爲夏邏者所獲，遂追保忠赴牙帳，厚以保忠縱不爲夏人所殺，亦不能復領軍政，使得之一匹夫耳。何益於事。京怒，必令以金幣招之。夏乃點兵延、渭、慶三路各數千騎，遣使求援於遼。」

西夏書事卷三二：崇寧三年（乾統四年，一一〇四。）「六月，（與宋）戰於靈州川，復敗，遣使求援於遼。河南西十五州，夏國十有其四，東路由清遠距羅山訖靈武，不及百里，特以五監軍統焉。而韋州又恃靈武爲右臂，鍾傳欲斷其要害，遣將折可適領鋭騎出蕭關薄靈州川。夏兵猝不備，大敗。蕃民扶老挾稚，中夜入州城，被俘者甚夥」。

宋史卷三六七郭浩傳：「徽宗時，充環慶路第五將部將，嘗率百騎抵靈州城下，夏兵以千騎追之，浩手斬二騎，以首還。」與卷二五三折可適傳異。

〔四〕高麗史卷一二：冬十月「庚午，遼東京大王耶律淳遣使來聘。遣智寵延如遼賀天興節，文冠謝賀封册，崔璿謝賀生辰，金漢公進奉，崔德愷賀正」。

宣府鎮志卷五：「十月壬辰，日中有黑子，如棗大。」

〔五〕高麗史卷一二：十一月「遣密進使金沽如遼」。

〔六〕高麗史卷一二：十二月「丙辰，遼遣馬直溫來賀生辰」。

五年春正月乙亥，夏國遣李造福等來求援，且乞伐宋。庚寅，以遼興軍節度使蕭常哥爲北府宰相。〔一〕丁酉，遣樞密直學士高端禮等諷宋罷伐夏兵。〔二〕

二月癸卯，微行，視民疾苦。丙午，幸鴛鴦濼。

三月壬申，以族女南仙封成安公主，下嫁夏國王李乾順。

夏四月甲申，射虎炭山。

五月癸卯，清暑南崖。壬子，宋遣曾孝廣、王戩報聘。〔三〕

六月甲戌，夏國遣使來謝，及貢方物。己丑，幸候里吉。

秋七月，謁慶陵。

九月辛亥，駐蹕藕絲淀。乙卯，謁乾陵。

冬十一月戊戌，禁商賈之家應進士舉。丙辰，高麗三韓國公王顒薨，子俁遣使來告。〔四〕

十二月己巳，夏國復遣李造福、田若水求援。癸酉，宋遣林洙來議與夏約和。〔五〕

〔一〕全遼文卷九蕭義墓誌銘：「(乾統)五年春，拜北宰相，錫號保義功臣。」義即常哥，原傳在本史卷八二，今移至卷九九。

〔二〕長編拾補卷二五徽宗崇寧四年（一一〇五）四月：「續宋編年資治通鑑：『遼使來言：朝廷出兵侵夏，今大遼以帝妹嫁夏國主，請還所侵地。蔡京謂虜書悖慢。京草劄書言甚峻，上令易之。曰：夷狄當示包容，今西邊方用兵，北虜不宜開隙。』案宋史本紀：『辛未，遼遣蕭良來聘。』十朝綱要云：『四月辛未，遼國使蕭良、高端禮入見。』通鑑續編云：『夏主連年請婚於遼，遼以其族女南仙爲成安公主嫁之。』」

西夏書事卷三二：乾統五年「十二月，復使乞援於遼，遼使入請侵地。乾順復遣李造福、田若水趣遼赴救。遼使樞密副使蕭良入朝，言朝廷出兵侵夏，今大遼以帝妹嫁夏國主，請早退兵，還所侵地。徽宗遣翰林學士林攄報使」。蕭良，宋史、契丹國志同作蕭良。

契丹國志卷一〇：「夏四月……遼遣簽書樞密院蕭良詣宋言：『朝廷出兵侵夏國，今大遼以帝妹嫁夏國主，請還所侵之地。』五月，宋徽宗遣龍圖閣直學士林攄報聘，見天祚跪上國書，仰首曰：『夏人數寇邊，朝廷興師問罪，以北朝屢遣講和之使，故務含容，今踰年不進誓表，不遣使賀天寧節，又築虎徑嶺、馬練川兩堡，侵寇不已，北朝若不窮詰，恐非所以踐勸和之意。』天祚出不意，爲愕然。秋八月，天祚以林攄來使而失情，遣使復，宋尋遣禮部侍郎劉正夫來報，酬對敏博，議皆如約。」

宋史卷二〇徽宗紀：「夏四月辛未，遼遣蕭良來爲夏人求還侵地及退兵。」

〔三〕長編拾補卷二五：「續宋編年資治通鑑：『（五月，）林攄報聘。』（案）宋史本紀：『壬子日，遣林攄報聘於遼。』續宋資治通鑑連上爲文，故省「於遼」二字。十朝綱要云：『壬子，命林攄爲遼國回謝（使），客省使高俅副之。』林攄，遼史作林洙，又據遼史，於五月壬子遣曾孝廣、王戩，而林攄之遣在十二月乙巳，事必有一誤。然考是年十二月甲子朔，無乙巳日，則遼史已見舛誤。而畢氏通鑑乃據遼史改置十一月内，據陳通鑑，則十一月爲林攄由遼還朝日月。編年備要云：『蔡京欲開邊釁，乃以龍圖閣直學士林攄報聘於遼。京密諭攄令激怒之，入境，即盛氣而往，見虜主跪上國書，仰首曰：「夏人數寇邊，朝廷興師問罪，以北朝屢遣講和之使，故務含容，今踰年不進誓表，不遣使賀天寧節，又築虎徑嶺、馬練川兩堡，入寇不已，北朝若不窮詰，非所以踐勸和之意也。」虜主出不意，爲愕眙久之。』通鑑續編：『是年冬十一月，書林攄還自遼，有罪貶知潁州。云：『攄之使遼也，蔡京使其激怒以起釁，攄遂咨情不遜，遼人大怒，空客館水漿（㯶），絶煙火，至舍外積潦，亦污以矢溺，使飢渴無所得。如是者三日，乃遣還，凡饔餼祖犒皆廢。歸復命，議者以爲怒鄰生事，猶除禮部尚書。遼人以爲失禮來言，始出之。』東都事畧林攄傳云：『時朝廷用兵西方，遼人遣使爲請命，攄報聘。攄至虜廷，盛氣言曰：「夏羌數寇邊，罪在不赦，北朝屢遣使勸和，當俟其服，然後可副勸和之意。」虜廷君臣皆不答，及辭，虜主欲爲夏人求復進築城砦。攄曰：「北朝往日夏人不庭，亦嘗取唐隆鎮，今還之乎？」虜不勝憤。』雲麓漫鈔卷四云：『林攄奉使契丹，國中新爲碧室，云如中國之明堂。伴使舉令曰：「白玉石，天子建碧室。」林對曰：「口耳王，聖人坐明堂。」伴使云：「奉使不識字，只有口耳壬，却無口耳王。」林詞屈，罵之，幾辱命。彼之大臣云：「所争非國事，豈可以細故成隙。」遂備牒奏上，朝廷一時爲降黜，後以其罵虜進用至中書侍郎。』考攄爲中書侍郎，在大觀二年九月。蔡絛鐵圍山叢談卷三：『攄時奉使至北，而北主已驕縱，則必令我習其儀也。攄不從，因力强不可。』東都事畧云：『北主欲爲夏人求復進築城砦，攄力折之，主不勝其忿。既還館，給以宣旨使降階跪，實以國書授攄引故事行之。』與蔡絛所載又異。陳通鑑謂攄爲中書侍郎乃蔡京報其掩覆張懷素獄書，是。漫鈔謂由罵虜，或當日京借此以引薦歟。漫鈔所載事甚瑣，而攄爲中書侍郎，實由此行。姑附存之以備考。」

宋會要蕃夷二：「崇寧四年五月十一日，遼使蕭良等欲辭，三省進呈答書。上曰：『夷狄不足與較，當務含容，繼好息兵，以生靈爲念。聞戎主多行不道，國人怨之，不如洪基，若不答其意，恐遣使未已，今所築蕭關、銀州，即是已正削北之罪，可於國書明言之。北虜於夏人唇齒相依，亦爲己謀，非特爲西夏故也。』上又言：『夷狄遣使及西陲未靖，異端之人洶洶，幸此以摇動政事，朕常置乙巳占在側，每自仰占天象以爲儆戒，近者見月犯壘陣，占云主兵，尤當鎮静以應之。』」

宋史卷三一二曾孝廣傳謂孝廣聘遼失體。

通考卷三四六：「崇寧中，朝廷討西夏，夏人求救於遼，遼遣使來，蔡京爲相，預度所以來之意，議先遣使往乞師以塞其請，延禧得乞師之書，怒曰：『我本先遣人往南朝和解，今番來借兵，用相玩爾。』五年，又遣使來議夏國疆界。」曾孝廣、王戩之奉使，或即乞師之使也。

長編拾補卷二五：「八月壬辰，續宋編年資治通鑑：『劉正夫使遼。林攄使遼而失虜情，故虜使繼來。正夫酬對敏博，南北人議皆如約，上嘉之。』（案）宋史本紀壬辰日，此年爲遼史乾統五年。正夫，遼史作正符。遼史云：冬十月己亥，宋與夏通好，遣劉正符、曹穆來告。遼乾統六年，乃宋崇寧五年。蓋林攄使遼，據宋史在崇寧四年五月壬子，據遼史則當在崇寧四年十二月乙巳。正夫使遼，據宋史在崇寧四年八月壬辰，據遼史則當在崇寧五年十月己亥，日月多不合。畢通鑑考異云：『是年十月宋遣劉正符來告。宋史徽宗紀載於四年八月，不應逾年之久始抵遼庭，今改書於今年八月，庶與遼紀不相牴牾。』竊疑畢說殊謬，若從宋史即應在四年八月。若從遼史即應在五年十月。今畢氏既從遼史載之五年，又從宋史繫之八月，是誠騎牆之見！與兩史又無不牴牾矣。況續編年通鑑及九朝編年備要於崇寧五年三月，均載遼使來爲夏人請地事。編年備要載遼史蕭保先、牛温舒來。考遼史乾統六年正月辛丑，遣蕭得里底、牛温舒使宋諷歸所侵夏地。蕭、牛以正月奉使，三月抵宋，事又較合，然則正夫議如約在四年八月，而告以與夏通好，或在五年，復遣往遼，與此爲二事。據續編年通鑑則於五年三月後載遼使來請地，然則劉正夫必當再遣往遼報聘告以通好，此時則是初議，始擬如約，未竟與夏通好，至六月，夏人納款，則始通好，而後遣使造遼，前後情事具有可徵。史不具載，姑以存參。李𡌴十朝綱要於庚寅日下云：『詔禮部侍郎劉正夫充北朝國信使。以林攄銜命未還，虜繼遣至，故先命正夫報聘。』」宋元通鑑卷四九：「崇寧四年十一月，初，（林）攄使遼時，蔡京使其激怒以啓釁。攄遂恣情不遜，遼人大怒，空客館絶煙火三日乃遣還，議者以爲怒鄰生事，猶除禮部尚書。遼人以失禮來言，始出知潁州。」又卷五一：「（林攄）大觀三年自揚州徙大名，道過闕，爲帝言，頃使遼，見其國中攜貳，若兼而有之，勢無不可，蓋欲報其辱也。帝由是始有北伐之意。」蔡絛鐵圍山叢談卷三：「林中書彦振攄。……使北者，始聖旨與遼人聘問往來，北使至我，則閤門吏必詣都亭驛，俾使習其儀。翌日乃引見，懼使鄙不能乎朝故也。及我使至彼，則亦有閤門吏來，但説儀而已，不必習而見。攄時奉使至北，而北主已驕縱，則必欲令我亦習其儀也。攄不從，因力强，不可。（案東都事畧，北主欲爲夏人求復進築城呰，攄力折之，主不勝其忿，既還館，詒以宣旨。使降階跪受，實以國書授之。攄引故事不從云。與此小異。）於是大怒，絶不與飲食。我雖汲，亦爲北以不潔污其井。一旦，又出兵刃擁攄出，從者泣，攄亦不爲動。既出，即郊野，乃視攄以虎圈，命觀虎而已。且謂：『何如？』攄瞋目視之，曰：『此特吾南朝之狗爾，何足畏。』北素諱狗呼，聞之氣阻。攄竟不屈還。」

洪皓松漠紀聞亦記林攄北使，謂在大觀中，誤。

高麗史卷一二：肅宗十年九月「癸卯，遼霜丘來投」。

〔四〕東國通鑑：「肅宗明孝王十年九月丙辰，王不豫，冬十月丙寅薨，太子俁繼位。」「遣中書舍人金緣如遼告哀。」

高麗史卷一二：肅宗十年十月丙寅薨，睿宗俁嗣位。「戊子，遣中書舍人金緣如遼告哀」。又卷九六金仁存傳：「（仁存）初名緣……肅宗薨，仁存告哀於遼，自東京抵京師，所經州府皆設宴張樂。仁存曰：『臣來時，本國君臣皆服衰哭泣，今來上國，雖感恩榮，臣子之情，不忍聞樂。』言甚切至，遼人許之。至朝見時，又乞除吉服舞蹈。孟初至幕曰：『殿廷服色宜從吉，但除舞蹈可矣。』還拜禮部侍郎、諫議大夫。」（東國通鑑畧同。）

〔五〕高麗史卷一二：十月「癸巳，遣刑部侍郎崔緯如遼賀天興節」。

林洙，契丹國志卷一〇、宋史卷二〇及長編並作林攄。宋於八月壬辰遣劉正夫使遼，即以林攄失情，則林之抵遼，不可能在十二月癸酉。此殆繫之年末，非十二月事。林奉蔡京之命，入遼有意激怒啟釁，故恣情不遜，遼人特以洙（誅、豬）名之，非字誤。

宋會要職官國信使門：本年有遣刑部侍郎馬防使遼。

六年春正月辛丑，遣知北院樞密使事蕭得里底、〔一〕知南院樞密使事牛溫舒使宋，諷歸所侵夏地。〔二〕

夏五月，清暑散水原。

六月辛巳，夏國遣李造福等來謝。〔三〕

秋七月癸巳，阻卜來貢。甲午，如黑嶺。庚子，獵鹿角山。

冬十月乙亥，宋與夏通好，遣劉正符、曹穆來告。〔四〕庚辰，以皇太叔、南京留守和魯

斡兼惕隱，東京留守、越國王淳爲南府宰相。〔五〕

十一月乙未，以謝家奴爲南院大王，馬奴爲奚六部大王。丙申，行柴册禮。戊戌，大赦。以和魯斡爲義和仁聖皇太叔，〔六〕越國王淳進封魏國王，封皇子敖盧斡爲晉王，習泥烈爲饒樂郡王。己亥，謁太祖廟。甲辰，祠木葉山。〔七〕

十二月〔八〕己巳，封耶律儼爲漆水郡王，餘官進爵有差。

〔一〕「事」字原脱，據上文四年七月及本史卷一〇〇本傳補。契丹國志卷一〇：「三月，遼復遣泛使同平章事蕭保先、牛温舒詣宋，爲夏請元符講和以後所侵西界地。徽宗曰：『先帝已畫封疆，今不復議，若自崇寧以來侵地，可與之。』」傳、張表并作蕭保先，聶表作蕭得里底。又本史卷一〇〇蕭得里底傳叙於四年後，卷八六牛温舒傳叙在五年。長編拾補卷二六：「崇寧五年三月丁未，續宋編年資治通鑑：『遼使來爲夏人請地，上曰：「先帝已畫封疆，今不復議，若自崇寧以來侵地可與之。」』案，遼史正月辛丑，遣蕭得里底、牛温舒使宋，諷歸所侵地也，兹作三月，或以是月始至宋。編年備要云：『契丹復遣泛使同平章事蕭保先、牛温舒來爲夏人請地，時遼報稱北虜點集甚急，泛使至館，人情洶洶，張康國、吴居厚、何執中、鄧洵武皆謂勢須與北虜交戰，趙挺之獨曰：「吾觀虜詞甚遜，且遣二相臣爲使，乃所以尊中國，況所求但云元符講和已後所侵西界也。」上曰：「先帝已畫封疆，今不復議云云。」』遼史牛温舒傳云：『夏爲宋所攻，來請和解，温舒、蕭得里底使宋，方大燕，優人爲道士裝，索土泥藥爐。優曰：「土少不能和。」温舒遽起，以手藉土懷之。宋主問其故，温舒對曰：「臣奉天子威命來和，若不從，則當卷土收去。」宋人大驚。』畢沅通鑑考異云：『此時遼人爲夏請地。非宋請地於遼也。所云土少不能和及卷土收去之語，俱非當日情事，疑傳聞之僞。』蕭得里底，畢氏作蕭得勒岱（述案：係爲清人改譯），或作蕭良。蕭良一名德勒岱，遼史從其俗音考耳。或作蕭保先，誤。」

傳表據宋十朝綱要及宋九朝編年綱目備要補：「三月戊申，遼復遣泛使同平章事蕭保先、牛温舒來爲夏請元符講和以後所侵西夏地。」蕭得里底爲奉先，乃南朝記得里底使事爲保先，誤。保先後爲東京留守，未曾官知北院樞密事，當是另一人。

〔二〕高麗史卷一二：睿宗元年（一一〇六）春正月甲辰，「遼遣祭奠使耶律寅、左企弓來。丙午遼遣弔慰使耶律忠、劉企常來，又遣劉鼎臣命王起復」。「癸丑，遼祭奠弔慰使祭肅宗虞宫，王服深衣助奠。戊午，宴遼使於乾德殿。二月甲子朔，遼横宣使來。」「丙子，北虜沙八等來朝……己卯，北蕃酋長高亂、阿於大等四十二人來朝。」「辛卯，禮賓省奏高亂等請納遼所授官誥受國爵命，王從之，授中尹。」

契丹國志卷一〇：「春正月，彗出西方，其長竟天。」

高麗史卷一二：「三月，……遼歸我軍宗志等十二人。甲申之戰没於東蕃逃入遼者也。丁酉，……東北面兵馬使奏東女真之訓率騎二千來屯關外納欵曰：『往年之戰非新王所知、公牙之朝諭以此意、厚賞遣歸、上恩至渥、豈敢忘背、願至子孫、恭勤朝貢。』……戊申，都兵馬使奏，北朝奚家軍乃哥以蕃賊霜丘之子阿主及鐵甲一副來納款。」

〔三〕西夏書事卷三二：「中國既許夏和，廢銀州爲銀川城，罷五路經制使，徙陶節夫知洪州。乾順遣李造福如遼謝解和之德。」

〔四〕劉正符契丹國志卷一〇、宋史卷二〇及長編並作劉正夫。

宋會要、宋九朝綱目備要，契丹國志、十朝綱要均於去年八月載禮部侍郎劉正夫爲北朝國信使，以林攄銜命未還，虜繼遣使至，故先命正夫報聘。十朝綱要又於今年記劉爲北朝國信使事，豈受命於去年，今春始成行也。

〔五〕和魯斡兼南京留守，或自元年爲天下兵馬大元帥時。

〔六〕按本史卷六四皇子表，聖作壽。和魯斡與天祚爲祖孫。「皇太叔」係封號。

〔七〕高麗史卷一二：十月「甲戌，遣侍郎金寶威，郎將李璹如遼謝賜祭。丁丑，遣禮賓少卿崔洙如遼賀天興節」。十一月「丁酉，遣金義方如遼謝橫宣」。

〔八〕宋史卷二〇：「十二月戊午朔，日當食不虧。」

高麗史卷一二：「十二月戊午朔，日食。」

七年春正月，鉤魚于鴨子河。〔一〕

二月，駐蹕大魚濼。

夏六月，次散水原。〔二〕

秋七月，如黑嶺。

冬十月，謁乾陵，獵醫巫閭山。〔三〕

是年，放進士李石等百人。

〔一〕高麗史卷一二：睿宗二年（一一〇七）春正月「庚寅，遼遣高存壽來賀生辰，仍賜大藏經。丙申，宴遼使於乾德殿」。

〔二〕高麗史卷一二：六月壬戌，「遣考功郎中朴景伯如遼賀天興節，刑部員外郎李韶永謝賀生辰，起居舍人朴景中賀正，侍御史河彦碩進方物」。

〔三〕宣府鎮志卷五：「六月乙亥，有星出尾西南，如杯，漫流入濁没，青白有尾跡，明燭地。」據宋史、契丹國志：「十一月壬子朔，日有食之。」

八年春正月，如春州。〔一〕

夏四月丙申，封高麗王俁爲三韓國公，贈其父顒爲高麗國王。〔二〕

五月，〔三〕清暑散水原。

六月壬辰，西北路招討使蕭敵里率諸蕃來朝。丙申，射柳祈雨。壬寅，夏國王李乾順以成安公主生子，遣使來告。〔四〕丁未，如黑嶺。

秋七月戊辰，以雨罷獵。

冬十二月己卯，高麗遣使來謝。〔五〕

〔一〕高麗史卷一二：睿宗三年（一一〇八）「春正月甲寅，遼遣崇禄卿曹勇義來賀生辰。丙辰，宴遼使於乾德殿」。二月「辛丑，遼遣崇禄卿張掞來命王落起復。癸卯，宴遼使於乾德殿。丙午，遼遣蕭良、李仁洽等來册王，詔曰：『卿越自先臣，恪修常職，爰及後嗣，祗受舊封。迨經三載之期，克懋一匡之績。特頒詔册，益焕寵靈。式靖爾邦，永服予命。今差清安軍節度使蕭良、益州管内觀察使李仁洽充封册使、副，所有冠冕車輅衣帶匹段鞍馬諸物等，具如别録。』册曰：『朕以王者底綏四海，利建於侯封；諸侯各守一邦，會歸於王統。故上必優於爵命，下克貢其忠誠。歷古已來，舊章斯在。乃眷東土，於蕃上國。繄樹嫡之有初，實纂服之猶賴。然白茅苴土，早裂於封圻；而青蓋駕車，未膺於典册。爰協龜筮，載考禮文，涓辰孔臧，賦命惟允。咨爾高麗國王俁，乃祖乃父，有邦有家，愛政洽於隅夷，忠烈銘於彝鼎。迪厥攸訓，裕於乃躬。信義仁和，夙成於霸器；詩書禮樂，敦尚於人文。静以致誠，動斯中道。始疏公爵，分土於三韓；及嗣王封，正名於一字。而能率政以德政，且又養民以惠民。厥績著聞，朕甚嘉止。盍以馳軺而備物，俾其賜策以申恩，秩乃三階，望隆於樞軸；位之兩省，寄重於腹心。是用遣使持節備禮，册命爾爲守太尉兼中書令，加食邑。於虖！善其始克有厥終，篤諸中乃施於外。日嚴六德以亮採，永肩一心以事君。咸若厥猷，允孚於吉。承之廟社而無斁，傳之子孫而不窮。欽哉惟休，以服兹命。」王受册於南郊」。

〔二〕按高麗史卷一一，壽昌三年已封顒爲高麗王，六年已封俁爲三韓國公。又卷一二，乾統六年二月，遼遣使册俁爲高麗王，顒無追封之事。

〔三〕據宋史及長編拾補引續宋編年資治通鑑：「庚戌朔，日有食之。」

〔四〕西夏書事卷三二：「夏四月，世子仁愛生。」

〔五〕高麗史卷一二：「冬十月庚辰，遣李德羽如遼賀天興節。」「十一月庚戌，遣黄元道如遼謝落起復。」「癸丑，遣崔贄如遼謝賀生辰。」「戊午，遣徐祐如遼獻方物。」十二月「戊子，遼遣横宣使、檢校司徒耶律寧來。辛卯，宴遼使於乾德殿」。

宋史卷三五三張叔夜傳：「大觀中，爲庫部員外郎、開封少尹。復獻文，召試制誥，賜進士出身，遷右司員外郎。使遼，宴射首中的。遼人歎詫，求觀所引弓，以無故事，拒不與。還，圖其山川、城郭、服器、儀範爲五篇，上之。」

九年春正月丙午朔，如鴨子河。〔一〕

二月，如春州。〔二〕

三月戊午，夏國以宋不歸地，遣使來告。〔三〕

夏四月壬午，五國部來貢。

六月乙亥，清暑特禮嶺。〔四〕

秋七月，隕霜，傷稼。甲寅，獵于候里吉。

八月丁酉，雪，罷獵。

冬十月癸酉，望祠木葉山。丁丑，詔免今年租稅。

十二月甲申，高麗遣使來貢。〔五〕

是年，放進士劉楨等九十人。〔六〕

〔一〕高麗史卷一三：睿宗四年（一一〇九）春正月「戊申，遼遣大永信來賀生辰」。「庚戌，宴遼使於乾德殿。」

〔二〕高麗史卷一三：二月「癸卯，遣李汝霖如遼，奏新築東界九城。賜班犀帶一腰」。

〔三〕西夏書事卷三二：「夏四月，遣使如遼。使人焦彥堅歸，乾順與羣臣謀曰：『身膺宗社之重，不能復先朝故土，恥也。然宋恃兵威，非仗北朝之力，勢且不能。』因使人告於遼，請遣信使諭宋。」

〔四〕高麗史卷一三：六月「己亥，東蕃使裹弗、史顯等來朝。庚子，引見裹弗、史顯等六人，宣問來由。裹弗等奏曰：昔我太師盈歌嘗言，我祖宗出自大邦……今太師烏雅束亦以大邦爲父母之國。在甲申年間，弓漢村人不順，太師指諭者舉兵懲之，國朝以我爲犯境，出兵征之，復許修好。……不謂去年大舉而入，殺我耄倪，置九城，使流亡靡所止歸，故太師使我來請舊地」。秋七月「丙午……引見裹弗等，許還九城，裹弗感泣拜謝。王賜物遣還」。

〔五〕高麗史卷一三：十二月，「是歲遣都官郎中李國瓊如遼，奏還女真九城」。（述案：都官郎中，高麗史官原誤宮，據東國通鑑改正。）

金史卷七〇習室傳：「康宗時，高麗築九城於曷懶甸，習室從斡賽軍。」

高麗史卷九六金仁存傳：「王將伐東女真，大臣皆贊成之。仁存獨上疏極諫，不報。及尹瓘等破女真，築九城，女真失窟穴，連歲來争，我兵喪失甚多。女真亦厭苦，遣使請和，乞還舊地。羣臣議多異同，王猶豫未決。仁存言：『土地本以養民，今争城殺人，莫如還其地以息民。今不與，必與契丹生釁。』王問其故，仁存曰：『國家初築九城，使告契丹，表稱女真弓漢里乃我舊地，其居民亦我編氓。近來寇邊不已，故收復而築其城。表辭如是，而弓漢里酋長，多受契丹官職者，故契丹以我爲妄言。其回詔云：「遠貢封章，粗陳時勢，其間土地之所屬，户口之攸歸，已勅有司，俱行檢勘，相次别降指揮。」以此思之，國家不還九城，契丹必加責讓。我若東備女真，北備契丹，則臣恐九城非三韓之福也。』王然之。」

〔六〕蔡夢弼杜工部草堂詩箋卷一送從弟亞赴安西判官注有云：「大觀三年，郭隨出使。」大觀三年即乾統九年。

十年春正月辛丑，預行立春禮。如鴨子河。〔一〕

二月庚午朔，駐蹕大魚濼。

夏四月丙子，五國部長來貢。丙戌，預行再生禮。癸巳，獵于北山。

六月甲戌，清暑玉丘。癸未，夏國遣李造福等來貢。甲午，阻卜來貢。〔二〕

秋七月辛丑，謁慶陵。

閏八月〔三〕辛亥，謁懷陵。己未，謁祖陵。壬戌，皇太叔和魯斡〔四〕薨。

九月〔五〕甲戌，免重九節禮。

冬十月，駐蹕藕絲淀。

十二月己酉，改明年元。

是歲，大饑。

〔一〕高麗史卷一三：睿宗五年（一一一〇）春正月「壬寅，遼遣衛尉卿李逢辰來賀生辰。仍詔曰：『卿蕃衛皇家，鎮撫海表，專征守職，盪寇有勞。因乘勝以納降，遂開疆而置壘。載惟施設，允協便宜。嚮遣使人，遠馳捷奏。永言歸美，良用慰懷。』己酉，李國瓊還自遼，詔曰：『卿嚮討邊夷，權置城堡。因其防寇，且務於修營；既乃請和，遂從於毀撤。既協宜便，復具奏陳。載念忠虔，良增嘆尚。』」

〔二〕高麗史卷一三：六月「辛巳，宋遣王襄、張邦昌來。……癸未，王受詔於會慶殿庭。……王受訖，上殿，使副就王前傳密諭曰：『皇帝明見萬里，諒王忠恪之誠，欲加恩數。聞王已受北朝册命，南北兩朝，通好百年，義同兄弟，故不復册王。但令賜詔已去權字，即是寵王以真王之禮。且此詔乃皇帝御筆親製，北朝必無如此禮數。文王、肅王亦不曾有此等恩命。襄等來見王迎詔甚恭，他日歸奏，帝必嘉悦，恩數有加。請王益篤誠敬，以答聖恩。』……秋七月戊戌朔，王襄等還。王附表以謝曰：『……所謂册立之命，正朔之頒，已曾禀受於大遼，不欲另行於上國。以示酌中之義，致寬顧北之憂。睿眷稠重，奚克丘山之戴；丹衷戰慄，有同冰谷之臨。惟願傾輸，免孤覆露。』又答密諭曰：『當國介在東表，祖先以來，樂慕風化，有時入貢，優荷寵恩。崇寧中，國信使劉侍郎、吴給事奉聖旨咨聞行册禮事，先考以當國地接大遼，久已禀行爵命正朔，所以未敢遵承上命，以實懇辭，舉國惶恐，未之暫安。今聞國信尚書舍人所傳密諭，皇帝聖明如天日，國王雖在萬里之外，忠孝恭順，皇帝無不鑑炤。常欲優加異恩，某等朝辭日，備聞聖訓，以受大遼册命，南北兩朝，通好百有餘年，義同骨肉兄弟，所以不欲更加封册，今來詔書已去權字，即是寵國王以真王之禮。拜命之始，惶駭自失，意欲奉表辭免，更自思惟皇帝聖恩，委曲存撫，祇去權字，以示正名。永除册立之命，欲使一方無有没慮，今已依詔除權。……』」

〔三〕按本年閏八月，宋史、高麗史同。因八月無紀事，閏月上連七月。補「八」字。

〔四〕本書卷七二有補傳。

〔五〕據宋史、契丹國志：「丙寅朔，日有食之。」

天慶元年春正月，鈎魚于鴨子河。〔一〕

二月，如春州。

三月乙亥，五國部長來貢。

夏五月，清暑散水原。〔二〕

秋七月，獵秋山。〔三〕

冬十月，駐蹕藕絲淀。〔四〕

〔一〕高麗史卷一三：睿宗六年（一一一一）正月「戊辰，遼遣泰州管内觀察使大仲宣來賀生辰」。

〔二〕西夏書事卷三二：「六月，遣使貢於遼。……使人見（遼主）於行在。命從行。」

〔三〕秋山二字原缺，按前後文例補。

長編拾補引續宋編年資治通鑑：政和元年（一一一一）「九月，鄭允中、童貫使遼。蔡京在杭州，聞貫出使，亟附奏：貫威名既傳，宜深藏之，使莫測可也，奈何遽遣出疆。上報京曰：『虜主欲識其面，因遽覘之，不亦可乎。』」十朝綱要云：「辛巳，端明殿學士、提舉醴泉觀鄭允中充遼國生辰使，以童貫副之。貫至虜庭，君臣相聚指笑曰：『南朝乏才如此，遣一腐夫來使何也。』貫還，併與燕人馬植來歸，改姓名曰李良嗣，又妄謂虜主盛稱蔡京之勛庸，蓋河北實發端於此。」九朝編年備要卷二八云：「貫既得志於西邊，遂謂北邊亦可圖。嘗自請覘虜，又託虜使蕭至忠言：『虜主欲識其面』，上信以爲然。故特命允中以端明充使往賀生辰，而貫以節度使副之。皆非故事也。」鄭允中，鐵圍山叢談卷二作鄭居中。

宋史卷二〇徽宗紀：九月，遣端明殿學士鄭允中、武康節度使童貫爲賀遼生辰使副。（又見三朝北盟會編政宣上帙一。）

宋元通鑑卷五二：「政和元年秋九月，童貫既得志於西羌，遂謂遼亦可圖，因請使遼以覘之。或言以宦官爲上介，國無人乎？帝曰：『契丹聞貫破羌，故欲見之。因使覘其國，策之善者也』。遂行。」

東都事畧卷一二四：「燕人馬植者，行汚而内亂，燕人不齒，乃夜見童貫侍者，自陳有滅燕之策。

貫召見，大奇之。因擁以歸。易姓名曰李良嗣，薦之於朝，浸加顯擢。又賜姓趙氏。是時遼人與女真交兵已四五年，良嗣獻策曰：女真恨遼人切齒，其主天祚，淫荒失道，本朝若遣使自登、萊州涉海，結好於女真，不一月可到，與之相約，夾攻遼國，則其國可圖也。議者以爲自祖宗以來，雖有此海道，然以其地接諸蕃，禁商旅舟船，不許通行幾二百年矣。恐夷人窺伺中國也。貫不聽，乃遣登州都巡檢馬政，與良嗣往使女真，約夾攻遼國。馬政、本熙河人。其子擴應武舉，有口辨，令隨父使女真，相約滅遼國之後，中分其地。會大臣有力争者，遂已。」宋元通鑑卷五二曰：「馬植本遼大族，仕至光禄卿。」

契丹國志卷一〇：秋九月，「宋遣鄭允中、童貫使遼。貫至，遼君臣相聚指笑曰：『南朝人才如此。』然天祚方縱肆，貪得中國玉帛珍玩，而貫所齎皆極珍奇，至運兩浙髹藤之具，火閣書櫃床椅等往獻。天祚所以遺貫者亦稱是。貫使歸，至盧溝河。有燕人馬植者，得罪於燕，見貫，陳滅燕之策，貫攜歸宋，改姓李名良嗣，薦於朝，遂賜姓趙。後天祚移檄索取，貫諱不與。復燕之議蓋始此。」桯史卷五：「趙良嗣既來降，頗自言能文，間以詩篇進，益簡眷遇。至命兼官史局令。續通鑑長編：『重和元年十二月丁未，推修國朝會要帝係、后妃、吉禮三類賞，良嗣實竄名參詳，與轉一秩焉。』亦可占其非據矣。……余讀北遼遺事，見良嗣與王瓌使女真，隨軍攻遼上京，城破，有詩曰：『建國舊碑胡月暗，興王故地野風乾；回頭笑向王公子，騎馬隨軍上五鑾。』上京蓋今虜會寧，乃契丹所謂西樓者。……良嗣世仕其國，身踐其朝，貴爲九卿，一旦決去，視宗國顛覆，殊無禾黍之悲，反吟咏以誌喜，其爲人從可知也。……五鑾，乃上京殿名，保機之故巢也。」

〔四〕高麗史卷一三：冬十月「丙午遣刑部侍郎李資德如遼賀天興節」。十一月庚申朔，「遣禮部侍郎李珦如遼謝賀生辰」。「丙子，遣殿中監金縝如遼獻方物。禮賓少卿文公彦賀正」。十二月「己酉，遼遣横賜使檢校司空蕭遵禮來。辛亥，受詔於乾德殿」。

二年春正月己未朔，如鴨子河。丁丑，五國部長來貢。〔一〕

二月丁酉，如春州，幸混同江鈎魚，〔二〕界外生女直酋長在千里内者，以故事皆來朝。適遇「頭魚宴」，酒半酣，上臨軒，命諸酋次第起舞；獨阿骨打辭以不能。諭之再三，終不從。他日，上密謂樞密使〔三〕蕭奉先曰：「前日之燕，阿骨打意氣雄豪，顧視不常，可託以邊事誅之。否則，必貽後患。」奉先曰：「麄人不知禮義，無大過而殺之，恐傷向化之心。假有異志，又何能爲？」其弟吴乞買、粘罕、胡舍等嘗從獵，〔四〕能呼鹿，刺虎，搏熊。上喜，輒加官爵。

夏六月庚寅，清暑南崖。甲午，和州回鶻來貢。戊戌，成安公主來朝。甲辰，阻卜來貢。

秋七月乙丑，獵南山。

九月己未，射獲熊，燕羣臣，上親御琵琶。初，阿骨打混同江宴歸，疑上知其異志，遂稱兵，先併旁近部族。女直趙三、阿鶻産拒之，阿骨打虜其家屬。二人走訴咸州，詳穩司送北樞密院。樞密使蕭奉先作常事以聞上，仍送咸州詰責，欲使自新。後數召，阿骨打竟稱疾不至。〔五〕

冬十月辛亥，高麗三韓國公王俣之母死，來告，即遣使致祭，起復。〔六〕是月，駐蹕奉聖州。〔七〕

十一月乙卯，幸南京。丁卯，謁太祖廟。〔八〕

是年，放進士韓昉等七十七人。〔九〕

〔一〕高麗史卷一三：睿宗七年（一一一二）「春正月辛酉，遼遣永州管内觀察使劉公允來賀生辰」。

〔二〕按本史卷一六聖宗紀太平四年二月，「詔改鴨子河曰混同江。」鴨子河與混同江爲新舊名稱。

〔三〕按下文九月，應作北院樞密使。

〔四〕按契丹國志卷一〇：「阿骨打有弟姪曰吴乞馬、粘罕，胡捨輩，天祚歲入秋山，數人必從行。」吴乞馬即吴乞買，漢名晟，爲阿骨打之弟。粘罕，本名粘没喝，又作粘哥，金史卷七四有傳作宗翰；胡捨即胡舍，大金國志卷二七有傳，作骨捨。二人均阿骨打之姪。

〔五〕按「初，阿骨打」以下，録自契丹國志卷一〇。

〔六〕高麗史卷一三：九月「乙亥，遣禮部侍郎金縝如遼賀天興節」。

高麗史卷一三：「秋七月己巳，王太后柳氏薨於信朴寺……八月丙申，葬明懿王太后於崇陵。……丁酉，遣殿中監李德羽如遼告哀。」

高麗史卷一三：睿宗八年春正月「壬申，遼勑祭使永州管内觀察使耶律固，太常少卿王侁來」。「甲戌，遼勑弔使泰州管内觀察使蕭辿來。丙子，遼使祭太后於虞宫，王詣虞宫。戊寅，遼遣崇禄卿楊舉直來命王起復。詔曰：『嗣豐祖構，恭守王封。頃哀被於茹荼，即毁過於扶杖。爰降釋衰之命，勿辱專閫之權。當體眷懷，所宜祗荷。』告身曰：『鍪絰疏封，繼先業者是謂殊私；墨衰從政，奪哀情者斯爲變禮。舉兹故典，懋乃邦英。其有毓象緯之靈，閒玄黄之氣，踰鴨緑而休聲振厲，保鷄林而令德流聞。道善庇民，謀能經國。方恪修於世範，何遽宅於家難。庸卜吉辰，與伸起復。前推誠奉國功臣、開府儀同三司、檢校太師、守太尉兼中書令、上柱國、高麗國王，食邑三千户、食實封一千五百户王俣，榮分弓鉞，慶席山河。桓鎮琅琅，素全於重器；楩柟肅肅，生備於長材。仍教稟於義方，復言該於名理。而自嗣興厥域，優纂乃勞。賓王著事大之誠，侯律謹守方之制。洽辰韓之善理，慕齊善之純忠。歲重貢儀，率勤北面之力；時堅戎翰，實寬東顧之憂。頃者静樹纏悲，白華違養。尚固匹夫之節，擬成孝子之規。主土分茅，闕一日而不可；毁容銜恤，豈三載以爲期。是用從金革之宜，飾鈿珠之命。騑車載駕，駝紐重輝。於戲！

日域全疆，天命重地。位冠於五侯九伯，秩參於四輔三公。矧先臣之縟儀，彝器咸在；今汝躬之異數，備物具彰。必靜鎮於一方，當表章於羣嶽。勉服丕訓，永保多祥。』」

〔七〕高麗史卷一三：七年冬十月「辛卯，遣工部侍郎李寵麟如遼謝橫賜。乙巳，遣户部侍郎康悦如遼謝賀生辰」。

〔八〕高麗史卷一三：十一月「庚辰，遣禮賓少卿崔俰如遼獻方物」。辛巳，「遼東京回謝持禮使禮賓副使謝善來。壬午，遣刑部侍郎許之奇如遼賀正」。

〔九〕金史卷一二八李瞻傳：「瞻，薊州玉田人。遼天慶二年進士，爲平州望雲令。張覺據平州叛，以瞻從事。宗望復平州，覺亡去，城中復叛，瞻踰城出降。」周煇清波別志曰：「政和間，和詵接伴遼使，至邢臺。使柴誼指呼左右合獵回。詫曰：南朝有樂事乎？詵曰：南朝所樂獵德耳。使爲之羞恨。」

三年春正月丙寅，賜南京貧民錢。丁卯，如大魚濼。甲戌，禁僧尼破戒。丙子，獵狗牙山，〔一〕大寒，獵人多死。〔二〕

三月，〔三〕籍諸道户，徙大牢古山圍場地居民于別土。阿骨打一日率五百騎突至咸州，吏民大驚。翌日，赴詳穩司，與趙三等面折庭下。阿骨打不屈，送所司問狀。一夕遁去。遣人訴於上，謂詳穩司欲見殺，故不敢留。自是召不復至。

夏閏四月，李弘以左道聚衆爲亂，支解，分示五京。

六月乙卯，斡朗改國遣使來貢良犬。丙辰，夏國遣使來貢。

秋七月，幸秋山。

九月，駐蹕藕絲淀。

冬十一月甲午，〔四〕以三司使虞融知南院樞密使事，西南面招討使蕭樂古爲南府宰相。〔五〕

十二月庚戌，高麗遣使來謝致祭。〔六〕癸丑，回鶻遣使來貢。甲寅，以樞密直學士馬人望參知政事。丙辰，知樞密院事耶律儼薨。癸亥，高麗遣使來謝起復。〔七〕

〔一〕在獨石口西北二十七里。本史卷一四聖宗紀統和二十二年八月作犬牙山。

〔二〕高麗史卷一三：睿宗八年（一一一三）「春正月乙卯，遼遣崇禄卿張如晦來賀生辰」。「二月庚寅，耶律固等將還，請春秋釋例、金華瀛洲集，王各賜一本（部）。」

〔三〕據宋史、契丹國志：「壬子朔，日有食之。」

〔四〕「冬」字原脱，按文例補。

〔五〕高麗史卷一三：「冬十月壬戌，遣禮部侍郎李永如遼賀天興節。」

〔六〕高麗史卷一三：十月「庚午，遣禮部尚書洪灌，刑部侍郎金義元如遼謝弔祭」。高麗史卷一三：十一月「丙戌，遣工部侍郎李茂榮如遼謝賀生辰。甲午，遣殿中監崔弘宰獻方物」。丙申，「遣户部侍郎李資諴如遼賀正」。

〔七〕高麗史卷一三：「十一月庚辰，遣秘書少監韓冲如遼謝起復。」

宋元通鑑卷五二：「政和三年（一一一三）十二月，遼女真部節度使烏雅束死，阿骨打自稱都勃極烈。遼使阿息保往，謂之曰：『何故不告喪？』阿骨打曰：『有喪不能弔，而乃以爲罪乎！』」高麗史卷一三：十二月「甲戌，遣禮賓少卿金景清如遼獻方物」。

四年春正月，如春州。初，女直起兵，以紇石烈部人阿疎不從，〔一〕遣其部撒改討之。阿疎弟狄故保來告，詔諭使勿討，不聽，阿疎來奔。至是女直遣使來索，不發。〔二〕

夏五月，清暑散水原。

秋七月，女直復遣使取阿疎，不發，乃遣侍御阿息保問境上多建城堡之故。女直以慢語答曰：「若還阿疎，朝貢如故；不然，城未能已。」遂發渾河〔三〕北諸軍，益東北路統軍司。阿骨打乃與弟粘罕、胡舍等謀，〔四〕以銀朮割、移烈、婁室、闍母等爲帥，集女直諸部兵，擒遼障鷹官。〔五〕及攻寧江州，東北路統軍司以聞。〔六〕時上在慶州射鹿，聞之畧不介意，遣

海州刺史高仙壽統渤海軍應援。蕭撻不也遇女直，戰于寧江東，敗績。〔七〕

冬十月壬寅朔，〔八〕以守司空蕭嗣先爲東北路都統，静江軍節度使蕭撻不也爲副，發契丹奚軍三千人，中京禁兵及土豪二千人，别選諸路武勇二千餘人，以虞候崔公義爲都押官，控鶴指揮邢穎爲副，引軍屯出河店。〔九〕兩軍對壘，女直軍潛渡混同江，〔一〇〕掩擊遼衆。蕭嗣先軍潰，崔公義、邢穎、耶律佛留、蕭葛十等死之，〔一一〕其獲免者十有七人。蕭奉先懼其弟嗣先獲罪，輒奏東征潰軍所至劫掠，若不肆赦，恐聚爲患。上從之，嗣先但免官而已。諸軍相謂曰：「戰則有死而無功，退則有生而無罪。」故士無鬬志，望風奔潰。〔一二〕

十一月壬辰，都統蕭敵里〔一三〕等營于斡鄰濼〔一四〕東，又爲女直所襲，士卒死者甚衆。〔一五〕甲午，蕭敵里亦坐免官。辛丑，以西北路招討使耶律斡里朵爲行軍都統，〔一六〕副點檢蕭乙薛、同知南院樞密使事耶律章奴副之。〔一七〕

十二月，咸、賓、祥三州及鐵驪、兀惹皆叛入女直。〔一八〕乙薛往援賓州，南軍諸將實婁、特烈等往援咸州，並爲女直所敗。〔一九〕

〔一〕索隱卷二：「金紀星顯水紇石烈部阿疎阻兵在揚割三年，時女直尚未起兵。」契丹國志卷一〇謂女真伐阿鶻産在阿骨打混同江宴之後。

〔二〕高麗史卷一三：睿宗九年（一一一四）春正月「庚辰，遼遣衛尉卿張如晦來賀生辰」。

〔三〕本史卷一〇一蕭陶蘇斡傳作滑水，應即此河。金史卷二四地理志：北京路臨潢府寧塞縣有滑河。又索隱卷二云：「此渾河即志遼陽府之渾河。一統志：在奉天府承德縣南十里，即古小遼水也。」

〔四〕弟，應作姪，參見上文二年注〔四〕。

〔五〕金史卷二太祖紀作：「執遼障鷹官達魯古部副使辭列、寧江州渤海大家奴。」

〔六〕按本年正月及本月叙女真起兵事與二年、三年所叙複出，此殆源於金史。阿疎即阿鶻産。宋會要蕃夷二：「天慶四年秋八月，女真遂叛集諸部甲馬二千，犯混同江東之寧江州。時天祚射鹿慶州秋山，聞之，不以介意，遣海州刺史高仙壽統渤海子弟軍千人討之。九月二十三日，渤海遇女真軍，大敗，攻破寧江州，獲奚、契丹甲馬三千。」金史卷七三宗雄傳：「攻寧江州，渤海兵鋭甚，宗雄以所部敗渤海兵，以功授世襲千户謀克。」

〔七〕宋元通鑑卷五二：「阿疎奔遼，烏雅束屢以爲請，遼主不遣阿疎，遂以爲辭，稍稍拒市鷹使者。及阿骨打襲位，相繼遣蒲家奴、習古乃等索阿疎，遼主終不許。習古乃歸，具言遼主驕肆廢弛之狀。阿骨打乃召其所屬，使備衝要，建城堡，修戎器，遼主使侍御阿息保往詰之。阿骨打曰：『我小國也，事大國不敢廢禮，大國德澤不施，而逋逃是主，以此字小，能無望乎。若還阿疎，朝貢如故。不然，城未已也。』阿息保還，遼主遂發渾河北諸軍，益東北路統軍司。阿骨打聞之，謂其下曰：『遼人知我將舉兵，集諸路軍備我，我必先發制之，無爲人制。』乃與撒改子粘没喝等謀，遂集所屬諸部兵，以銀术可、婁宿、闍母等爲將，而使婆盧火徵移嬾路迪古乃兵。（政和四年）九月，阿骨打率兵進次寥晦城，諸部兵皆會於來流水，得二千五百人。遂命諸將傳梃而誓。至遼界，遇渤海軍，耶律謝十墜馬，阿骨打射殺之，阿骨打之子斡本與數騎陷遼圍中，阿骨打救之，免胄戰。或自旁射之。阿骨打顧見射者，一矢而斃，謂其下曰：盡敵而止。衆從之，勇氣百倍，遼軍大奔，蹂踐死者十七八。撒改在別部聞之，使粘没喝及谷神來賀，勸其稱帝。阿骨打曰：『一戰而勝，遂稱大號，何示人淺也。』進軍寧江州，填塹攻城，寧江人自東門出，阿骨打邀擊，盡殪之。遼統軍司以聞，時遼主射鹿於慶州，畧不介意，唯遣海州刺史高仙壽應援而已。十月朔，寧江州陷，遼防禦使藥太師奴被獲，阿骨打陰縱之，使招諭遼人，遂引兵還。」契丹國志卷一〇：秋九月，「天祚出秋山赴顯州冬（東）山射鹿（大典引作虎），聞攻破寧江州，中輟不行」。吴坰五總志：「遼人致守邊兵，獨在北曰强軍，蓋以禦女真也。末主好田獵，求海東青於女真，且抽强軍爲從衛，後求愈急，强兵日削，遂爲女真窺伺。悲夫。」

〔八〕冬字，依文例補。朔字，據本史卷四四朔考補。

〔九〕金史卷二四地理志：「肇州舊出河店也。」清一統志卷四六：「吉林古蹟肇州故城，在白都訥城南。」

宋會要蕃夷二：「天祚以蕭奉先弟殿前都點檢嗣先帥奚、契丹禁軍土豪五千餘人，十月，屯出河店。臨白(河)與寧江州女真對壘，女真潛渡混同江，掩契丹，未陣，擊之，嗣先兵潰，其骨肉輜械牛羊金帛，悉爲女真所得，復以兵追殺百里，獲甲馬四千。」

〔一〇〕按此混同江爲今松花江，契丹國志卷一〇載蕭嗣先等兵屯出河店臨白江，江以其源出長白山而名之耳，金紀作鴨子河。(讀史方輿紀要卷三八：「五國頭城在會寧府東北。自此而東，分爲五國，因名。」)

〔一一〕東都事畧卷一二四：「女真有俊禽曰海東青，次曰玉爪駿，俊異絕倫，一飛千里，非鷹鸇鶻鶚之比。延禧縱弛失道，荒於畋獵，喜此二禽善捕天鵝。召女真國人過海詣深山窮谷，搜取以獻。國人厭苦遂叛。」契丹國志卷一〇：「女真服屬大遼二百餘年，世襲節度使，兄弟相傳，周而復始。至天祚朝，賞刑僭濫，禽色俱荒。女真東北與五國爲鄰，五國之東鄰大海。出名鷹，自海東來者，謂之海東青，小而俊健，能擒鵝鶩，爪白者尤以爲異。遼人酷愛之，歲歲求之女真，女真至五國，戰鬬而後得，女真不勝其擾，及天祚嗣位，責貢尤苛，又天使所至，百般需索於部落，稍不奉命，則召其長加杖，甚者誅之。諸部怨叛，潛結阿骨打，至是舉兵謀叛。先是(寧江)州有榷場，女真以北珠、人參、生金、松實、白附子、蜜蠟、麻布之類爲市，州人低其值，且拘辱之，謂之『打女真』。州既陷，殺之無遺類，獲遼兵甲馬三千，退保長白山之阿朮火。阿朮火者，女真所居之地，以河爲名也。」三朝北盟會編政宣上帙三：「天祚嗣位，立未久，當中國崇寧之間，漫用奢侈，宮禁競尚北珠。

北珠者，皆北中來榷場相貿易，天祚知之，始欲禁絶，其下謂中國傾府庫以市無用之物，此爲我利而中國可以困，恣聽之。而天祚亦驕汰，遂從而慕尚焉。北珠美者大如彈子，小者若桐子，皆出遼東海汊中，每八月望夜，月明如晝，則珠必大熟，乃以十月方採蚌取珠。而北方沍寒，九、十月則堅冰厚已盈尺矣。鑿冰没水而捕之，人以爲病焉。又有天鵝能食蚌，則珠藏其嗉，又有俊鶻號海東青者，出五國，五國之東接大海，自海東而來者，謂之海東青，小而俊健，爪白者尤以爲異，必求之女真，每歲遣外鷹坊子弟趣女真發甲馬千餘人入五國界，即海東巢穴取之。與五國戰鬭而後得，其後女真不勝其擾。」

遼金紀事：「海東青出於女真東北，鐵甸等五國，遼主延禧酷愛之。每歲大寒，發使趣女真以海東青入貢，發甲馬數百，取之五國界巢穴中，往往戰争而得，國人厭苦。」

葉子奇草木子卷四下：「海東青，鶻之至俊者也。出於女真，在遼國已極重之。因是起變而契丹以亡。其物善擒天鵝，飛放時，旋風羊角而上，直入雲際。」

松漠紀聞：「遼盛時，銀牌天使至女真，每夕必欲薦枕者，其國舊輪中下户作止宿處，以未出適女待之。後求海東青使者絡繹。恃大國使命，惟擇美好婦人，不問其有夫及閥閲高者，女真寖忿遂叛。初，女真有戎器而無甲，遼之近親，有以衆叛，間入其境上，爲女真一酋説而擒之。得甲首五百，女真賞其酋爲阿盧里移賚，（彼云第三箇官人，亦呼爲相公。）既起師，才有千騎，用其五百甲，攻破寧江州，遼衆五萬，禦之不勝，復倍遣之亦折北，遂益至二十萬，女真以衆寡不敵，謀降。大酋粘罕、悟室、婁宿等曰：我殺遼人已多，降必見剿，不若以死拒之。時勝兵至三千，既連敗遼師，器甲益備，與戰復克。」

契丹國志卷一○：「初，女真之叛也，率皆騎兵。旗幟之外，各有字號小木牌，繫人馬上爲號，五十人爲一隊。前二十人全裝重甲，持槍或棍棒；後三十人輕甲，操弓矢。每遇敵，必有一、二人躍馬而出，先觀陣之虛實，或向其左右前後，結陣而馳擊之。百步之外，弓矢齊發，無不中者。勝則整陣而復追，敗則收聚而不散。其分合出入，應變若神，人人皆自爲戰，所以勝也。」

三朝北盟會編政宣上帙三：「阿骨打自晏漁河歸，疑遼見伐，粘罕曰：『迎風縱櫂，順坂走丸，禍至速矣。不如乘其無備，先并鄰國，聚衆爲備，以待其變。』於是併東穎西渤二海部族，用粘罕、骨捨、兀室爲謀主，參與論議，以銀朮割、移烈、婁宿、闍母等爲將帥，阿骨打有度量，善謀，粘罕善用兵，好殺，骨捨剛毅而彊忍，兀室姦猾而有才，自製女真法律文字，成其一國，國人號爲珊蠻。珊蠻者，女真語巫嫗也。以其通變如神，粘罕之下，皆莫之能及。天慶四年率兵叛遼，會集各部全裝軍二千餘騎，首犯混同江之寧江州，攻破之，殺戮無噍類，大敗渤海之衆，獲甲馬二千，又敗蕭嗣先於出河店，又敗淶流河、黄龍府、咸州、好草谷四路都統，誅殺不可勝計，丁壯即加斬截，嬰孺貫槊上，盤舞以爲樂，所過赤地無餘。」

宋會要蕃夷二：「（天祚）召宰相張琳、吴庸，付兵十萬人使討之，於是分四路而并進。獨淶流河路一軍深入，遇女真交鋒，稍却，走還其壁，都統斡離不朵者以爲漢軍遁，即領契丹、奚兵棄營而奔。翌日，漢軍尚三萬餘，推將作少監武朝彦爲都統，再與女真戰，遂大敗，餘三路聞之，各退保其城，數月間，盡爲女真攻陷，所過千里蕭然。」

〔一二〕高麗史卷一三：冬十月「丙辰，遣李鷟如遼賀天興節」。「庚午，遣梁永如遼謝賀生辰。是月生女真完顔阿骨打舉兵叛，遼東京兵馬都部署司牒曰：『近有生女真作過，止差官領兵討伐，仰指揮高麗國亦行就便於女真邊界道路，深入攻討，應據人口財産房舍，收虜盪除，仍緊切防備，勿令全走入彼界險要處所，依據閃避。』」

〔一三〕按蕭敵里即上文十月蕭嗣先，金史作蕭糺里。

金史卷二太祖紀：「十一月，遼都統蕭糺里，副都統撻不野會于鴨子河北。……俄與敵遇於出河店……遼兵潰。逐至斡論濼。」出河店之役，遼史以嗣先爲都統，金史則作糺里，日本箭内亘遼金糺軍及金代兵制考疑遼易都統，而金人不知，故以後之糺里當前之嗣先。王國維辨之以糺里或敵里爲嗣先之契丹名。

〔一四〕斡鄰濼，金紀作斡論濼。索隱卷二云：「即今恩得葛特池，在郭爾羅斯前旗東南百三十里，蕭兀納傳作長濼。」

〔一五〕宋元通鑑卷五二：「十一月，遼主聞寧江州陷，乃以司空蕭嗣先爲東北路都統，蕭撻不也副之。發契丹、奚軍三千及中京禁兵等七千，屯出河店。阿骨打率衆來禦，未至混同江，會夜，阿骨打方就枕，若有扶其首者三，阿骨打寤而起，曰：神明警我也。即鳴鼓舉燧而行。黎明，至混同江，遼兵方壞凌道，阿骨打選壯士十人擊走之，因帥衆繼進，遂登岸，與遼兵遇，會大風起，塵埃蔽天。阿骨打乘風奮擊，遼兵潰，將士多死，其獲免者十有七人。阿骨打進襲遼蕭敵里於斡鄰濼東，殺獲甚衆。遼人嘗言女真兵滿萬，則不可敵。至是始滿萬云。」

〔一六〕契丹國志卷一〇作：「北樞密副使耶律斡離朵涞流河路都統。」

〔一七〕高麗史卷一三：十一月「乙亥，遼遣橫宣使耶律諮，副使李碩來」。

〔一八〕金史卷二太祖紀：「僕虺等攻賓州，拔之。兀惹雛鶻室來降。遼將赤狗兒戰于賓州，僕虺、渾黜敗之。鐵驪王回離保以所部降。吾睹補、蒲察復敗赤狗兒、蕭乙薛軍于祥州東，斡忽、急塞兩路降。斡魯古敗遼軍于咸州西，斬統軍實婁于陣。完顔婁室克咸州。」又卷七一斡魯古傳：「與遼都統實婁戰于咸州西，敗之。斬實婁于陣，與婁室克咸州。」又卷七二婁室傳：「進兵咸州，克之。」又卷八一夾古吾里補傳：「從婁室救斡魯古于咸州，敗遼兵于押魯虎城，遼軍營遼水，吾里補五謀克軍乘夜擊之，遼軍驚潰，殺獲幾盡。」又卷八〇斜卯阿里傳：「從攻下寧江州，授猛安，又從攻信州、賓州，皆克之。遼人來攻孛堇忽沙里城，阿里率百餘騎救之。遼兵數萬，阿里兵少，乃令軍士裂衣多爲旗幟，出山谷間。遼兵望見，遁去。」柳邊紀畧卷四完顔婁室神道碑：「宗室斡魯古畧地咸州，以其敵重，使會王（婁室）合兵禦之，乃往敗其戍兵三千於境，斬其將，遂會斡魯古。既而聞敵兵且至，王留四謀克精鋭，各守其一門……王返兵擣敵背，大敗之。咸州既下，因徇地黄龍府。」

金史卷八一迪姑迭傳：「攻破奚營，回至韓州，遇敵二千人，擊走之。斡魯古與遼人戰於咸州，兵已却，迪姑迭以本部兵力戰，諸軍復振，遂大破之。」

〔一九〕契丹國志卷一〇：「遼國舊例，凡關軍國大事，漢人不預。天祚自兩戰之敗，意謂蕭奉先不知兵，始欲改用將帥。遂召宰相張琳、吴庸，付以東征事，張琳等碌碌儒生，非經濟才，統御無法，遽奏曰：『前日之敗，失於輕舉，若用漢軍二十萬，分路進討，無不克者。』天祚謂其數多，且差十萬。即降宣劄，付上京、長春、遼西諸路，計人户家業錢，每三百貫自備一軍，限二十日各赴期會。時富民有出一百軍、二百軍者，家貲遂竭。琳等皆非將帥才，器甲聽從自便，人人就易槍刀氈甲充數，弓弩鐵甲，百無一二，雜以番軍分出四路：北樞密副使耶律斡離朵淶流河路都統，衛尉卿蘇壽吉副之；黄龍府尹耶律寧，黄龍府路都統，桂州觀察使耿欽副之；復州節度使蕭湜曷，咸州都統，將作監龔誼副之；左祗候郎君詳穩蕭河古奴，草峪都統，商州團練使張維協副之。獨淶流河一路遂深入女真。軍馬初一戰，稍却，各退保寨柵。是夕，都統斡離朵誤聽漢軍已遁，即領遼、奚之兵，棄營而奔。明早，漢軍尚餘三萬，衆遂推將作少監武朝彦爲都統，再與女真合戰，遂大敗。餘三路聞之，各退保本路防城。數月間，遂爲女直攻陷。丁壯斬戮無遺，嬰孺貫之槊上，盤舞爲戲，所過赤地無餘。應遼東界内熟户女真，亦爲阿骨打吞併，分揀彊壯人馬充軍，遂有鐵騎萬餘。」

高麗史卷一三：十二月「甲辰，遣衛尉卿李壽，通事舍人黄君裳如遼謝横宣」。「己巳，遼遣王儆來命王落起復。」

宋史卷三五三陳過庭傳：「何執中、侯蒙器其才，荐之，擢祠部、吏部右司員外郎，使契丹。」錢表引會稽志謂過庭使遼在政和中。傳表附天慶四年。

遼史補注卷二十八

本紀第二十八

天祚皇帝二

五年春正月，下詔親征，遣僧家奴持書約和，斥阿骨打名。阿骨打遣賽剌〔一〕復書，若歸叛人阿踈，遷黄龍府於别地，然後議之。都統耶律斡里朵等與女直兵戰于達魯古城，〔二〕敗績。〔三〕

二月，饒州渤海古欲等反，自稱大王。

三月，以蕭謝佛留等討之。遣耶律張家奴等六人齎書使女直，斥其主名，冀以速降。〔四〕

夏四月癸丑，蕭謝佛留等爲渤海古欲所敗，以南面副部署蕭陶蘇斡爲都統，赴之。〔五〕

五月，陶蘇斡及古欲戰，敗績。張家奴等以阿骨打書來，復遣之往。

六月己亥朔，清暑特禮嶺。壬子，張家奴等還，阿骨打復書，亦斥名，諭之使降。癸丑，以親征諭諸道。丙辰，陶蘇斡招獲古欲等。癸亥，以惕隱耶律末里爲北院大王。是月，遣蕭辭剌使女直，以書辭不屈見留。

秋七月〔六〕辛未，宋遣使致助軍銀絹。丙子，獵于嶺東。是月，都統斡里朵等與女直戰于白馬濼，〔七〕敗績。

八月甲子，罷獵，趨軍中。以斡里朵等軍敗，免官。丙寅，以圍場使阿不爲中軍都統，耶律張家奴爲都監，率番、漢兵十萬；蕭奉先充御營都統，諸行營都部署耶律章奴爲副，〔八〕以精兵二萬爲先鋒。餘分五部爲正軍，貴族子弟千人爲硬軍，扈從百司爲護衛軍，北出駱駝口；〔九〕以都點檢蕭胡覩姑爲都統，〔一〇〕樞密直學士柴誼爲副，將漢步騎三萬，南出寧江州。自長春州〔一一〕分道而進，發數月糧，期必滅女直。〔一二〕

九月丁卯朔，女直軍陷黄龍府。〔一三〕己巳，知北院樞密使蕭得里底出爲西南面招討使。辭剌還，女直復遣賽剌以書來報：若歸我叛人阿踈等，即當班師。上親征。〔一四〕粘罕、兀朮等以書來上，陽爲卑哀之辭，實欲求戰。書上，上怒，下詔有「女直作過，大軍翦除」之語。女直主聚衆，剺面仰天慟哭曰：「始與汝等起兵，蓋苦契丹殘忍，欲自立國。今主上親征，奈何？非人死戰，莫能當也。不若殺我一族，汝等迎降，轉禍爲福。」諸軍皆曰：「事已至此，惟命是從。」乙巳，耶律章奴反，奔上京，謀迎立魏國王淳。上遣駙馬蕭昱領兵詣廣平淀護后妃，行宮小底乙信持書馳報魏國王。時章奴先遣王妃親弟蕭諦里以所謀說魏國王。王曰：「此非細事，主上自有諸王當立，北、南面大臣不來，而汝言及此，何也？」密令左右拘之。有頃，乙信等賫御札至，備言章奴等欲廢立事。魏國王立斬蕭諦里等首以獻，單騎間道詣廣平淀待罪。上遇之如初。章奴知魏國王不聽，率麾下掠慶、饒、懷、祖等州，結渤海羣盜，衆至數萬，趨廣平淀犯行宮。順國女直阿鶻産以三百騎一戰而勝，擒其貴族二百餘人，並斬首以徇。其妻子配役繡院，或散諸近侍爲婢，餘得脱者皆奔女直。章奴詐爲使者，欲奔女直，爲邏者所獲，縛送行在，腰斬于市，剖其心以獻祖廟，支解以徇五路。〔一五〕

冬〔一六〕十一月，遣駙馬蕭特末、林牙蕭察剌等將騎兵五萬、步卒四十萬、親軍七十萬至駝門。〔一七〕

十二月乙巳，耶律張家奴叛。〔一八〕戊申，親戰于護步答岡，敗績，盡亡其輜重。〔一九〕己未，錦州刺史耶律朮者叛應張家奴。〔二〇〕庚申，北面林牙耶律馬哥討張家奴。癸亥，以北院宣徽使蕭韓家奴知北院樞密使事，南院宣徽使蕭特末爲漢人行宮都部署。〔二一〕

〔一〕賽剌，又見本年九月，本史卷七〇屬國表作塞剌。

〔二〕宋元通鑑卷五三：「政和五年（一一一五）春正月，金主自將攻遼黄龍府，進薄益州，州人走保黄龍。金取其餘民而去。遼遣都統斡里朵、左副統蕭乙薛、右副統耶律張家奴、都監蕭謝佛留將騎兵二十萬、步卒七萬戍邊，且屯田以爲持久計。金主聞之，率衆趨達魯古城，登高望遼兵，若連雲灌木狀，顧謂左右曰：『遼兵心貳而情怯，雖多不足畏。』遂趨高阜爲陣，謀良虎以右翼先馳遼左軍，左軍卻；婁宿、銀术可衝遼中堅，陷陣力戰，粘没喝以中軍助之，遼兵遂敗。金兵乘勢追躡，至其營，會日已暮，圍之。黎明，遼軍潰圍出，金人逐北至阿婁岡，遼步卒盡殪，耕具數千，皆爲金人所獲。是役也，遼人本欲屯田，且戰且守，故并其耕具皆失之。」達魯古城在今吉林城東北拉林河西，拉林河即金史淶流河。契丹國志卷一〇：「（番漢）軍分出四路，北樞密副使耶律斡離朵淶流河路都統。獨淶流河一路遂深入」，即踰混同江而東至達魯古城，故云深入。按金史卷二，收國元年正月爲都統耶律訛里朵、左副統蕭乙薛、右副統耶律張奴、都監蕭謝佛留。又卷七二銀术可傳：「太祖與耶律訛里朵戰于達魯古城，遼兵二十餘萬，銀术可、婁室率衆衝其中堅，凡九陷陣，輒戰而出，大敗遼軍。」

〔三〕高麗史卷一四：睿宗十年（一一一五）正月「癸酉，宴遼横宣使於乾德殿。乙亥，宴落起復使於乾德殿。丙子，遼遣觀察使高慶順來賀生辰。戊寅，宴遼生辰使於乾德殿」。「己丑，遣尚書李壽、侍郎黄君裳如遼謝横宣。」（應是去年命使，至此成行。）「是月，生女真完顔阿骨打稱皇帝，更名旻，國號金。其俗如匈奴諸部落，無城郭，分居山野，無文字，以言語結繩爲約束，土饒猪羊牛馬，馬多駿，或有一日千里者。其人鷙勇，爲兒能引弓射鳥鼠，及壯，無不控弦走馬習戰爲勁兵，諸部各相雄長，莫能統一。其地西直契丹，南直我境，故常事契丹及我朝。每來朝，以麩金貂皮良馬爲贄，我朝亦厚遺銀幣，歲常如此。或曰：昔我平州僧今俊遁入女真，居阿之古村是謂金之先。或曰平州僧金幸之子克守初入女真阿之古村，娶女真女，生子曰古乙太師，古乙生活羅太師，活羅多子，長曰劾里鉢，季曰盈歌，盈歌最雄傑，得衆心。盈歌死，劾里鉢長子烏雅束嗣位，烏雅束卒，弟阿骨打立。」

〔四〕金史卷二太祖紀：收國元年「四月，遼耶律張奴以國書來，上以書辭慢侮，留其五人，獨遣張奴回報，書亦如之」。

〔五〕高麗史卷一四：夏四月壬寅，「李壽等還自遼，回詔曰：「近以邊臣弛備，小寇擾民。方行有罪之誅，是議偏師之舉。以卿地鄰賊境，職守侯藩。特諭整戎，庶令逐暴。卿遣馳使价，來奉謝章。諒兹從命之臣，盡爾爲忠之節。適當春事，有慮農妨。姑務練修，别期進取」。

〔六〕據宋史、契丹國志：「戊辰朔，日有食之。」

〔七〕金史卷七二銀术可傳：銀术可與婁室等攻黄龍府，敗遼兵萬餘於白馬濼。索隱卷二：「案即今拜布爾察哈湖。在混同江西，非營衛志永州東南之白馬淀。」

〔八〕按圍場使阿不即蕭胡篤，本史卷一〇一有傳。耶律章奴，卷一〇〇有傳，即耶律張家奴，金史作張奴。兩傳并稱胡篤爲先鋒都統，章奴爲都監，本卷有關章奴紀事重複。

〔九〕索隱卷二：「案此時南路軍出寧江州，北路軍出寧江州西北。一統志：駱駝山在科爾沁右翼前旗東北二百里，蒙古名特們。蓋自此山口可東南攻金會寧府，與寧江州之軍會合也。」

〔一〇〕本史卷一〇一本傳作副點檢。

〔一一〕索隱卷二：「滿洲源流考：遼長春州與今白都訥城相近，一統志有二説：一云遼時長春州，近混同江，是也；一云在科爾沁左翼前旗。李兆洛、張穆、楊守敬並沿其誤。」

〔一二〕契丹國志卷一〇：「八月，天祚下詔親征女真，率蕃、漢兵十餘萬，出長春路。……一夕，軍中戈戟有光，馬皆嘶鳴，咸以爲不祥。」

謀夏録：「天慶五年春，天祚下詔親征。八月，率蕃、漢兵十五萬出長春路，命蕭奉先爲御營都統，耶律章奴副之。以精兵二萬爲先鋒，餘分五部爲正兵。大臣貴族子弟千餘人爲硬軍，扈從百司爲護軍，北出駱駝口，車騎亘百里，鼓角旌旗，震耀原野。別以漢軍步騎三萬人，命蕭胡覩姑爲都統，柴誼副之，南出寧江州路。自長春州分路而進，齎數月之糧，期必滅女真。北軍深入至鴨緑江，人心疑懼。章奴與衆謀曰：『天祚失道，燕王親賢，若廢天祚而迎燕王，女真可不戰而服。』章奴謀泄，竟奔上京立燕王，燕王，後所謂耶律淳者也。翌日，天祚退十三里，欲班師，或言於天祚曰：『兵已深入，皆欲一戰，退舍何爲？』天祚亟召諸將問策，皆顧望莫敢言，再傳令進兵。」

高麗史卷一四：八月庚子，「遼將伐女真，遣使來請兵。乙巳，詔宰樞侍臣都兵馬判官諸衛大將軍以上，問至再三，卒無定議」。

金史卷七二婁室傳：「太祖取黃龍府，婁室請曰：『黃龍一都會，且僻遠，苟有變，則鄰郡相扇而起，請以所部屯守。』太祖然之。仍合諸路謀克，命婁室爲萬户，守黃龍府。」又卷二四地理志：黃龍府，金天眷三年改爲濟州。

〔一三〕宋元通鑑卷五三：「九月，金主次混同江，無舟以渡，金主使一人導前，乘赭白馬逕涉，曰：『視吾鞭所指而行。』諸軍隨之以濟，水及馬腹。既濟，使人測其渡處，深無涯涘，於是遂克黃龍府。」

〔一四〕馮校：「上親征三字係衍文，按上有已有『以親征諭諸道』，『罷獵趨軍中』語，此採自國志卷十：『初天祚親征，女真甚懼。粘罕、兀朮僞請爲卑哀求生者。』惟國志用爲追溯耳。」羅校：「兀朮上書，自是初下詔時事，國志是也。」三字非衍。兩説並可解，後者較順。

〔一五〕按此言章奴事爲連叙，非起末皆在九月。下叙張家奴，即章奴之重複。

〔一六〕高麗史卷一四：十月「癸丑，遣侍御史尹彦純如遼賀天興節」。

〔一七〕索隱卷二：「即今圖們江。此軍出女直之南。」

金史卷二太祖紀：收國元年（一一一五）「十一月，遼主聞取黃龍府，大懼，自將七十萬至駞門，駙馬蕭特末，林牙蕭查刺等將騎五萬，步四十萬至斡鄰濼。」非並至駞門。蓋至駞門者即謀夏録所云出駱駝口之軍，至斡鄰濼者似即蕭胡篤姑或阿不所率之軍也。續通鑑以駞門作「駙馬門」，誤。

高麗史卷一四：十一月壬申，「遣郎中金仁琯如遼謝落起復」。「甲申，遼遣利州管内觀察使耶律義、大理少卿孫良謀來督發兵。詔云：『昨以女真不恭，王師問罪。自去冬而降詔，俾分路以進攻，雖曰整兵，未能殄寇。今則諸軍並會，叩境前行。況爾兵戎早經點閱，便可即時而先出，毋或相應以後時。仍飭使人，就觀進發，勉圖忠效，惟在敬從。仍賜段匹諸物。』庚寅，北路兵馬使馳報遼東京牒：『昨奉敕旨，高麗所遣生辰、横宣、落起復三謝使，近緣邊境多故，未得入界，已令還國。』辛卯，耶律義等詣閤門欲辭，以出兵之議久不決，不成禮而退。翌日乃辭。」

金史卷一三五高麗傳：「十一月，係遼女直麻懣太彎等十五人皆降，攻開州，取之。盡降保州諸部女直，太祖以撒喝爲保州路都統。」

金史卷二太祖紀：收國元年十二月，「夾谷撒喝取開州」。

〔一八〕按此與上文九月乙巳耶律章奴反，重出。金史卷二太祖紀：收國元年十二月「丁未，上以騎兵親候遼軍，獲督餉者，知遼主以張奴叛，西還二日矣」。本年十二月丙申朔，丁未十二日已酉還二日，則乙巳爲十日，正是天祚西還之日，疑有脱文。

〔一九〕羅校：「護步答岡之敗，乃敗於金。金紀：『敗遼主於護步答岡。』其證也。此以敗績與張家奴叛連書之，似與張家奴戰而敗矣，失之過簡。」

〔二〇〕錦州當作銀州。羅校：「本傳：『左遷銀州刺史，徙咸州糺將。』『錦州』乃節鎮，作『銀』是也。又傳稱：『术者聞章奴亡去，引麾下往會之，爲游兵所執，送行在殺之。』紀書其叛而失書其死。」

〔二二〕謀夏録：「十二月十三日，女真乘契丹未陳，三面急擊之。是日天大寒，積雪數尺，日正赤無光。天祚親臨陳。戰三合，已橫屍紛然，忽御旗西南傾，衆隨之而遁去。女真亦不急追，徐收所獲輜重牛馬而已。天祚晝夜馳五百里，退保長春州。」（契丹國志、宋會要畧同。）

契丹國志卷一〇：「初，章奴之叛也，蕭奉先以燕王素得漢人心，疑章奴潛與南路漢軍同謀，遽以聞。天祚即以同知宣徽北院事韓汝誨詣漢軍行營，傳宣曰：『將士離家，暴露日久，風霜之凍，誠可憐憫。今女真遠遁，不可深入，並令放還。』諸軍皆歡呼分散。越三日，復遣使督進發，軍中洶洶，遲疑不行。及聞大軍已敗，亦自燒營逃去。天祚隨行衛兵，僅三五百人而已。遂降詔募蕃、漢人護駕到廣平淀，有官者轉一官，白身人三班奉職。及至廣平，再降指揮，若護駕至起離日，依上推賞。」

金史卷二：太祖收國元年十二月丁未，「（上）知遼主……西還……追及遼主於護步答岡，是役也，兵止二萬，上曰：『彼衆我寡，兵不可分，視其中軍最堅，遼主必在焉，敗其中軍，可以得志。』使右翼先戰，兵數交，左翼合而攻之。遼兵大潰。我師馳之，橫出其中，遼師敗績，死者相屬百餘里。獲輿輦帟幄兵械軍資，他實物馬牛不可勝計。是戰，斜也援矛殺數十人，阿离本被圍，温迪罕迪忽迭以四謀克兵出之（阿离本，卷八一迪姑迭傳（迪姑迭，即温迪罕迪忽迭）作乙里補孛堇）完顔蒙刮身被數創，力戰不已，功皆論最。」

本史卷三〇天祚皇帝紀：「耶律大石……通遼、漢字，善騎射，登天慶五年進士第。」

契丹國志卷一〇：「是歲，宋遣羅選、侯益等詣遼充賀生辰及正旦使，入國道梗中京，阻程兩月，不得見天祚而回。」（宋會要同。）

高麗史卷一四：十二月「壬寅，遼東京留守遣回謝持禮使禮賓副使高孝順來」。

六年春正月丙寅朔，東京夜有惡少年十餘人，乘酒執刃，踰垣入留守府，問留守蕭保先所在：「今軍變，請爲備。」蕭保先出，刺殺之。户部使大公鼎聞亂，即攝留守事，與副留守高清明集奚、漢兵千人，〔一〕盡捕其衆，斬之，撫定其民。東京故渤海地，太祖力戰二十餘年乃得之。〔二〕而蕭保先嚴酷，渤海苦之，故有是變。其裨將渤海高永昌僭號，稱隆基元年。〔三〕遣蕭乙薛、高興順招之，不從。〔四〕

閏月己亥，遣蕭韓家奴、張琳討之。戊午，貴德州守將耶律余覩以廣州渤海叛附永昌，我師擊敗之。

二月戊辰，侍御司徒撻不也等討張家奴，戰于祖州，敗績。乙酉，遣漢人行宮都部署蕭特末率諸將討張家奴。戊子，張家奴誘饒州渤海及中京賊侯槩等萬餘人，攻陷高州。〔五〕

三月，東面行軍副統酬斡等擒侯槩于川州。〔六〕

夏四月戊辰，親征張家奴。癸酉，敗之。甲戌，誅叛黨，饒州渤海平。〔七〕丙子，賞平賊將士有差；而蕭韓家奴、張琳等復爲賊所敗。〔八〕

五月，清暑散水原。女直軍攻下瀋州，〔九〕復陷東京，擒高永昌。東京州縣族人痕孛、鐸剌、吴十、撻不也、道剌、酬斡等十三人皆降女直。〔一〇〕

六月乙丑，籍諸路兵，有雜畜十頭以上者皆從軍。庚辰，魏國王淳進封秦晉國王，爲都元帥；上京留守蕭撻不也爲契丹行宫都部署兼副元帥。丁亥，知北院樞密使事蕭韓家奴爲上京留守。〔一一〕

秋七月，獵秋山。春州渤海二千餘户叛，東北路統軍使勒兵追及，盡俘以還。

八月，烏古部叛，遣中丞耶律撻不也等招之。〔一二〕

九月丙午，謁懷陵。

冬十月丁卯，以張琳軍敗，奪官。庚辰，烏古部來降。

十一月，東面行軍副統馬哥等攻曷蘇館，敗績。〔一三〕

十二月乙亥，封庶人蕭氏爲太皇太妃。辛巳，削副統耶律馬哥官。〔一四〕

〔一〕按本史卷四八百官志四及契丹國志卷一〇並作高清臣。

〔二〕以上十七字出自契丹國志卷一〇。

〔三〕按高麗史同此作隆基，契丹國志卷一〇作應順。

〔四〕契丹國志卷一〇：「春正月朔，夜，渤海人高永昌率兇徒十數人，乘酒恃勇，持刃踰垣入府衙，登廳，問留守所在，紿云外軍變，請爲備。保先纔出，刺（刺，原誤則，茲從永樂大典卷一五一四〇改正。宋會要亦作刺。）殺之。是夜有户部使大公鼎，本渤海人，登進士第，頗剛明，聞亂作，權行留守事，與副留守官高清臣集諸營奚、漢兵千餘人，次日，搜索元作亂渤海人，得數十人，并斬首，即撫安民，倉卒之際，有濫被其害者，小人喜亂，得以藉口，不可禁戢，一夜燒寨起亂。初三日，軍馬抵首山門，大公鼎等登門説諭使歸，不從。初五日，夜，城中舉火内應，開門，騎兵突入，陣於通衢，大公鼎、高清臣督軍迎敵不勝，領麾下殘兵百餘人奪西門出奔行闕。高永昌自據東京，稱大渤海皇帝，改元應順。據遼東五十餘州，分遣軍馬，肆其殺掠，所在州郡奚（宋會要奚下有漢字。）人户往往渡遼（宋會要作遼水。）以避，獨瀋州未下。是春，天祚募渤海武勇馬軍高永昌等二千人，屯白草谷，備禦女真，會東京留守太師蕭保先爲政酷虐，渤海素悍，有犯法者不恕。」因以激變。（宋會要畧同。）

高麗史卷一四：睿宗十一年（一一一六）春正月「戊辰，遼遣大理卿張言中來賀生辰」。閏月「庚戌，遣秘書校書郎鄭良稷稱爲安北都護府衙門，持牒入遼東京詗知節日使尹彦純、進奉使徐昉、賀正使李德允等稽留事」。三月「壬寅，鄭良稷自遼東京還，時東京渤海人作亂，殺留守蕭保先，立供奉官高永昌僭稱皇帝，國號大元，建元隆基。（東國通鑑同。）良稷至，詐稱官銜，上表稱臣，以國家所遺留守土物贈永昌，得厚報，及還，匿不奏。事覺，有司請下獄治之，從之」。續通鑑云：「裨將高永昌，時以兵三千屯八甔口。見遼政日衰，金勢方强，遂覬覦非常，誘渤海并戍卒入遼陽，據之。旬日之間，遠近響應，有兵八千人，因僭稱國號大元，建元隆基。」金史卷七一斡魯傳：「永昌見遼政日敗，太祖起兵，遼人不能支，遂覬覦非常，是時，東京漢人與渤海人有怨，而多殺渤海人，永昌乃誘諸渤海并其戍卒，入據東京。」

〔五〕高麗史卷一四：二月「癸酉，遼東京人高諝來投」。

〔六〕高麗史卷一四：「三月乙未朔，王聞遼來遠、把州二城爲女真所攻，城中食盡，遣都兵馬録事邵億送米一千石，來遠統軍辭不受」。把州，即遼史保州。參見本年注〔八〕。

〔七〕張家奴即章奴，詳見本傳。紀於五年十二月至此所記張家奴事皆章奴事重出。

〔八〕高麗史卷一四：夏四月庚午，「金主阿骨打遣阿只來。辛未，中書門下奏，遼爲女真所侵，有危亡之勢，所禀正朔不可行。自今公私文字，宜除去天慶年號，但用甲子。從之」。戊寅，「遼來遠、抱州二城流民，驅羊馬數百來投」。（高麗史所記把州、抱州，即遼保州。）己卯，「遼流民男女二十餘人來投，獻羊二百餘口」。

〔九〕金史卷七一斡魯傳：「收國二年四月，詔斡魯統諸軍……伐高永昌……斡魯方趨東京，遼兵六萬來攻照散城，阿徒罕勃堇、烏論石準與戰於益褪之地，大破之。五月，斡魯與遼軍遇于瀋州，敗之，進攻瀋州，取之。永昌聞取瀋州，大懼，使家奴鐸剌以金印一，銀牌五十來，願去名號稱藩。斡魯使胡沙補、撒八往報之。會渤海高楨降，言永昌非真降者，特以緩師耳。斡魯進兵，永昌遂殺胡沙補等率衆來拒。遇于沃里活水，我軍既濟，永昌之軍不戰而却，逐北至東京城下，明日，永昌盡率其衆來戰，復大敗之，遂以五千騎奔長松島。」

吉林海龍磨崖石刻：「大金太祖大破遼軍於節山，息馬立石。」即指此，非金太祖親征。

〔一〇〕金史卷七〇完顔忠傳：「（收國）二年，（忠）與斡魯、蒲察會斡魯古討高永昌，破其兵，東京降。」

金史卷八一夾谷吾里補傳：「斡魯伐高永昌，吾里補以數騎奮擊于遼水之上，復以四十騎伏于津要，遇其候騎，擊之，獲生口，因盡知永昌虛實……永昌駐軍於兔兒陁……吾里補與撒八射殺其先鋒二人，永昌衆稍却，大軍遂渡遼水。及攻廣寧，軍帥選勇士先登，吾里補與赤盞忽沒渾各領所部，突入其陣，大軍繼之，遂拔廣寧。」

金史卷一二八盧克忠傳：「克忠，貴德州奉集人，高永昌據遼陽，克忠走詣金源郡王斡魯營降，遂以撤屋出爲鄉導，斡魯克東京，永昌走長松島，克忠與渤海人撻不也追獲之。」

宋元通鑑卷五三：「政和六年夏四月，金人攻高永昌，殺之，遂取遼東京州縣。初，永昌使人求援於金，且曰：『願并力以取遼。』金主使胡沙補謂永昌曰：『同力取遼固可；東京近地，汝輒據之以僭大號，則不可。若能歸款，當授王爵。』永昌不從，金主乃遣斡魯率諸軍攻永昌，時遼張琳等討永昌久不克，斡魯與戰，敗之。遂取瀋州。永昌大懼，率衆拒金，遇于活水。金師既濟，永昌之軍不戰而却，逐北至遼陽城下。明日，永昌盡帥其衆與金戰，又大敗。遂以五千騎奔長松，遼陽人撻不也執永昌以獻。金主殺之，於是遼之東京州縣及南路繫遼女真皆降於金。」

宋會要蕃夷二：「政和六年八月二日，詔河北沿邊安撫使和詵等曰：『北虜不道，結釁女真，窮兵毒民，又復練卒選兵，儲備器械，與夏人合從，恐動中國。比來帥臣，殊無遠慮，聞此探報，輒有所陳，起釁造端，邀功生事，貽禍邊鄙，何日弭寧。曾不思百年誓好，明如日星，南北生靈，皆朕赤子。凡百舉措，當務持重，無開邊隙，如違，國有常憲，朕不汝貸，仰師臣具知委以聞。』」

〔二〕契丹國志卷一〇：「五月初，自顯州進兵，渤海止備遼河三叉梨樹口，張琳遣羸卒數千，疑其守兵，以精騎間道渡河，趨瀋州，渤海始覺，遣兵迎敵，旬日間三十餘戰，渤海稍卻，退保東京。張琳兵距城五里，隔太子河劄寨。先遣人移文招撫，不從。傳令留五日糧，決策破城。越二日，發安（貴）德州義軍先渡河，次引大軍齊渡，忽上流有渤海鐵騎五百突出其旁，諸軍少卻，退保舊寨，河路復爲所斷，三日不得渡，衆以饑告，謀歸瀋州，徐圖後舉。初七日夜，移寨。渤海騎兵尾襲，彊壯者僅得入城，老幼悉被殺掠。是時軍伍尚整，方議再舉，忽承女真西南路都統闍母國王檄：『準渤海國王高永昌狀，遼國張宰相統領大軍前來討伐，伏乞救援，當道於義，即合應援，已約五月二十一日進兵。』檄到瀋州，衆以渤海詐作此檄，不爲備。是日，探聞東北有軍掩至，將士呼曰：『女真至矣。』張琳急整軍迎敵，將士望見女真兵，氣已奪，遂敗走入城。女真隨入，先據城西南，後縱兵殺戮幾盡。孟初、劉思温等死之。張琳與諸子弟等并官屬縋城苟免，盡失軍資器甲。隨入遼州，收集殘軍。坐是謫授遼興軍節度使。自張琳之敗，國人皆稱燕王（即秦晉王淳）賢而忠，若付以東征，士必樂爲用。兼遼東民自渤海之叛，渡遼失所者衆，若招之爲軍，彼可報怨，此且報國，必以死戰。天祚乃授燕王都元帥，蕭德恭副之；永興軍使耶律佛頂延昌宫使蕭昂並兼監軍，聽官屬召募遼東饑民得二萬餘，謂之怨軍。如郭藥師者是也。别選燕、雲、平路禁軍五千人，并勸諭三路富民，依等第進獻武勇軍二千人，如董龐兒、張關羽者也。又科敷運脚車三千乘，準備隨軍支遣境内騷然矣。燕王既招怨軍，合禁軍、武勇軍共三萬餘人，自（六年）八月進發，十月到乾州十三山劄寨，至十一月二十四日，夜，忽管押武勇軍太常少卿武朝彦率府屬馬僧辨潛謀作亂，遣百餘騎趨中軍帳，先殺燕王，燕王覺之，奔他軍免，餘皆閉壁不應。朝彦知謀不成，擁騎二千欲南奔，道爲張關羽所殺。燕王自被命東征，耻其行未出境而兵亂，勉率諸軍自黎樹口渡遼水，欲下瀋州，駐兵城下。射書令降，不應。選精鋭梯城，復矢石如雨，不能上。或報女真援至，退保遼河。是行雖無所得，亦無所失。既而燕王被召赴闕，留北宰相蕭德恭上京路都統，耶律余覩副之；太常衮耶律諦里姑濠懿州路都統，延慶宫使蕭和尚奴副之；都元帥府監軍耶律佛頂顯州路都統，四軍太師蕭幹副之。並以屯田爲備。天祚親征敗績，中外歸罪蕭奉先，於是謫奉先西南面招討，擢用耶律大悲奴爲北樞密使，蕭查剌同知樞密院使（事），間有軍國大事，天祚與南面宰相執政吴庸、馬人望、柴誼等參議。數人皆昏謬不能裁決，當時國人諺曰：『五箇翁翁四百歲，南面北面頓瞌睡；自己精神管不得，有甚心情殺女直。』遠近傳爲笑端。」又：「是歲止罷耶律大悲奴，再詔蕭奉先代之，蕭查剌授西京留守事。其後罷吳庸、馬人望、柴誼，以李處温、左企弓代之，至於國亡。女真初援渤海，已而復相攻。渤海大敗，高永昌遁入海。女真遣兀室、訥波勃堇以騎三千追及於長松島，斬之。其潰散漢兒軍，多相聚爲盜，如侯槩、吳撞天等，所在蟠結，以千百計，自稱『雲隊』、『海隊』之類，紛然竝起，每一飯屠數千人，數路之民殆盡。遼不能制之。」（宋會要畧同。）

鐵圍山叢談卷二：「太上在政和初元時，遣童貫以節度使副尚書鄭允中使遼人，則已有覘國之意矣。北伐蓋自是而始。俄其國亂，有董龐兒者，乘亂舉兵，擊斬牛欄寨之裨將，且函其首來，於是天意盛，欲興師，時政和已六年矣。」

〔二〕高麗史卷一四：八月「庚辰，金將撒喝攻遼來遠、抱州二城幾陷，其統軍耶律寧欲帥衆而逃，王遣樞密院知奏事韓皦如招諭，寧以無王旨辭，皦如馳奏，王欲令樞密院具劄子送之，宰臣諫官奏曰：『彼求王旨，其意難測，請止之。』王乃遣使如金請曰：『抱州本吾舊地，願以見還。』金主謂使者曰：『爾其自取之。』」

〔三〕金史卷六六朮魯傳：「東京降，爲本路招安副使，敗遼兵，破同刮營。蘇州漢民叛走，朮魯追復之，以功爲謀克。」又卷六八阿魯補傳：「未冠從軍，下咸州、東京。遼人來取海州，從勃堇麻吉往援，道遇重敵，力戰，斬首千級。」又卷八〇斜卯阿里傳：「蘇、復州叛，衆至十萬。旁近女直皆保於太尉胡沙家，築壘爲固。敵圍之數重，守者糧芻俱盡，牛馬相食其騌尾，人易子而食。夜，縋二人出，告急於阿里。阿里赴之，内外合擊之，破其衆於闢离密罕水上，勦殺幾盡，水爲之不流。蒲离古胡什吉水、馬韓島凡十餘戰，破數十萬衆。契丹、奚人聚舟千艘，將入於海，阿里以二十七舟邀之，中流矢，卧舟中，中夜始蘇。敵船已入王家島，即夜取海路追及之，敵走險以拒，阿里以騎兵邀擊，再中流矢，力戰不退，竟破之，盡獲其舟，於是蘇、復州、婆速路皆平。」

〔一四〕高麗史卷一四：十二月，「契丹三十三人，漢五十二人，奚一百五十五人，熟女真十五人，渤海四十四人來」。

三朝北盟會編政宣上帙六：宋遣司封員外郎陶悦、知霸州李邈爲賀遼生辰使副。李心傳建炎以來繫年要録（以下簡稱繫年要録）卷一同。又宋會要職官國信使門：「政和七年二月十二日詔朝請大夫杜充降授朝散大夫……，狄曮降授……坐嘗奉使輕紊典章故也。」

七年春正月甲寅，減厩馬粟，分給諸局。是月，女直軍攻春州，東北面諸軍不戰自潰，女古、皮室四部〔一〕及渤海人皆降，復下泰州。〔二〕

二月，淶水縣賊董龐兒聚衆萬餘，西京留守蕭乙薛、南京統軍都監查剌與戰于易水，破之。〔三〕

三月，龐兒黨復聚，乙薛復擊破之于奉聖州。〔四〕

夏〔五〕五月庚寅，東北面行軍諸將涅里、合魯、涅哥、虛古等棄市。乙巳，諸圍場隙地，縱百姓樵採。

六月辛巳，以同知樞密院事余里也爲北院大王。

秋七月癸卯，獵秋山。

八月丙寅，獵狘斯那里山，命都元帥秦晉國王耶律淳〔六〕赴沿邊，會四路兵馬防秋。〔七〕

九月，上自燕至陰涼河，〔八〕置怨軍八營：募自宜州者曰前宜、後宜，自錦州者曰前錦、後錦，自乾自顯者曰乾曰顯，又有乾顯大營、岩州營，凡二萬八千餘人，屯衛州蒺藜山。〔九〕丁酉，獵輞子山。

冬十月乙卯朔，至中京。

十二月丙寅，都元帥秦晉國王淳遇女直軍，戰于蒺藜山，敗績。〔一〇〕女直復拔顯州旁近州郡。庚午，下詔自責。癸酉，遣夷離畢查剌與大公鼎諸路募兵。丁丑，以西京留守蕭乙薛爲北府宰相，東北路行軍都統奚霞末知奚六部大王事。

是歲，女直阿骨打用鐵州楊朴策，即皇帝位，建元天輔，國號金。〔一一〕楊朴又言，自古英雄開國或受禪，必先求大國封册，遂遣使議和，以求封册。

〔一〕四部爲皮室二部、女古二部。

〔二〕金史卷二太祖紀：「天輔元年正月，……國論昃勃極烈斜也以兵一萬取泰州。」又卷七六杲傳：「杲本名斜也……天輔元年杲以兵一萬攻泰州，下金山縣，女固、脾室四部及渤海人皆來降，遂克泰州。」

〔三〕高麗史卷一四：睿宗十二年（一一一七）春正月「壬辰，渤海五十二人，奚八十九人，漢六人，契丹十八人，熟女真八人，自遼來投」。

高麗史卷一四：二月「丙寅，漢三人自遼來投」。又卷九七金黃元傳：「女真侵遼，盡下東邊諸城，惟來遠、抱州二城固守不下。食盡，以財減價貿穀於我，邊吏禁民互市。黃元上疏曰：『幸災不仁，怒鄰不義，請糶二城，兼許貿易。』不報。」

東國通鑑：「睿宗文孝王十二年二月，金緣馳奏，金兵攻取遼開州，襲來遠城，下大夫、乞打、柳白三營，盡燒戰艦，統軍耶律寧與來遠城下刺史常孝孫等率其衆載船一百四十艘，出泊江頭，移牒我寧德鎮，以來遠、抱州二城歸於我，遂泛海而遁。」

錢表：「（政和）七年春，司封員外郎陶悦、知霸州李邈賀遼正旦。見北盟會編、繫年要録，蓋六年所遣也。」

宋會要蕃夷二：「（政和）七年二月二十七日，詔：『朝廷與北界和好，今踰百年。近者沿邊累奏北界討伐女真渤海，久未帖定，可依屢降處分，約束沿邊不得妄動，亦不得增添人馬，別致驚疑。』」

〔四〕高麗史卷一四：三月「辛卯，遼來遠城牒曰：『昨爲生女真及東京渤海背亂，致不廣收得田禾，官司雖有見在穀粟，所有正軍外，平閑民户，闕少糧儲，權時掇借米貨五萬石，瞻濟民户，比候來秋，却具元借米貨碩㪷還充，必不闕少。』王命兩府臺省侍臣知制誥文武三品都兵馬判官以上會議，中書省令判兵馬事金緣等傳諭統軍，若歸我兩城人物，則不須掇借米貨，再三往復，統軍不肯從。及金兵攻取遼開州，遂襲來遠城及大夫、乞打、柳白三營，盡燒戰艦，擄守船人。統軍尚書、左僕射、開國伯耶律寧與來遠城刺史、檢校尚書、右僕射常孝孫等率其官民載船一百四十艘，出泊江頭，移牒寧德城曰：『女真背亂，並東京渤海續有背叛，道路不通。統軍部内田禾未收，米穀踊貴。致有貧寒人等，爲高麗國鄰近住坐，已曾借糧推進，不行掇借。爲此部内人民，赴裏面州城，趁逐米粟，去此至回來，爲相和事，在此州並地分交付去訖。仰行交受，已後准宣命施行。』以來遠、抱州二城歸於我，遂泛海而遁，我兵入其城，收兵仗及錢貨寶物甚多，金緣具狀馳奏，王大悦。改抱州爲義州防禦使，以鴨江爲界，置關防。甲午，百官賀表，畧曰：『鴨緑故墟，雞林故壤，越自祖宗之世，本爲襟帶之防。逮乎中世之淩夷，頗遘大遼之侵蝕，非惟人怒，實作神羞。』又曰：『比因兩敵之有爭，頗慮二城之所屬。靺鞨之請獻，殆從天啟；鮮卑之潛遁，固匪人爲。……』」「癸丑，金主阿骨打遣阿只等五人寄書曰：『兄大女真金國皇帝致書於弟高麗國王，自我祖考，介在一方，謂契丹爲大國，高麗爲父母之邦，小心事之。契丹無道，陵轢我疆域，奴隸我人民，屢加無名之師，我不得已拒之，蒙天之佑，獲殄滅之，惟王許我和親，結爲兄弟，以成世世無窮之好，仍遺良馬一匹。』」

高麗史卷九七金富佾傳：「遼將伐女真，遣使來請兵，王會羣臣議，皆以爲可。富佾與弟富軾及户部員外郎韓冲、右正言閔脩、衛尉少卿拓俊京等言：『國家自丁亥、戊子兵亂之後，軍民僅得息肩，今爲他國出師，是自生釁端，其利害恐難測也。』」又卷一五：仁宗四年十二月癸酉，「遣衛尉卿金子鏐等如金謝宣諭，表曰：『……當臣父先王（睿宗顒）時，有大遼邊臣沙乙何來傳皇帝勑旨曰：保州本高麗地，高麗收之可也。』先王於是理其城池，實以民户……特推異渥，仍屬弊封」。

高麗史卷九七金富佾傳附富儀傳：「金新破遼，遣使請結爲兄弟，大臣極言不可，至欲斬其使者。富儀獨上疏曰：『臣竊觀漢之於匈奴，唐之於突厥，或與之稱臣，或下嫁公主。凡可以和親者，無不爲之。今大宋與契丹迭爲伯叔兄弟，世世和通，以天子之尊，無敵於天下。而於蠻胡之國，屈而事之者，乃所謂聖人權以濟道，保全國家之良策也。昔成宗之世，禦邊失策，以速遼人之入寇，誠爲可鑑。臣伏願聖朝思長圖遠策，以保國家而無後悔。』宰樞無不笑且排之，遂不報。」

〔五〕高麗史卷一四：「夏四月戊辰，漢人六自遼來投。」

〔六〕原作都元帥秦晉王，缺「國」及「耶律淳」共四字，據本史卷三〇耶律淳紀事及契丹國志補。

〔七〕高麗史卷一四：八月「丁卯，王至南京，契丹投化人散居南京圻内者，奏契丹歌舞雜戲以迎駕，王駐蹕觀之」。

〔八〕此河見本史卷三七地理志上京道臨潢府。五代史：奚當唐末居陰涼川。金史卷二四地理志：大定府松山有陰涼河，即此。

〔九〕契丹國志卷一〇：「七年夏，天祚再命燕王會四路兵馬防秋。九月初，發燕山府。十月，至陰涼河。聞怨軍時寒無衣，劫掠乾州，都統蕭幹一面招安。……十一月，到衛州蒺藜山，遂留大軍就糧司農縣，領輕騎二千，欲赴顯州，處置作過怨軍，行次懿州，或報女真前軍已過明王墳，即召大軍會徽州。有星如月，徐徐南行而落，光照人物，與月無異。」

〔一〇〕謀夏録：「天慶七年夏，命燕王再會四路兵馬防秋。十月，至陰涼河川，聞怨軍無衣，劫乾州。十一月，燕王領輕騎二千如顯州討怨軍，次懿州，報女真前軍已過明王墳，即號召大軍會徽州。天慶八年正月十三日，遇女真州東，陣未合而潰。初女真入寇，多占天象，如白氣經天白虹貫日之類，契丹輒敗。是夕，有氣若火光起東北，赫然如晝。軍中皆無鬬志，燕王與麾下百餘騎，退保長泊魚務，於是女真渡西入新州，節度使王從輔開門降，焚掠而去。經成、懿、濠、衛等州亦然，別遣闍母國王攻怨軍於顯州，怨軍復大敗。副統蕭幹者奔醫巫閭山，入宜州，招收殘卒，不滿萬人，女真以馬疲，破乾、顯等州而歸。」羅校：「金紀：敗淳在甲子，相差二日。」（契丹國志畧同。）拾遺卷一一：「秦晉王淳蒺藜山之敗，謀夏録作天慶八年，與史差一年。」金史卷七〇完顏忠傳：「（忠）遂與斡魯古等禦耶律捏里（涅里，耶律淳小字），敗之於蒺藜山，拔顯州，乾、惠等州降。」又卷七一斡魯古傳：「斡魯古等攻顯州，知東京事完顏斡論以兵來會，即以兵三千先渡遼水，得降户千餘，遂薄顯州。郭藥師乘夜來襲，斡論擊走之。斡魯古等遂與捏里等戰于蒺藜山，大敗遼兵，追北至阿里真陂，獲佛頂家屬。遂圍顯州，攻其城西南，軍士神篤踰城先入，燒其佛寺，煙焰撲人，守陴者不能立，諸軍乘之，遂拔顯州。於是乾、懿、豪、徽、成、川、惠等州皆降。」

大金國志卷一：「天輔元年，（時宋徽宗重和改元，遼天慶八年也。）春，遼燕王淳將討怨軍，而金人適至，淳遇於徽州，未陣而潰。退保長泊魚務，於是金人大掠，經新、成、懿、濠、衛五州，皆降之。」

契丹國志卷一〇：「初，女真入攻前後，多見天象，或白氣經天，或白虹貫日，或天狗夜墜，或彗掃西南，赤氣滿空，遼兵輒敗。是夕，有赤氣若火光自東南起，往來紛亂，移時而散。軍中以謂兇兆，皆無鬭志。」「天祚在中京，聞燕王兵敗，女真入新州，晝夜憂懼，潛令内庫三局官，打包珠玉珍玩五百餘囊，駿馬二千，夜入飛龍院，餵養爲備。常謂左右曰：『若女真必來，吾有日行三五百里（掃葉本作三百五十里，此從大典引本。）馬若干，又與宋朝爲兄弟，夏國爲甥舅，皆可以歸。亦不失一生富貴。所憂者，軍民受禍耳。』識者聞之，私相謂曰：『遼其亡矣，自古人主豈有棄軍民而自爲謀生計者，其能享國乎？』暨聞女真焚劫新州以歸，即以謂威德可加，彼何能爲，復自縱肆。」

〔一二〕契丹國志卷一〇：「楊朴者，遼東鐵州人也。本渤海大族，登進士第，累官校書郎，先是高永昌叛時降女真，頗用事。」三朝北盟會編政宣上帙三：「有楊朴者，鐵州人，少第進士。累官至祕書郎，説阿骨打曰：『匠者與人規矩，不能使人必巧；師者人之模範，不能使人必行。大王創興師旅，當變家爲國，圖霸天下，謀萬乘之國，非千乘所能比也。諸部兵衆，皆歸大王，今力可拔山填海，而不能革故鼎新，願大王册帝號，封諸蕃，傳檄響應，千里而定，東接海隅，南連大宋，西通西夏，北安遼國之民，建萬世之鎡基，興帝王之社稷，行之有疑，則禍如發矢，大王如何？』阿骨打大悦。吴乞買等皆推尊楊朴之言，上阿骨打尊號爲皇帝，國號大金，（以水名阿禄阻爲國號，阿禄阻，女真語金也。以其水産金而名之，故曰大金。猶遼人以遼水名國也。）改元收國。令韓企先訓字，以王爲姓，以旻爲名。」金太祖實録：「太祖先爲完顔部人，以遼天慶五年建國。曰遼以鑌鐵爲國號，鑌鐵雖堅，終有銷壞，惟金一色最爲珍寶。自今本國可號大金。」拾遺卷一一：「金史：太祖即帝位，建元收國。二年乃改明年元爲天輔，則楊朴之請，當在收國元年。遼史誤矣。」

案本史地理志無衛州，下文有戰於蒺藜山敗績，女直復拔顯州旁近州郡，則此山當與顯州十三山相近。索隱疑衛州或徽州之誤。按三朝北盟會編引謀夏録及九朝編年備要並作大軍會徽州。陷遼記（即陷北記）有：「東行過一山，名十三山……又東行數日過衛州，有居人三千餘家，蓋契丹所擄中國衛州人築城而居之。」松井等疑徽州治在今東土默特王府附近。見滿洲歷史地理第二卷。

長編拾補卷三六：政和七年（天慶七年）七月庚寅，「女真薊州漢兒高藥師、曹孝才及僧郎榮等率其親屬二百餘人，以大舟浮海，欲趨高麗避亂，爲風漂達我界駞基島。備言女真既斬高永昌，渤海、漢兒羣聚爲盜，契丹不能制。女真攻契丹累年，奪其地，已過遼河之西，知登州王師中具奏其事。朝廷固欲交女真，圖契丹，聞之甚喜。乃詔蔡京及童貫等共議。」

馬擴茅齋自叙：「父政也，政和七年，自青州學類試中選，貢入國學。明年八年春，省試中，三月，殿試武士上舍出身，承節郎，京西北路武士教諭。冬歸登州牟平覲親。至則父政被旨，同北路人高藥師等泛海入女真國。是年七年秋，登州收到海北薊州避難漢兒高藥師、曹孝才等，備言女真兵馬與大遼争戰數年，侵掠境土，已過遼河之西，今海岸以北，自蘇、復、興、瀋、同、咸州，悉屬女真矣。登州守王師中具奏，上委蔡京、童貫議遣人船體蹟虛實，通好女真，講買馬舊好。政和八年，王師中選父政過海，至女真所居之地曰阿芝川來流河，其主則名阿骨打，國人呼皇帝。侄曰黏罕、兀室，男曰阿保，並呼郎君，數人者皆詰遣使之由。父對曰：朝廷緣女真昔時與大朝交通賣馬，今聞女真新疆已至蘇州，與南朝登州對海，止隔一水，欲講舊好，故來投下文字。阿骨打乃遣李善慶等齎禮物國書同父南來。十二月交回赴闕，僕從行。重和元年（天慶八年）正月入國門，居十餘日，差歸朝官趙有開、王壞并父充使人，齎詔書禮物與女真使人李善慶復過海爲聘。已而北邊奏，探報大遼已割遼東，封女真爲東懷皇帝，講好了當。於是遂罷過海之使，止差平海指揮使呼延慶等送李善慶等泛海歸國。」

續宋編年資治通鑑：「初通使女真約夾攻遼，去夏有漢兒高藥師者，泛海來言女真攻遼事。登州守臣王師中以聞，因命師中募人同藥師等齎市馬詔以往，而不能達。繼遣馬政同藥師由海入蘇州，至其國。阿骨打及黏罕等（呼郎君）問遣使之由。政對以貴朝在大宋太祖皇帝建隆二年時，遣使來賣馬。今主上聞貴朝攻陷契丹五十餘城，復通前好，欲與貴朝共行弔伐，雖本朝未有書來，若允許後，必有國使來也。阿骨打遣渤海人李善慶、生熟女真二人齎國書並北珠、生金、貂子等來。童貫嘗與熙河鈐轄趙隆議燕雲事，隆極言不可。貫曰：君與此，當有異拜。隆曰：隆，武夫，豈敢干賞以敗祖宗千百年之好，異時釁生，雖萬死不足以謝天下。」

九朝編年備要卷二八：「是春正月，遼燕王淳將討怨軍，而女真遽至，淳與之遇於徽州，未陣而潰。淳與麾下五百餘騎退保長泊魚務。於是女真渡遼西大掠，經新、成、懿、濠、衛五州，皆降之。別遣闍母王攻怨軍，亦敗之。天祚在中京，聞報震懼。乃令內庫裒珠玉珍玩五百餘囊，擇駿馬二千匹，私謂左右曰：若女真必來。吾與南宋為兄弟，夏國為甥舅，何憂哉。及女真歸，邊備稍寬，天祚益自肆矣。」

宋史卷三五三陳過庭傳：「擢祠部、吏部、右司員外郎，使契丹，過庭初名揚庭，辭日，徽宗改賜今名。時人或傳契丹主苦風痺，又箭損一目，過庭歸證其妄，且勸帝以邊備為念。」

金史本紀天輔前已有收國二年。收國元年當天慶五年，三年改天輔，當遼天慶七年，此是帶敘，省收國。

八年春正月，幸鴛鴦濼。丁亥，遣耶律奴哥等使金議和。庚寅，保安軍節度使張崇以雙州二百户降金。〔一〕東路諸州盜賊蜂起，掠民自隨以充食。〔二〕

二月，耶律奴哥還自金，金主復書曰：「能以兄事朕，歲貢方物，歸我上、中京、興中府三路州縣；以親王、公主、駙馬、大臣子孫爲質；還我行人及元給信符，并宋、夏、高麗往復書詔、表牒，則可以如約。」

三月甲午，復遣奴哥使金。〔三〕

夏四月辛酉，以西南面招討使蕭得里底爲北院樞密使。

五月壬午朔，〔四〕奴哥以書來，約不踰此月見報。〔五〕戊戌，復遣奴哥使金，要以酌中之議。是月，至納葛濼。賊安生兒、張高兒聚衆二十萬，耶律馬哥等斬生兒于龍化州，高兒亡入懿州，與霍六哥相合。金主遣胡突衮與奴哥持書來，〔六〕報如前約。

六月丁卯，遣奴哥等齎宋、夏、高麗書詔、表牒至金。霍六哥陷海北州，趣義州，軍帥回離保等擊敗之。通、祺、雙、遼四州之民八百餘户降于金。〔七〕

秋七月，獵秋山。金復遣胡突衮來，免取質子及上京、興中府所屬州郡，裁減歲幣之

數，「如能以兄事朕，册用漢儀，可以如約」。〔八〕

八月庚午，遣奴哥、突迭使金，議册禮。

九月，突迭見留，遣奴哥還，謂之曰：「言如不從，勿復遣使。」

閏月丙寅，遣奴哥復使金，而蕭寶、訛里等十五人各率户降于金。〔九〕

冬十月，奴哥、突迭持金書來。龍化州張應古等四人率衆降金。〔一〇〕

十一月，副元帥蕭撻不也薨。

十二月甲申，議定册禮，遣奴哥使金。寧昌軍節度使劉宏以懿州户三千降金。時山前諸路大饑，乾、顯、宜、錦、興中等路，斗粟直數縑，民削榆皮食之，既而人相食。

是年，放進士王翬等百三人。〔一一〕

〔一〕金史卷二太祖紀：天輔二年（一一一八）正月，「遼雙州節度使張崇降」。

〔二〕充食應是給食。

〔三〕金史卷二太祖紀：三月「壬辰，遼使耶律奴哥以國書來」。（本年奴哥使金凡七次，遼金二史所記同，此爲第二次。）

〔四〕據宋史、契丹國志：「日有食之。」高麗史卷一四作癸未朔，日食。通考卷二八五象緯考：「五月丙申，月食九分。主旱。」

〔五〕金史卷二太祖紀：「四月辛巳，遼使以國書來。五月丙申，命胡突衮如遼。」

〔六〕「來」字原脱，據文義補。

〔七〕金史卷二太祖紀：六月「甲戌，遼通、祺、雙、遼等州八百餘户來歸」。

〔八〕按此次胡突衮所帶來條件，乃對二月耶律奴哥所攜回條件之讓步，全文十條，見下文明年三月注引謀夏録，此殆約其要點。

〔九〕本史卷七〇屬國表：「九月，蕭寶、訛里野、特末、霍石、韓慶和、王伯龍等各率衆歸於金。」遼史索引，紀表均以蕭寶、訛里爲一人，誤。金史卷二太祖紀天輔二年閏九月，「以降將霍石、韓慶和爲千户。九百奚部蕭寶、乙辛，北部訛里野，漢人王六兒，王伯龍、高從祐，契丹特末等各率衆來降。」金史卷八一王伯龍傳：「天輔二年，率衆二萬及其輜重來降，授世襲猛安，知銀州兼知雙州。」

契丹國志卷一〇：「秋，女真陷東京、黄龍府、咸、信、蘇、復、辰、海、同、銀、通、韓、烏、遂、春、泰、靖等五十餘城。内竝邊二十餘州，各有和糴倉，依祖宗法，每歲除陳易新，許民自願假貸，收息二分，所有無慮三五十萬碩。雖累歲舉兵，未嘗支用，至是女真悉取之。據遼東、長春兩路。」

〔一〇〕本史卷七〇屬國表：「十月，龍化州張應古、劉仲良，渤海二哥等率衆歸附金朝。」金史卷二太祖紀：天輔二年「十月癸未，以龍化州降者張應古、劉仲良爲千户。乙未，咸州都統司言，漢人李孝功、渤海二哥率衆來降，命各以所部爲千户」。

三朝北盟會編政宣上帙二：「重和元年（一一一八）十二月二日己卯，馬政同女真人渤海李善慶等來。女真發渤海人一名李善慶，熟女真一名小散多，生女真一名渤達，共三人賫國書並北珠、生金、貂革、人參、松子爲贄，同馬政等俾來朝覲還禮，以十二月二日至登州，遣詣京師。」

金史卷二太祖紀：天輔二年（一一一八）正月，「使散覩如宋報聘，書曰：『所請之地，今當與宋夾攻，得者有之。』」

曲洧舊聞卷六：「黄冠張侍晨虚白，上每以張胡呼之而不名焉。宣和間，大金始得天祚，遣使來告，上喜，宴其使，既罷，召虚白入，語其事，虚白曰：『天祚在海上築宫室，以待陛下久矣。』左右皆驚，上亦不怒，徐曰：『張胡，汝又醉也。』至靖康中，都城失守，上出青城，見虚白，撫其背曰：『汝平日所言，皆應於今日，吾恨不聽汝言也。』虚白流涕曰：『事已至此，無可奈何，願陛下愛護聖躬，既往不足咎也。』」

〔二〕金史卷一二八范承吉傳：「范承吉，字寵之，好學問，屬遼季盜賊起，雖避地未嘗廢書，天慶八年中進士丙科，授秘書省校書郎，至大定府金源令。（後降金。）」

九年春正月，金遣烏林答贊謨持書來迎册。〔一〕

二月，至鴛鴦濼。賊張撒八誘中京射糧軍，僭號，南面軍帥余覩擒撒八。〔二〕

三月丁未朔，遣知右夷離畢事蕭習泥烈等册金主爲東懷國皇帝。〔三〕己酉，烏林答贊謨、奴哥等先以書報。〔四〕

夏〔五〕五月，阻卜補疎只等叛，執招討使耶律斡里朵，都監蕭斜里得死之。〔六〕

秋七月，獵南山。金復遣烏林答贊謨來，責册文無「兄事」之語，不言「大金」而云「東懷」，乃小邦懷其德之義；及册文有「渠材」二字，語涉輕侮。若「遥芬多戩」等語，皆非善意，殊乖體式。如依前書所定，然後可從。楊詢卿、羅子韋率衆降金。

八月，以趙王習泥烈爲西京留守。〔七〕

九月，至西京。復遣習泥烈、楊立忠先持册藁使金。〔八〕

冬十月甲戌朔，耶律陳圖奴等二十餘人謀反，伏誅。是月，遣使送烏林答贊謨持書以還。〔九〕

〔一〕長編拾補卷三九：宣和元年（天慶九年，一一一九）正月「丁巳，女真李善慶、散都、勃達入國門，館於寶相院。（案：散都，北盟會編作小散多都騎。）詔蔡京、童貫及鄧文誥見之，議事。補善慶修武郎，散都從義郎，勃達秉義郎，給全俸。居十餘日，遣朝議大夫、直秘閣趙有開，武義大夫馬政，忠翊郎王瓌（案：北盟會編作忠訓郎，畢通鑑亦作忠翊郎。）充使副，齎詔書禮物與善慶等渡海聘之。（案：北盟會編三月十八日甲子事。）環，師中子也。初議報阿骨打儀，趙良嗣欲以國書用國信禮。有開曰：『女真之酋止節度使，世受契丹封爵，常慕中朝，恨不得臣屬。何必過爲尊崇，止用詔書足矣。』問善慶何如。善慶曰：『二者皆可用，惟朝廷所擇。』於是從有開言。有開與善慶等至登州，未行，而有開死，會河北奏得諜者言，契丹已割遼東地封女真爲東懷王（案：北盟會編作東懷國王，續資治通鑑、九朝備要作東懷皇帝。）且妄言女真常祈契丹修好，詐以其表聞。乃詔馬政等勿行，止差呼慶持登州牒送善慶等歸。（案：續宋編年資治通鑑：『……居十餘日，趙有開、馬政齎詔及禮物與善慶等渡海聘之。初，趙良嗣欲用國者，而有開曰女真之酋止節度使，用詔足矣。有開至登州而死，會諜者言，契丹已割遼東封女真爲東懷皇帝矣。乃詔政勿行，止遣平海軍校呼慶持登州諜送善慶等歸。呼慶至阿骨打軍前，阿骨打責以中輟，留半年始遣歸，語之曰：「吾已獲大遼數路，其他可以俯拾，汝歸見皇帝，果欲結好，請早示國書，若仍用詔，決難從也。」』汪藻謀夏録：『楊朴既爲女真建號，因説曰：「自古英雄開國，須受禪或求大國封册。」天慶八年八月，阿骨打遂遣人契丹求封册，其事有十：徽號大聖大明一也，國號大金二也，玉輅三也，衮冕四也，玉刻御前之寶五也，以兄弟通問六也，生辰、正旦遣使七也，歲輸銀絹二十五萬匹兩，南宋歲賜之半八也，割遼東、長春路九也，送還女真阿骨産趙三大王十也。天祚付羣臣議，蕭奉先等喜，以爲自此無患，遂差静江軍節度使蕭習泥烈、翰林學士楊勉充册封使副，歸州觀察使張孝偉、太常少卿王甫充慶問使副，衛尉少卿劉湜充管押禮物使，將作少監楊立忠充讀册使，備天子衮冕玉册金印車輅法駕之屬，册女真阿骨打爲東懷國皇帝。册文曰：「朕對天地之閎休，荷祖宗之丕業，九州四海，咸在統臨；一日萬幾，敢忘重任。宵衣爲事，嗣服宅心。眷惟肅慎之區，實介扶餘之俗。土濱巨浸，材布中區。雅有山川之名，承其祖父之緒。碧雲衮野，固須挺於渠材；皓雪飛箱，疇不推於絶駕。章封屢報，誠意交孚。載念遥芬，宜膺多戩。嗚呼！義敦友睦，地列豐腴，惟信可以待人，惟寬可以馴物。戒只敬只，式孚於休。」以大聖大明犯阿保機號，改爲至聖至明而已。餘悉從之。十二月至金國，阿骨打召楊朴、高慶裔高隨等雜駁，朴以儀物不全用天子制，東懷國乃書稱小邦懷其德之義，又無策爲兄之文，如遥芬、多戩皆非美意，彤矢象輅，亦諸侯事，渠材二字意尤輕侮。命習泥烈歸易其文。契丹云：兄友弟恭，出自周書，言友睦則兄之意見矣。楊朴等面折以爲非是。阿骨打大怒。叱出使副欲腰斬之。粘罕諸酋爲謝乃解。人笞百餘。三月乃遣習泥烈、楊立忠回云：「册文罟我，我不能曉。徽號、國號、玉輅、御寶我自有之，須稱我大金國皇帝兄即已，能從我，今秋至軍前。不然，我提兵取上京矣。」天祚惡聞女真事，蕭奉先揣其意不以聞，遷延久之。聞上京破，和議遂已。後天祚雖復請和，皆不報。』宋洪皓松漠紀聞：『女真乘勝入黄龍府五十餘州，寖逼中京。天祚懼，遣使立阿骨打爲國王，骨打留之。遣人邀請十事，欲册帝，爲兄弟國及尚主，使數往反。天祚不得已，欲帝之，而他請益堅。天祚怒曰：小夷乃欲偶吾女邪！囚其使，不報。』薛應旂宋元通鑑：『三月，遼遣使册金阿骨打爲東懷國皇帝，阿骨打不受。初，遼遣耶律奴哥如金議和，金主復書曰：能以兄事朕，歲貢方物，歸我中京、上京、興中府三路州，以親王、公主、駙馬、大臣子孫爲質，還我行人及元給信符并宋、夏、高麗往復書詔表牒則可。既而奴哥復至，金使胡突衮與俱如遼，免取質子及上京興中府所屬州郡，減歲幣之數。且曰：必以兄事我，册用漢儀，方可如約言。如不從，勿復遣使，遼主從之。凡七遣使如金議册禮。金乃使烏林答贊謨如遼迎册，册至金，金主以無兄事之語，又不稱大金，而東懷乃小邦懷其德之義，語涉輕侮，乃復使贊謨如遼，責其册乖體式，如依前書所定，然後可從。』」）

長編拾補卷三九：徽宗宣和元年正月壬申，「續宋編年資治通鑑：『初，高麗來求醫，上遣二醫往。是秋還，以其事奏聞：實非求醫，乃彼知中國將與女真圖契丹，謂苟存契丹，猶足爲中國捍邊。女真虎狼，不可交也。宜早爲之備。上聞之不樂。』（案：太平治蹟統類：『元年六月，高麗來求醫，上命擇二醫往。歲餘方遣歸。』九朝編年備要：『後三年，遣使往聘，欲促其共舉，高麗雖恭順。終不得其要領而歸。』）又：『以余深爲太宰、王黼少宰。初，上訪大臣以取遼之策，鄭居中、鄧洵武皆以爲不可，獨黼是其計，以身任之。左司倪濤且曰：「景德以來，虜守約不敢犯邊，盟誓固在，不可渝也。天下久安，士不習戰，軍儲又屈，無輕議論以爲後患。」黼怒曰：「左司敢沮軍耶！」』（案：東都事畧：『本紀丁巳日，余深太宰兼門外侍郎，王黼特進少宰兼中書侍郎。』宋史本紀繫之戊午日，十朝綱要同，畢氏通鑑從之，考異云：『編録作丁巳，今從宋史表。』）又考三朝北盟會編載：『政和八年四月，太宰鄭居中奏，乞守盟誓，罷遣女真人使事，又於朝堂責蔡京曰：「朝廷欲遣使入女真軍前議事，夾攻大遼，出自李良嗣，欲快己意，公爲首台，國之元老，不守兩國盟約，輒造事端，誠非廟算。且在昔章聖皇帝與大遼昭聖立誓，至今幾二百年，兵不識刃，農不加役，雖漢唐和戎，未有我宋之策也。公何以遽興此舉！且兵者不祥之器，勢不獲已，即可暫用。昔景德中，遼人舉國來寇，真宗用宰相寇準之策親征，後遣使議和，自此守約不復盜邊者三十九年。及慶曆中，契丹聚兵境上，以求關南地爲名，仁宗用富弼報聘增幣，觀真宗、仁宗意不欲動兵，恐害生靈，堅守誓約，至今一百七十四年，四方無虞。今者導主上棄約復燕，恐天怒夷怨，切在熟慮，無遺後悔，事繫宗廟，豈可輕議。又況用兵之道，勝負不常，苟或必勝，則府庫乏於犒賞，編户困於供役，蠹國害民，莫過此也。脱或不勝，則患害不測。」京曰：「上厭歲幣五十萬疋兩，故有此意。」居中曰：「歲幣五十萬疋兩，比之漢世和單于，歲尚給一億九十萬，西域七千四百八十萬，則今與之幣，未爲失策。又後漢永初中，諸羌反十四年，當時用兵用財二百四十億，永和後，復經七年，用八十萬億，且前古帝王，豈忍中國之富，填於盧山之壑，委於狼望之北哉。蓋聖人重惜民生之本也。載在史册，非妄言也。」京曰：「上意已決，豈可沮乎。」居中曰：「使百萬生靈肝腦塗地，公實使之，未知公異日何如也。」遂作色而起。又載知樞密院事鄧洵武上書，乞守信罷兵，保境息民。鄧洵武家傳曰：時上意感動，欲興師，蔡京謀復燕京，洵武屢折之，而蔡京密啟於上，不令洵武預議，洵武乃約童貫到樞密院，具以利害曉之。貫反説洵武曰：「樞密在上前且承當，取商量也。商量得十來年裏不要相拗，官家上方有意，相公如此說話，恐爲他人所奪。」語已而笑，洵武知京、貫之意，遂請間日力陳宗社之計，請以上意令京條對。』

朱勝非秀水閒居録曰：『政和末，知雄州和詵奏契丹益發燕雲之兵，燕民亦叛，有董龐兒者，率衆爲劇寇，契丹不能制。蔡京時領三省事，僥倖一切之功，遂招龐兒，許以燕地王之。龐兒上表自號「扶宋破虜大將軍」，董才後歸朝，賜姓名趙詡者是也。乞遣兵爲援，期取中國故地，京大喜。乃更戍朔方、陝右之兵，命江外州軍製袍帶，欲以冠帶新民。鄧洵武子常知樞密院，爲京言，南北通好久矣，今信一叛虜之言，而欲敗百年之盟，不可。京不聽。是時童貫以太師樞密院總邊事，洵武又爲貫言，西北虜勢强弱不同，度我之力能制彼乎？恐兵連禍結，卒無已時，貫亦不聽。洵武乃疏伐燕利害二十七條，名曰北伐問目，皆有注，其一云：出師之名，注云：恃此盟誓，百年不見兵革，絶之必有名，以令吾民，以告敵國。餘類此。又録趙普諫太宗北征疏同奏。皇上頗嘉納。北議爲之緩。至宣和初，竟出師矣。董才者，易州淶水人，少貧賤，沈雄果敢，號董龐兒，募鄉兵與女真戰，敗績。主將欲斬之，才亡命山谷，遂爲盜。剽掠州縣，衆至千人，契丹患其殘賊，才踰飛狐、靈邱入雲、應、武、朔，斬牛欄監軍，函其首來獻。政和七年，岢嵐軍解潛招之，并其黨以聞。其表有云：受之則全君臣之大義，不受則生胡越之異心。上召見，董才陳契丹可取之狀甚切。賜姓趙名詡。』九朝編年備要云：『中國與遼雖爲兄弟之邦，然百餘年間，彼之所以開邊慢我者多矣。且兼弱攻昧，武之善經也。今而勿取，女真即强，吾不免事之。中原故地，恐非復我有。於是上問其言。』東都事畧鄭居中傳：『居中謂兵禍不可結，盟誓不可渝是矣。而卒與攸、黼等同受燕山之獎何哉。於虖！所謂大臣者，以遵事君，不可則止。若居中，謂之具臣可也。』倪濤傳：『倪濤，字巨濟，廣陵軍人。博學能文，有操履，舉進士。累官至左司員外郎，朝廷議有事燕雲，大臣爭先決策爲固位計，濤獨云云，罷監朝城縣酒税，再謫茶陵造船場。有詩文號雲陽集。通考：玉谿集二十二卷，陳氏曰，左司員外郎永嘉倪濤巨濟撰。其父始徙居廣德。濤，大觀三年進士。燕山之役，誦言其非，以沮軍罷謫衡州茶陵以死。年三十九。呂居仁志其墓，曾集文爲作集序。』

又：『知湖州葛勝仲與黼連姻，亦與書曰：「天下無事，則宰相安，宰相生事，則天下危。願公享宰相之安，無使天下至於危也。」』（案：九朝編年備要：『郭勝仲，顯謨閣待制。』宋史郭勝仲傳：『知湖州時，羣盜縱横，聲揺諸郡。勝仲修城郭，作戰艦，閲士卒，賊知有備，引去。歲大飢，發官廩賑之，民賴以濟。』通考：『丹陽集四十二卷，後集四十二卷。陳氏曰：顯謨閣待制江陰郭勝仲魯卿撰。紹聖四年進士，元符三年詞科。馮慶善序其文，有所謂絶郭天信拒朱勔慙盛章而怒李彦者，蓋其平生出處之畧也。再知湖州，後遂家焉。孫鴻慶序畧曰：「公中宏詞第一，時天子輯瑞應，蒐講彌文，報禮上下，四方以符瑞來告者，不可勝數。大臣表賀，皆出公手，瓌奇英麗，獨步一時。公卿交譽，屢遷擢大司丞，遂躋法從。」』）又：『時諜者云：天祚有亡國之相，或言陳堯臣登科爲畫學，王黼薦堯臣使虜，繪天祚象以歸。且云以相法言之，亡在旦夕。并圖其山川險易以進，上大喜，擢堯臣爲右司。燕雲之役遂決。』（原注：啟燕雲之役者，初則童貫得志於西邊，遂謂北方亦可圖；繼而趙良嗣來歸，獻以取燕之策。徽宗如之何而不喜。夫豈知天下久安，士不習戰，白溝之敗，爲金人所笑。遼亡而中國之憂始大矣。）（案：九朝編年備要云：即擢堯臣右司諫，賜予鉅萬。燕雲之役遂決。堯臣復遷至侍御史。）」拾遺卷一一：「謀夏録所載十事，無尚主之文，且天祚囚金使，於事不實。」

〔二〕高麗史卷一四：睿宗十四年二月丁酉，「金主遣使來聘，致書曰：『詔諭高麗國王，朕興師伐遼。賴皇天助順，屢敗敵兵，北自上京，南至於海，部族人民，悉皆撫定。今遣孛堇朮孛報諭，仍賜馬一匹，至可領也。』」

〔三〕謀夏録：「楊朴既爲女真建號，因説曰：『自古英雄開國，須受禪或求大國封册。』天慶八年八月，阿骨打遂遣人契丹求封册，其事有十：徽號大聖大明一也；國號大金二也；玉輅三也；衮冕四也；玉刻御前之實五也；以兄弟通問六也；生辰、正旦遣使七也；歲輸銀絹二十五萬匹兩，南宋歲賜之半八也；割遼東、長春路九也；送還女真阿骨産趙三大王十也。天祚付羣臣議，蕭奉先等喜，以爲自此無患，遂差静江軍節度使蕭習泥烈、翰林學士楊勉充册封使副；歸州觀察使張孝偉、太常少卿王甫充慶問使副，衛尉少卿劉湜充管押禮物使，將作少監楊立中充讀册使，備天子衮冕玉册金印車輅法駕之屬，册女真阿骨打爲東懷國皇帝。册文曰：『朕對天地之閎休，荷祖宗之丕業。九州四海，咸在統臨，一日萬幾，敢忘重任。宵衣爲事，嗣服宅心。眷惟肅慎之區,實介扶餘之俗。土濱巨浸,材布中區。雅有山川之名,承其祖父之緒。碧雲袤野,固須挺於渠材;皓雪飛箱,疇不推於絶駕。章封屢報,誠意交孚。載念遥芬,宜膺多戩。嗚呼,義敦友睦,地列豐腴,惟信可以待人,惟寬可以馴物。戒只敬只,式孚於休。』以大聖大明犯阿保機號,改爲至聖至明而已。餘悉從之。」按本史卷七〇屬國表作遣右夷離畢事蕭習泥烈、大理寺提點楊勉等。金史卷二太祖紀作:「太傅習泥烈等奉册璽來。」蕭習泥烈,契丹國志作蕭習烈,王甫作王府,慶問使作通問使,餘同謀夏録。

〔四〕金史卷二太祖紀:天輔三年「三月,耶律奴哥以國書來」。契丹國志卷一一:「春,有赤色,大三四圍,長二三丈,索索如樹。西方有火五團,下行十餘丈,不至地而滅。」

〔五〕據宋史、金史、契丹國志:「丙子朔,日有食之。」

〔六〕長編拾補卷四〇:六月「戊寅,呼慶等至阿骨打軍前,阿骨打及粘罕等責以中輟,且言登州不當行牒。呼慶對:『本朝知貴朝與契丹通好,又以使人至登州,緣疾告終。因遣慶與貴朝使人同行,欲得早到軍前。使人既死,故權令登州移文,奔走前來,非有他故。若貴朝果不與契丹通好,即朝廷定别遣使人共議。』阿骨打不聽,遂拘留呼慶凡六月。呼慶數見阿骨打,執其前説,再三辨論,紛拏累日。阿骨打尋與粘罕、兀室議,復遣呼慶歸。臨行語曰:『跨海求好,非吾家本心。吾家已獲大遼數路,其他州郡可以俯拾。所以遣使人報聘者,欲交鄰耳。暨聞使回,不以書來，而以詔詔我，此已非其宜。使人雖卒，自合復遣，止遣汝輩，此尤非禮。足見翻悔。本欲留汝，念過在汝朝，非汝罪也。歸見皇帝，若果欲結好，請早示國書。或仍用詔，決難從也。且遼主前日遣使來，欲册吾爲東懷國者，蓋我家未與爾家通好時，常遣使人求遼主，令册吾爲帝，取其鹵簿。使人未歸，汝家始通好。後既諾汝家，而遼主使人册吾爲東懷國，立我爲至聖至明皇帝。吾怒其禮儀不備，又念與汝家已通好，遂鞭其來使，不受法駕等。乃本國守兩家之約，不謂貴朝如此見侮，汝可速歸，爲我言其所以。』阿骨打遽起。翌日，呼慶辭歸，持其書來，云：『契丹修好不成，請別遣使人。』」

西夏書事卷三三：「六月，以遼國書請和於鄜延。」

契丹國志卷一一：天慶九年夏，金人攻破上京路，焚燒太祖之天膳堂。

〔七〕高麗史卷一四：八月「丁丑，遣中書主事曹舜舉聘於金，其書有『況彼源發乎吾土』之語，金主拒不受」。

高麗史卷一四：八月癸卯，「契丹遣蕭公聽、耶律遵慶來東路兵馬使都部署，牒云：『准樞密院奉聖旨劄子，高麗近因道途阻礙，難通貢賀，須賜恩禮，亦且累年曠隔。仰差小使，因便傳詔，並致所賜衣著。』」

〔八〕按本史卷七〇屬國表，楊立忠作楊近忠。

〔九〕長編拾補卷四〇：十二月「戊戌，呼慶離阿骨打軍前，朝夕奔馳，從行之人有裂膚墮指者。明年正月乃至京師」。

高麗史卷一四：十二月，「是歲增築長城三尺，金邊吏發兵止之，不從，報曰：『修補舊城。』葛懶甸孛堇胡剌古、習顯以聞。金主詔曰：『毋得侵軼生事。』但慎固營壘，廣布耳目而已」。

十年春二月，幸鴛鴦濼。金復遣烏林答贊謨持書及冊文副本以來，仍責乞兵于高麗。〔一〕

三月己酉，民有羣馬者，十取其一，給東路軍。庚申，以金人所定「大聖」二字，與先世稱號同，復遣習泥烈往議。金主怒，遂絶之。〔二〕

夏四月，獵胡土白山，聞金師再舉，耶律白斯不等選精兵三千以濟遼師。〔三〕

五月，金主親攻上京，克外郛，留守撻不也率衆出降。〔四〕

六月乙酉，以北府宰相蕭乙薛爲上京留守、知鹽鐵内省兩司、東北統軍司事。

秋，〔五〕獵沙嶺。

冬，〔六〕復至西京。〔七〕

〔一〕長編拾補卷四一：宣和二年（一一二〇）「二月乙亥，遣中奉大夫、右文殿修撰趙良嗣，忠訓郎王瓌使金國。（案：三朝北盟會編：二月二十六日丁酉，呼延慶回到京師，三月六日丙午有是詔。燕雲奉使録則云：二月，詔遣中奉大夫、右文殿修撰趙良嗣由登州泛海使女真，忠訓郎王瓌副之。月日不同。）先是，呼延慶以正月至自登州，具道阿骨打所言并其國書達於朝廷。王師中亦遣子瓌同呼延慶詣童貫白事，貫時受密旨圖契丹、欲假外援，因建議遣良嗣及瓌持御筆往，仍以買馬爲名，其實約阿骨打夾攻契丹取燕雲舊地，面約不齎國書，夾攻之約，蓋始乎此」。

案：續宋編年資治通鑑：「宣和二年春二月，女真使同呼延慶持其國書來，請别遣使通好，因遣趙良嗣往，猶以買馬爲名，其實約夾攻契丹，取燕雲舊地。第面約不齎國書，時女真出師三路，攻遼國上京。是夏良嗣等青牛山追及阿骨打，遂從至上京觀攻城，不旋踵而破。與阿骨打議約。大抵以燕本漢地，欲夾攻契丹，使女真取中京，大朝取燕京，許之。遂議歲賜。良嗣初許三十萬，而卒與契丹舊數。良嗣曰：燕京一帶，則并西京是也。阿骨打亦許之。遂以手札付良嗣，約以女真兵自平地松林趨古北口，南朝兵自白溝夾攻。不然即難依已許之約。仍遣使奉國書，畧曰：『大金皇帝謹致書於大宋皇帝闕下：蓋緣素昧，未致禮容，酌以權宜，交馳使傳。趙良嗣等言燕京本是漢地，若許復舊，將自來與契丹銀絹轉交，雖無國信，諒不妄言。若將來貴朝不爲夾攻，即不依得。已許爲定，具形弊幅，冀諒鄙悰。』金使以九月至闕，尋以馬政報聘國書，畧曰：『大宋皇帝謹致書於大金皇帝：遠承信介，特示函書，致罰有辭，逖聞爲慰。確示同心之好，共圖問罪之師。誠意不渝，義當如約。已差童貫勒兵相應，彼此兵不過關，歲幣依與契丹舊數。

仍約毋聽契丹講和。』」
三朝北盟會編：「宣和二年二月二十六日丁酉，呼延慶回到京師，是日入朝，奏言女真所言之事，齎到女真文字，報與遣使大遼講好不成，已起兵攻上京、王師中遣其子瓌，同呼延慶赴闕見童貫議事。三月六日丙午，詔中奉大夫、右文殿修撰趙良嗣由登州往使，忠訓郎王瓌副之。議夾攻契丹求燕地歲幣等，是時童貫受密旨，借倚外勢以謀復燕，詔趙良嗣、王瓌充使副，由登州以往，用祖宗故事，以買馬爲名，因約夾攻契丹，取燕雲故地，面約不齎國書，唯付以御筆。」
畢氏通鑑考異：「馬擴茅齋自序云：政和八年，父政過海至女真所居來流河。重和元年，父入國門。宣和元年正月，呼延慶等齎到女真文字，因復遣良嗣。今考之它書，其年并誤，蓋擴所稱政和八年即重和元年，而所稱重和元年當作宣和元年，所稱宣和元年當作宣和二年也。夾攻之約，自二年始。」

〔二〕陳桱通鑑續編：「二月，趙良嗣如金議取燕雲，遣右文殿修撰趙良嗣同金使辭列、曷魯往議取遼燕京西京之地，金使烏林答贊謨如遼，金主使贊謨持書及册文副本至遼，且責其乞師於高麗。三月，遼使蕭習泥烈如金，復議册禮。金主旻不許，遼以金人所定大聖二字與先世稱號同，遣習泥烈往議，金主怒，謂其臣曰：遼人屢敗，遣使求成，惟飾虛詞，以爲緩師之計。當議進兵，乃令咸州路統軍司治軍旅、修器械，具數以聞。將以四月二十五日進師，令斜曷留兵一千鎮守，闍母以餘兵來會於渾河，和議遂絶。」

金史卷二太祖紀：天輔四年四月，「上自將伐遼，以遼使習泥烈、宋使趙良嗣等從行」。

東都事畧卷一二五：「先是建隆以來，女真由遼東蘇州泛海至登州買馬，故道猶存。有高藥師者，以大舟泛海來，具言女真攻遼國奪其地事，知登州王師中以聞。詔蔡京、童貫遣人伺其實，委師中選將校七人同高藥師過海，見女真邏者，不敢前，復回青州。知青州崔直躬奏其事。詔復委童貫措置。已而遣武義大夫馬政與平海軍卒長呼慶仍與高藥師過海，爲邏者執，縛送女真，粘罕、兀室詰問其由，政以實對。遂遣李善慶等同政等回。明年，善慶等至京師，徽宗令蔡京、童貫見之議事。遣歸朝官趙友開及馬政、王師中之子瓌充使，與李善慶等度海聘之，至登州，有開死木征，會河北諜者言：遼國與女真修好，於是罷遣使者，止差呼慶同善慶等歸。宣和二年，呼慶至自女真，持其書來云：『遼國修好不成，請別遣人修好。』朝廷遂欲倚之復燕，以歸朝官右文殿修撰趙良嗣充使，忠訓郎王瓌副之。由登州海道，用故事買馬爲名，因與之約，契丹若亡，取燕雲舊地，時女真已出師趨上京，良嗣會阿骨打於青牛山，徑攻上京，破之。良嗣遂與約同入燕京取燕雲地。阿骨打曰：燕京本漢地，當與南朝。遂議歲賜如契丹舊數。遣良嗣等回，約來年同舉，差錫剌曷魯爲使，大迪烏高隨爲副，持其國書來。」

大金國志卷一：「時金人出師三路，攻遼之上京。是夏，趙良嗣等在青牛山追及國主，遂從至上京，觀其攻城，不旋踵而破。」

燕雲奉使録：「宣和二年春二月，詔遣中奉大夫、右文殿修撰趙良嗣假朝奉大夫，由登州泛海使女真，忠訓郎王瓌副之。」

謀夏録曰：「阿骨打留良嗣飲食數日，及令契丹吴王妃歌舞，妃初配吴王，天祚私納之。復與其下通，因於上京，女真破上京得之。女真謂良嗣曰：此契丹兒婦也，今作奴婢爲使人歡。」

契丹國志卷一一：「金人攻陷上京路，祖州則太祖之天膳堂，懷州則太宗之崇元殿，慶州則望仙、望聖、神儀三殿，并先破乾、顯等州如凝神殿、安元聖母殿，木葉山之世祖殿、諸陵并皇妃子弟影堂，焚燒略盡。發掘金銀珠玉。所司即以聞。蕭奉先皆抑而不奏，後天祚雖知，問及陵寢事，奉先對以初雖侵犯元宫，劫掠諸物，尚懼列聖威靈，不敢毁壞靈柩。已經指揮有司修葺巡護。奉先迎合誕謾，類皆如此。遼國屢年困於用兵，應有諸州富民子弟，自願進軍馬，人獻錢三千貫，特補進士出身。諸番部富人進軍獻馬納粟，出身官各有差。又因燕王言遼東失業饑民，困踣道路，死者十之八九，有旨令中京、燕雲、平三路諸色人收養，候次年等第推恩，官爵之濫，至此而極。」

宣和遺事第二章亨集：「宣和二年，金國遣使同趙良嗣歸，且言金主約女真兵自平地松林趨古北口，宋朝兵自白溝河夾攻遼國，若滅後，以燕京一帶歸南朝，誓爲兄弟之國。又遣使詐作新羅人來朝，其書畧云：大金皇帝謹致書於大宋皇帝闕下：蓋緣素昧，未致禮容，酌以權宜，交馳使傳，趙良嗣等言燕京本是漢地，若許復舊，將自來與契丹銀絹轉交，雖無國信，諒不妄言。若將來貴朝不爲夾攻，即不依得。已許爲定，具形弊幅，冀諒鄙悰。」

謀夏録：「宣和二年九月十八日，差登州兵馬鈐轄、武義大夫馬政報聘。十一月末，達來流河虜帳前，虜以朝廷欲全還山前山後故地故民，意皆疑吝，留南使十餘日，始草國書，差大使曷魯、副使大迪烏與馬政等來回聘，書中大畧云：『前日趙良嗣等回，許燕京路州鎮，書載若不夾攻，難應已計，今若更欲西京，請就便計度收取，若難果意，爲冀報示。』宣和三年二月十七日，曷魯等達登州，先是女真往來議論，皆主以童貫以良嗣上京阿骨打之約，欲便舉兵應之，故還西兵宿將會京師，又諒環慶鄜延軍與河北禁軍更戍，會方臘叛，貫以西兵討賊，朝廷罷更戍。指揮曷魯凡留三月餘。八月二十日，王黼議復國書，止付曷魯等還，不遣使。書曰：『遠勤專使，薦示華緘。且承契好之修，深悉封疆之事。惟夙敦於大信，已備載於前書。所有漢地等事，宜竝如初議，俟聞舉兵至西京的期，以憑夾攻，再遣呼延慶送歸。』」

〔三〕長編拾補卷四一：「宣和二年四月癸酉，女真分三路出師，趨上京。」趙良嗣燕雲奉使録：「三月二十六日，自登州泛海，由小謝駞碁末島、碁子灘、東城會口、皮囤島，四月十四日抵蘇州關下，會女真已出師，分三路趨上京，良嗣自咸州會於青牛山，諭令相隨，引看攻上京。城破，遂與阿骨打相見於龍岡，致議約之意，大抵以燕京一帶本是舊漢地，欲相約夾攻契丹，使女真取中京，本朝取燕京一帶，阿骨打令譯者言云：契丹無道，我已殺敗，應是契丹州域，全是我家田地。爲感南朝皇帝好意，及燕京本是漢地，特許燕雲與南朝，候兩三日便引兵去。良嗣對云：契丹無道，運盡數窮，南北夾攻，不亡何待。貴國兵馬去京西甚好，自今日議約既定，只是不可與契丹議講和。阿骨打云：自家既已通好，契丹甚閙事，怎生和得。便來乞和，須説與已共南朝約定，與了燕京。除是將燕京與南朝，可以和也。良嗣對，今日説約既定，雖未説盟誓，天地鬼神，實皆照臨，不可改也。食罷，約入上京，看契丹大内居室，相與上馬，並轡由西偏門入，并馬乘之，過五鑾、宣政等殿，遂置酒於延和樓。良嗣有詩云：建國舊碑胡日暗，興王故地野風乾；回頭笑謂王公子，騎馬隨軍上五鑾。遂議歲賜，良嗣許三十萬，卻云契丹時燕雲不屬南朝，猶自與五十萬，今與了燕京，如何止三十萬，辨論久之，卒許契丹舊數。良嗣問阿骨打，燕京一帶舊漢地漢州則并西京是也。阿骨打曰：西京地本不要，止爲去拏阿适，須索一到，若拏了阿适，也待與南朝。又言平、營本燕京地，自是屬燕京地分。高慶裔云，今所議者，燕地也。平、灤自别是一路。阿骨打云，言約已定，更不可改。本國兵馬已定八月九日到西京，使副到南朝，便教起兵相應，遂趨歸。且言緣在軍，不及遣使前去，只以事目一紙付良嗣回，約以女真兵自平地松林趨古北口，南朝兵自雄州趨白溝夾攻，不如約，則難依已許之約。以二百騎護送，東過鐵州，遣人走馬追及，别有事商量。請使副回相見。良嗣回至女真所居阿朮火，阿骨打言，本約到西京以兵相應，卻因馬牛疫死且回。候來年約日同舉，惟恐失信，故請使副回見。楊朴云，郎君們意思，不肯將平州畫斷作燕京地分，此高慶裔所見如此，須著一箇方便。後來與粘罕議事，論以兩朝議約既定，務在明白，庶免異時計校。粘罕問有幾事，對以將來舉軍之後，南兵不得過松亭、古北、榆關之南，免致兩軍相見，不測分争，此最大事一也；其他界至，臨時可以理會，且先以古北、松亭及平州東榆關爲界，此其二也；要約之後，不可與契丹講和，此三也；西京管下，惟恐妨收捉阿适道路，所有蔚、應、朔三州，最近於南界，將來舉兵，欲先取此三州，其餘西京、歸化、奉聖等州，候拿了阿适回日，然後交割，四也；兩國方以義理通好，將來本朝取了燕京，卻要係官錢物，此無義理，可便除去，五也；事定之後，當於榆關之東置榷場，六也；粘罕云，所言都好，但蔚、應州爾恐阿适走去彼處，候我家兵馬到日來商量。所要係官錢物，曾思量來也，是不好，便待除去。粘罕、兀室云：我皇帝從上京到了，必不與契丹講和，昨來再過上京，把契丹墳墓宫室廟像一齊燒了，圖教契丹斷了通和底公事。而今契丹更有甚面目來告和也。千萬必不通和，只是使副到南朝，奏知皇帝，不要似前番一般，中間裏斷絶了。我亦曾聽得數年前，童貫將兵到邊，卻恁空回。對以此探報傳言之誤。若是實曾領兵上邊，便只恁休得？郎君們亦莫輕信。粘罕大喜云：兩家都如此，卻甚好。若要信到，將來必不與契丹通和，待於回去底國書内寫著。打毬射柳及所在宴飲，必召同集及令上京俘獲契丹吴王妃作舞獻酒，謂良嗣曰：此是契丹兒媳，且教與自家勸酒，要見自家兩國歡好。阿骨打與良嗣把手酬酢曰：契丹煞是國士被我殺散，我如今煞是大皇帝。昨來契丹要通和，只爲不著兄字，以至領兵討伐，自家南朝是天地齊生底國王皇帝，有道有德，將來只恁地好相待通好，更不爭要做兄弟。這箇事是天教做，不恁地，後怎生隔著箇恁大海。便往來得，我從生來不會説脱空，今日既將燕京許與南朝，便如我自取得，亦與南朝。於是差使副以攻破上京俘獲鹽鐵使蘇壽吉來獻，其意以爲既以燕地割隸中朝，以壽吉本燕人，故獻之。仍以質留劉亮等六人，及因風吹逐刀魚船于立等兵級二十八人，並交付良嗣還朝。」

〔四〕金史卷二太祖紀：天輔四年「五月甲辰，次渾河西，使宗雄先趨上京，遣降者馬乙持詔諭城中。壬子，至上京，詔官民……諭以禍福……上京人恃禦備儲蓄，爲固守計。甲寅，亟命進攻。……上親臨城，督將士諸軍鼓譟而進。自旦及巳，克其外城，留守撻不野以城降。是日，詔諭遼副統余覩。壬戌，次沃黑河。宗幹率羣臣諫曰：『地遠時暑，軍馬罷乏，若深入敵境，糧餽乏絶，恐有後艱。』上從之，乃班師，命分兵攻慶州。余覩襲闍母於遼河」。又卷八一王伯龍傳：「（天輔）四年，太祖攻臨潢，伯龍與韓慶和以兵護糧餉，輓夫千五百人皆授甲，慶和已將兵行前，伯龍從糧居後，遇遼兵五千餘邀於路，伯龍率輓夫擊敗之，獲馬五百匹。」

陳桱通鑑續編：「五月，金主旻侵遼上京，留守耶律撻不野以城降之。金主自將攻遼。以遼使習泥烈、宋使趙良嗣從，遣降者馬乙持詔諭城中，使速降。遼主方獵於胡土白山，聞金舉兵，命耶律白斯不等選精兵三千以濟師。五月壬子，金主至臨潢城中侍御備困守。甲寅，金主命進攻，且謂習泥烈、趙良嗣曰：汝可觀吾用兵，以卜去就。遂臨城督戰，諸軍鼓譟而進。自旦及巳，闍母以麾下先登，克其外城。留守撻不野以城降。良嗣奉觴爲壽，皆稱萬歲，金主乃還。」

〔五〕長編拾補卷四一：「七月辛丑，回女真所居阿骨打易國書，約來年同舉。粘罕、兀室曰：『使副至南朝，奏皇帝勿如前時中絶也。』……甲辰，命女真錫剌、曷魯勃堇爲大使，渤海大迪烏、高隨爲副使，并人從二十餘人，持其國書來。其書云云。（紀事本末卷百四十二。）（案：三朝北盟會編：「七月十八日丙辰金人差女真斯剌習魯充回使，渤海高隨大迪烏副之。持其國書來許燕地。」）

宋史卷三九六權邦彦傳：宣和二年（天慶十年）以國子司業使遼。

楊時龜山先生集卷三六周武仲墓誌：「以尚書、比部員外郎周武仲爲賀遼正旦使。」

高麗史卷一四：睿宗十五年「七月甲辰遼遣樂院副使蕭遵禮來，詔曰：『省所上表，具悉卿東陲立社，北闕稱藩。自二孽之戎生，致一方之路阻。嚮祈立嗣，未始行封，近稔勤王，又嘗敵愾，每念至此，已多憮然。更待乘宜，輒圖蕩寇。頃頒密詔，俾諭玆懷。道會多艱，人難偕往，或旋泝楫，莫達封函。賜幣微通，僅能將意，謝章遽拜，益驗輸誠。而又言出由衷，心期報上。既增慷慨，須事澄清。固在同仇，是爲大順。佇觀實效，續俟來音，更示頒宣，第思遵頒。』」

長編拾補卷四一：宣和二年「九月壬寅，金國遣錫剌、曷魯、大迪烏、高隨來，詔衛尉少卿董耘館之。止作新羅人使引見，後三日，對於崇政殿。上臨軒，錫剌、曷魯等捧書而進，禮畢而退。初，趙良嗣在上京，出御筆與阿骨打議，約以燕京一帶本漢舊地，約夾攻契丹取之。阿骨打命譯者曰：『契丹無道，其土疆皆我有，尚何言，顧南朝方通歡，且燕京皆漢地，當特與南朝。』良嗣曰：『今日約定，不可與契丹復和也。』阿骨打曰：『有如契丹乞和，亦須以燕京與爾家方許和。』遂議歲賜。良嗣初許三十萬，辨論久之，卒與契丹舊數。良嗣問阿骨打：『比議燕京一帶舊漢地，漢地則并西京是也。阿骨打曰：『西京我安用，只爲拏阿适須一臨耳。』阿适，天祚小字也。事竟，亦與汝家。』良嗣又言：『平、營本燕京地。』高慶裔曰：『平灤非一路。』阿骨打曰：『此不須議。』又曰：『吾軍已行。九月至西京。汝等到南朝，請發兵相應。』以手批付良嗣等曰：『約以女真兵徑自平地松林趨古北口，南朝兵自雄州趨白溝夾攻，不如約，即難依已許之約。』阿骨打至松林，會大暑馬牛疫，遽還，遣驛追良嗣，已過鐵州且登舟矣。……丙辰，詔遣武義大夫、登州鈐轄馬政借武顯大夫、文州團練使聘金國，是日錫剌、曷魯等入辭於崇政殿，錫宴於顯静寺。命趙良嗣押宴，王瓌送伴。馬政持國書及事目隨曷魯等行，書曰：『大宋皇帝謹致書於大金皇帝：遠承信介，特示函書，具聆啟處之詳，殊副瞻懷之素。契丹逆天賊義，干紀亂常，肆害忠良，恣爲暴虐。知夙嚴於軍旅，用綏集於人民，致罰有詞，逖聞爲慰。今者，確示同心之好，共圖問罪之師。念彼羣黎，舊爲赤子，既久淪於塗炭，思永靖於方隅。誠意不渝，義當如約。已差太傅、知樞密院事童貫勒兵相應，使回，請示舉軍的日，以憑夾攻。所有五代以後陷没幽、薊等州舊漢地及漢民，并居庸、古北、松亭、榆關，已議收復。所有兵馬，彼此不得過關外，據諸色人及貴朝舉兵之後，背散到彼餘處人户，不在收留之數。絹銀依與契丹數目歲交，仍置榷場。計議之後，契丹請和聽命，各無允從。』乃别降樞密院劄目付馬政，差馬政之子擴從行。事目曰：昨趙良嗣等上京計議，燕京所統州城，自是包括西京在内，面得大金皇帝旨指，言吾本不須西京，止爲就彼拏阿适，將來悉與南朝。趙良嗣又言欲先取蔚、應、朔三州，乃言候再三整會，今國書内所言五代以後陷没幽、薊等舊漢地及漢民，即是幽、薊、涿、易、檀、順、營、平，山後雲、寰、應、朔、蔚、媯、儒、新、武，皆漢地也。內雲州改爲西京，新州改爲奉勝（北盟會編作奉聖）州，武改爲歸化州。除山前已定外，其西京、歸化州、奉勝、媯、儒等州，恐妨大金夾攻道路，候將來師還計議。蔚、應、朔三州，則正兩朝出兵夾攻之地，今議先次取復。一、今國書内已盡許舊日所與契丹五十萬銀絹之數，本謂五代以後陷没幽、薊一帶舊漢地及漢民，即并西京在内，不然安得許與銀絹如是之多。一、今所約應期夾攻，須大金軍至西京，大宋軍至燕京，應、朔以入。如此方應今來之約。其馬政回於國書内，明示的至西京月日，齎憑相應」。（紀事本末卷百四十二。原注：「此據金盟本末及華夷直筆，如趙良嗣押宴，則以詔旨增入。金盟本末及華夷直筆二書並詔旨，蓋因趙良嗣奉使總録也。實録云：『錫剌、曷魯辭於崇政殿，命武義大夫、登州兵馬鈐轄馬政報聘，政子擴從。』五代史晉紀：『天福五年十一月，以幽、涿、薊、檀、順、瀛、漢、朔、雲、應、新、媯、儒、武、寰州入於契丹。』四夷附録云：『自唐末幽、薊割據，戍兵廢散，契丹因得出陷平、營。』」）（案：此條原誤在七月甲辰後事，今據北盟會編作九月，改正。薛應旂通鑑又誤係八月。北盟會編云：「九月十八日丙辰，習、魯等入辭於崇政殿，如朝見之儀。二十日戊午，習、魯等出國門，錫宴於顯靜寺，良嗣押筵，王瓌充送伴。差登州兵馬鈐轄、武義大夫馬政持國書及事目隨習、魯等前去報聘，約期夾攻，求山後地，許歲幣等事。左僕射王黼共議回答國書信，再差馬政隨習、魯等過海，仍求割還山後雲中府地土，差承節郎西京北路武士教諭馬擴隨父行。」）

〔六〕據宋史、金史、契丹國志：「十月戊辰朔，日有食之。」長編拾補卷四二：宣和二年「十月末，馬政等達來流河虜帳前，留月餘，議論不決。虜以朝廷欲全還山前、後故地故民，意皆疑吝，以南朝無兵武之備，止以已與契丹銀絹，坐邀漢地。且北朝所以雄盛之邁古者，緣得漢地燕人。今一旦割還南朝，不惟國勢微削，兼退守五關之北，無以臨制南方，坐受其敝。若我將來滅契丹，盡有其地，則南朝何敢不奉我幣帛，不厚我權盟。設若我欲南拓土疆，彼以何力拒我，又何必跨海講好。俟平契丹，仍據燕地與宋爲鄰，至時以兵壓境，更南展提封，有何不可，徐議未遲。惟粘罕云：『南朝四面被邊，若無兵力，安能立國彊大如此，未可輕之。當且良圖，少留人使。』阿骨打遂將馬擴遠行射獵，每晨，阿骨打坐一虎皮，雪上縱騎打圍。嘗曰：『此吾國中最樂事也。』既還，令諸酋具飲食遞邀南使，十餘日始草國書，差大使曷魯、副使大迪烏與馬政等來回聘。書中大畧云：『前日趙良嗣等回，許燕京東路州鎮，已載國書，若不夾攻，應難已許。今若更欲西京，請就便計度收取，若果難意爲報示。』」（紀事本末卷百四十二。原注：此據金盟本末及華夷直筆，蓋此二書皆因馬擴自序稍删潤之。封氏編年同此。但以十一月末爲十月二十九日丙申，既有的日，恐封氏得之，今改十一月末作十月末，仍竝附初遣時，趙良嗣總録亦云十一月。）「阿骨打與馬政等議論，初不認事目内已許西京之語，且言平、灤、營三州不係新營。（案：不係新營，北盟會編作不係燕京所管。）政等不能對。或謂趙良嗣鄉云阿骨打已許西京，蓋良嗣首誑朝廷，實爲禍本云。」（紀事本末卷百四十二。原注：趙良嗣奉使總録云：十一月，馬政至女真以書授之及出事目。阿骨打不認所許西京之語，且言平、灤、營三州，不係燕京所管，政不知元初傳言之詳及平州元係燕地，對以唯唯。女真初欲絶好，然亦欲自通於中國，乃遣曷魯、大迪烏齎國書與政皆來，按良嗣所稱阿骨打不認西京之語，即此可見良嗣爲姦也，不知詔旨等何故不表而出之，今追見此。畢氏通鑑考異云：「趙良嗣『金主已許西京』等語，出其所自撰奉使總録，而金盟本末及詔旨諸書皆取之，李燾因採入長編。今金主不認此語，豈果彼之食言乎？或云此良嗣實爲姦以罔上，致事妄求，爲國家之禍本也。此説得之。」治迹統類：「九月女真使至，議與中國分地及歲賜。」北盟會編：「十一月二十九日丙寅，馬政至女真，以國書授之，及出事目示之，阿骨打不認所許西京之語，且言平、灤、營三州不係燕京所管，政不知元傳言之詳，及平州元係燕地，但對以唯唯，遂留之帳前月餘，議論不決。」馬擴茅齋自序曰：「阿骨打一日集衆酋豪出荒漠打圍射獵，粘罕與某竝轡，令譯者相謂曰：『我聞南朝人只會文章，不會武藝，果如何？』某答以：『南朝大國，文武常分兩階，然而武有兼深文墨、文有精曉兵務者，初不一槩言也。』粘罕云：『聞教諭兵書及第，莫聯會弓馬否？』某答以：『我舉進士取在義策，弓矢特其挾色耳。』粘罕遂取己所佩弓授某云：『且煩走馬開弓，願見南人射弓手段。』某遂策馬開弓作射物狀，粘罕愕然。馬行積雪中，雖晴日不消。至晚，阿骨打召某云：『聞南使會開弓，來日隨我射一物如何？』僕答以：『武舉射生非所長，容試射之或有得。』翌早，阿骨打設一虎皮，坐雪上，授僕弓矢各一，其弓以皮爲弦，指一雪磧，使某射之，再中其端。阿骨打笑曰：『射得煞好。南朝射者盡若是乎？』僕答以：『措大弓箭，輭弱不堪，如在京，則有子弟所長入祗候諸班，置天下禁軍諸路大事，藝人及緣邊敢效用、弓箭手、保甲，彼乃武藝精強之人，如某特其小小者耳。』良久，阿骨打上馬，令大迪烏授其弓一，射生箭一，約云有獸起即射之。行二里許，一黃獐躍起，阿骨打傳令云：『諸軍未許射，令南使先射。』某躍馬馳逐，引弓一發，殪之。自阿骨打而下皆稱善。是晚，粘罕言見皇帝，説射得煞好。南使射中，和我心上快活。次日，還館。大迪烏見先君語甚喜。次日阿骨打遣其弟詔瓦郎君齎貂裘錦袍犀帶等七件，云南使能馳射，皇帝賜。粘罕父撒垓相公者，云南使射生得中，名聽甚遠，可立一顯名，今後喚作『也力麻立』，譯云善射之人也。隨共打圍，自淶流河阿骨打所居止帶，東行約五百餘里，皆平坦草莽，絕少居民，每三五里之間，有一、二族帳，每族帳不過三五十家。自過咸州至混同江以北，不種穀黍，所種止稗子，舂米旋炊粳飯。遇阿骨打聚諸酋共食，則於坑上用矮檯子或木盤相接，人置稗飯一盌，加匕其上，列以虀韭、野蒜、長瓜，皆鹽漬者。別以木碟盛猪羊雞鹿兔狼麂麞狐狸牛驢犬馬鵝雁魚鴨蝦蟆等肉，或燔或烹或生臠，多芥蒜漬沃，續供列，各取佩刀臠切薦飯，食罷，方以薄酒傳杯冷飲之。謂御宴者亦如此。自過嬪辰州，東京以北，絕少麥麪。每日各以射倒禽獸薦飯，食畢上馬。每旦，阿骨打於積雪中，以草薦一虎皮，背風而坐，前燎草木；率諸酋至，各取所別箭一隻，擲占遠近，各隨所占，左右上馬，放所部軍馬單行，每騎相去五七步，接續不絕，兩頭相望，常及一二十里。候放圍盡，阿骨打上馬去後隊一二里，立認旗行，兩翼騎兵，視騎進趨，凡野獸自內起外者，四圍得迎射；自外至內者，須主酋先射。凡圍如箕掌，徐約三四十里，可宿之處，即兩稍合圍漸促，須更作二三十匝，野獸迸出，或射或擊盡斃之。阿骨打復設皮坐，撤火炙啗，或生臠，飲酒一兩杯。騎散止宿。阿骨打嘗言，我國中最樂，無如打圍，其行軍布陣，大概出此。出獵既還，仍令諸郎君家各具酒殽，請南使赴飲。十餘日始造國書。時適經元日，隔夕，令大迪烏具車帳召南使赴宴。凌晨出館，赴帳前。近行五里，阿骨打與其妻大夫人者於坑上設金裝交椅二副並坐。阿骨打二妻，皆稱夫人，次者摳衣親饋什物，以名馬弓矢劍槊爲獻。且曰：『臣下有諂邪姦佞不忠不孝者，願皇帝代上天以此劍此弓誅殺之。』各跪上壽杯，國主酬酌之。次令南使上壽杯於國主及夫人，飲畢，阿骨打親酌二杯酬南使。阿骨打云：『我家自上祖相傳，止有如此風俗，不會奢飾，祇得箇屋子，冬煖夏涼，更不必修宮殿，勞費百姓也。南使勿笑。』當時已將上京掠到大遼樂工列於屋外，奏曲薦觴於左右，親進郎君輩玩狎悅樂，獨阿骨打不以爲意。殊如不聞，宴畢，令南使往粘罕家議事畢，遣使隨馬政來。」(二)

契丹國志卷一一：保大元年，「遼自金人侵犯以來，天下郡縣所失幾半，生靈塗炭，宗廟丘墟。天祚尚以四時遊畋爲樂，工作之費，未嘗少輟，遂失內外人心，嘗有倦處萬機之意。」錢表：「宣和二年，遣國子司業權邦彥使遼，其冬以右司員外郎假太常少卿周武仲賀遼正旦。（見楊龜山集。……案：徽宗朝使遼者，有工部侍郎王漢之、右司員外郎張叔夜、右司員外郎陳過庭、（據會稽志：過庭使遼在政和中。）衛尉少卿假給事中韓肖胄（賀生辰。）太尉少卿盧法原、監察御史假太常少卿李彌大，皆見宋史本傳。又施元之注蘇詩云：范坦，徽宗時再使遼，時邊議萌芽，故非時遣使以覘釁。坦言不宜始禍，力辭行。帝怒，責團練副使。又案：書録解題有李罕使遼見聞録二卷，罕官膳部部中，其奉使年代未詳。」光緒續修浦城縣志卷二二：宋有尚書、比部員外郎、權太常少卿周武仲爲賀遼正旦使。

〔七〕金史卷二太祖紀：天輔四年「十二月，宋復使馬政來請西京之地」。

遼史補注卷二十九

本紀第二十九

天祚皇帝三

保大元年春正月丁酉朔，改元，肆赦。初，金人興兵，郡縣所失幾半。上有四子：長趙王，母趙昭容；〔一〕次晉王，母文妃；次秦王、許王，皆元妃生。國人知晉王之賢，深所屬望。元妃之兄樞密使蕭奉先恐秦王不得立，潛圖之。文妃姊妹三人：長適耶律撻曷里，次文妃，次適余覩。一日，其姊若妹俱會軍前，奉先諷人誣駙馬蕭昱及余覩等謀立晉王，事覺，昱、撻曷里等伏誅，文妃亦賜死；獨晉王未忍加罪。余覩在軍中，聞之大懼，即率千餘騎叛入金。〔二〕上遣知奚王府事蕭遐買、北府宰相蕭德恭、〔三〕大常衮耶律諦里姑、歸州觀察使蕭和尚奴、四軍太師蕭幹將所部兵追之，及諸閭山縣。諸將議曰：「主上信蕭奉先言，奉先視吾輩蔑如也。余覩乃宗室豪俊，常不肯爲奉先下。若擒余覩，他日吾黨皆余覩也！不若縱之。」還，即紿曰：「追襲不及。」奉先既見余覩之亡，恐後日諸校亦叛，遂勸驟加爵賞，以結衆心。以蕭遐買爲奚王,蕭德恭試中書門下平章事兼判上京留守事,耶律諦里姑爲龍虎衛上將軍,蕭和尚奴金吾衛上將軍,蕭幹鎮國大將軍。

二月,幸鴛鴦濼。〔四〕

夏五月,至曷里狘。

秋七月,獵炭山。

九月,至南京。

冬十一月癸亥,以西京留守趙王習泥烈爲惕隱。〔五〕

〔一〕按本史卷六四皇子表:天祚六子。馮校:趙昭容,「趙」字衍。

〔二〕按本史卷七〇屬國表:余覩叛入金在本年五月,金史卷二太祖紀:「天輔五年五月,遼都統耶律余覩等詣咸州降。」契丹國志卷一一:「時方盛夏,途中爲霖雨所阻。」應以五月爲是。

〔三〕羅校:「天慶六年紀:以蕭撻不也兼副元帥,契丹國志作蕭德恭,此時撻不也已卒,北宰相乃蕭乙薛,而國志仍作德恭,此蓋襲國志而誤也。」

〔四〕契丹國志卷一一:「春,日有眚,忽青黑無光,其中洶洶而動,若鉟金而涌。日旁有青黑色,正如水波,周回而旋轉,將暮而止。」

契丹國志卷一一又云：「金人自破上京，終歲不出師遼國然防屯如故。有東南路怨軍將領董小醜，坐討平利州賊，逗留不進，被誅。本部隊長羅青漢、董仲孫等倡率怨軍作亂，攻錦州，月餘不能下，賴都統耶律余覩援兵至，怨軍始懼。郭藥師等內變，自殺賊魁羅青漢等數人，就招安，都統蕭幹奏選留二千人爲四營，擢郭藥師、張令徽、劉舜臣、甄五臣各統將領，餘六千人，悉送燕、雲、平三路充禁軍，或養濟，實欲分其勢也。余覩謂蕭幹曰：『前年兩營叛，劫掠乾州，已從招安，今歲全軍復叛，而攻錦州，苟我軍不來，城破，則數萬居民被害，所謂怨軍，未能報怨於金人，而屢怨叛於我家。今若乘其解甲，遣兵掩殺净盡，則永絕後患。』幹曰：『亦有忠義爲一時脅從者，豈可盡誅之。』二人議論不合，交章竝奏，卒從蕭幹之議。」

長編拾補卷四三：宣和三年（一一二一）「二月壬午，金國使錫剌、曷魯並大迪烏、高隨至登州。……登州守臣以童貫（案：討方臘）未回，留曷魯等不遣。曷魯狷忿，屢出館欲徒步入京師。尋詔馬政、王瓌引之詣闕」。

宋史卷三九六權邦彥傳：「宣和二年使遼。」又卷三八二李彌大傳：「充契丹賀正旦使，時傳聞燕民欲歸漢，徽宗遣彌大覘之，使還，奏所聞有二：或謂彼主淫刑滅親，種類畔離，女真侵迫，國勢危殆，爲可取。或謂下詔罪己，擢用耆舊，招赦盜賊，國尚有人，未可取，莫若聽其自相攻併。」卷四四七李邈傳：「知霸州，爲遼國賀正副使。還，貫將連金人夾攻契丹，呼邈至私第，以語動之，使附己。邈言：『契丹人未厭其主。』貫懼邈有異議，即奏，不俟對，令復任。邈上書言：『契丹不可滅，苟誤幾事，願誅臣以謝邊吏。』都轉運使沈積中捃𨓜罪五十有三條，鞫治，一無所得。乃以建神霄宮不如詔，免官。」

〔五〕宋會要職官國信使：「宣和四年（保大二年）正月二十四日，詔朝奉大夫宋孝先降一官勒停，坐奉使遼國傲慢失職故也。」孝先當於今年奉使。

長編拾補卷四三：「五月丙午，金國使曷魯、大迪烏入國門，詔國子司業權邦彥、觀察使童師禮館之。未幾，師禮傳旨邦彥等曰：『大遼已知金人海上往還，難以復如前議，諭曷魯、大迪烏令歸。』邦彥驚曰：『如此則失其懽心，曲在朝廷矣。』師禮入奏，復傳旨候童貫回徐議之。曷魯、大迪烏留闕下凡三月餘。」

長編拾補卷四三：「八月壬子，金國使曷魯、大迪烏辭，遣呼慶送歸。國書止付曷魯等，不復遣使，用王黼之議也。書辭曰：『遠勤專使，薦示華緘，具承契好之修，深悉封疆之論。維夙惇於大信，已備載於前書。所有漢地等事，並如初議。俟聞舉軍到西京的期，以憑夾攻。順履清秋，倍膺純福。』」十一月壬午，「金國使副曷魯、大迪烏自海上歸至其國。阿骨打得書，意朝廷絕之，乃命其弟國相勃極烈並粘罕、兀室等悉師渡遼而西，用降將余覩爲前鋒，趨中京」。

二年春正月乙亥，金克中京，進下澤州。〔一〕上出居庸關，至鴛鴦濼。聞余覩引金人婁室孛堇奄至，蕭奉先曰：「余覩乃王子班之苗裔，此來欲立甥晉王耳。若爲社稷計，不惜一子，明其罪誅之，可不戰而余覩自回矣。」上遂賜晉王死，素服三日，耶律撒八等皆伏誅。王素有人望，諸軍聞其死，無不流涕，由是人心解體。余覩引金人逼行宮，上率衛兵五千餘騎幸雲中，遺傳國璽于桑乾河。〔二〕

二月庚寅朔，日有食之，既。甲午，知北院大王事耶律馬哥、漢人行宮都部署蕭特末並爲都統，太和宮使耶律補得副之，將兵屯鴛鴦濼。己亥，金師敗奚王霞末〔三〕于北安州，遂降其城。

三月辛酉，上聞金師將出嶺西，遂趨白水濼。〔四〕乙丑，羣牧使謨魯斡降金。丙寅，上至女古底倉。聞金兵將近，計不知所出，乘輕騎入夾山，〔五〕方悟奉先之不忠。怒曰：「汝父子誤我至此，今欲誅汝，何益于事！恐軍心忿怨，爾曹避敵苟安，禍必及我，其勿從行。」奉先下馬，哭拜而去。行未數里，左右執其父子，縛送金兵。金人斬其長子昂，以奉先及其次子昱械送金主。道遇遼軍，奪以歸國，遂並賜死。遂樞密使蕭得里底。〔六〕召撻不也典禁衛。丁卯，以北院樞密副使蕭僧孝奴知北院樞密使事，同知北院樞密使事蕭查剌爲左夷離畢。戊辰，同知殿前點檢事耶律高八率衛士降金。己巳，偵人蕭和尚、牌印郎君耶律哂斯爲金師所獲。〔七〕癸酉，以諸局百工多亡，凡扈從不限吏民，皆官之。初，詔留宰相張琳、李處温與秦晉國王淳守燕。處温聞上入夾山，數日命令不通，即與弟處能、子奭，外假怨軍，內結都統蕭幹，謀立淳。遂與諸大臣耶律大石、左企弓、虞仲文、曹勇義、康公弼集蕃漢百官、諸軍及父老數萬人詣淳府。處温邀張琳至，白其事。琳曰：「攝政則可。」處温曰：「天意人心已定，請立班耳。」處温等請淳受禮，淳方出，李奭持赭袍被之，令百官拜舞山呼。淳驚駭，再三辭，不獲已而從之。以處温守太尉，左企弓守司徒，曹勇義知樞密院事，虞仲文參知政事，張琳守太師，李處能直樞密院，李奭爲少府少監、提舉翰林醫官，李爽、陳祕十餘人曾與大計，並賜進士及第，授官有差。蕭幹爲北樞密使，駙馬都尉蕭旦〔八〕知樞密院事。改怨軍爲常勝軍。〔九〕於是肆赦，自稱天錫皇帝，改元建福，降封天祚爲湘陰王。遂據有燕、雲、平及上京、中京、〔一〇〕遼西六路。天祚所有，沙漠已北，西南、西北路兩都招討府、諸蕃部族而已。

夏四月辛卯，西南面招討使耶律佛頂降金，雲內、寧邊、東勝等州皆降。阿疎爲金兵所擒。〔一一〕金已取西京，沙漠以南部族皆降。〔一二〕上遂遁於訛莎烈。〔一三〕時北部謨葛失贐馬駝、食羊。〔一四〕

五月甲戌，都統馬哥收集散亡，會于漚里謹。〔一五〕丙子，以馬哥知北院樞密使事，兼都統。〔一六〕

六月，淳寢疾，聞上傳檄天德、雲內、朔、武、應、蔚等州，合諸蕃精兵五萬騎，約以八月入燕；并遣人問勞，索衣裘、茗藥。淳甚驚，命南、北面大臣議。而李處温、蕭幹等有迎秦拒湘之説，集蕃漢百官議之。從其議者，東立；惟南面行營都部署耶律寧西立。處温等問故，寧曰：「天祚果能以諸蕃兵大舉奪燕，則是天數未盡，豈能拒之？否則，秦、湘，父子也，拒則皆拒。自古安有迎子而拒其父者？」處温等相顧微笑，以寧扇亂軍心，欲殺之。淳欹枕長歎曰：「彼忠臣也，焉可殺？天祚果來，吾有死耳，復何面目相見耶！」已而淳死，衆乃議立其妻蕭氏爲皇太后，主軍國事。奉遺命，迎立天祚次子秦王定爲帝。太后遂稱制，改元德興。處温父子懼禍，南通童貫，欲挾蕭太后納土于宋，北通于金，欲爲内應，外以援立大功自陳。蕭太后罵曰：「誤秦晉國王者，皆汝父子！」悉數其過數十，賜死，臠其子奭而磔之；籍其家，得錢七萬緡，〔一七〕金玉寶器稱是，爲宰相數月之間所取也。謨葛失以兵來援，〔一八〕爲金人敗于洪灰水，擒其子陀古及其屬阿敵音。〔一九〕夏國援兵至，亦爲金所敗。〔二〇〕

秋七月丁巳朔，敵烈部皮室叛，烏古部節度使耶律棠古討平之，加太子太保。乙丑，上京毛八十率二千户降金。〔二一〕辛未，夏國遣曹价來問起居。

八月戊戌，親遇金軍，戰于石輦驛，〔二二〕敗績，都統蕭特末〔二三〕及其姪撒古被執。辛丑，會軍于歡撻新查剌，金兵追之急，棄輜重以遁。〔二四〕

九月，敵烈部叛，都統馬哥克之。

冬十月，金兵攻蔚州，降。〔二五〕

十一月乙丑，聞金兵至奉聖州，遂率衛兵屯于落昆髓。秦晉王淳妻蕭德妃五表于金，求立秦王，不許，以勁兵守居庸。及金兵臨關，厓石自崩，戍卒多壓死，不戰而潰。德妃出古北口，趨天德軍。〔二六〕

十二月，知金主撫定南京，上遂由埽里關出居四部族〔二七〕詳穩之家。

〔一〕金史卷七三希尹傳：「遼人迪六、和尚、雅里斯棄中京走，希尹與迪古乃、婁室、余睹襲之。」又卷七六杲傳：「遼人守中京者，聞知師期……欲徙居民遁去。奚王霞末則欲視我兵少則迎戰，若不敵則退保山西。杲知遼人無鬥志，乃委輜重，以輕兵擊之。（天輔）六年（遼保大二年）正月，克高、恩、回紇三城，進至中京。遼兵皆不戰而潰，遂克中京。獲馬一千二百、牛五百、駝一百七十、羊四萬七千、車三百五十兩。乃分兵屯守要害之地。」松漠紀聞：「大將余都姑（即余覩）以前軍十萬降，遼軍大震，天祚怒國人叛己，命漢兒遇契丹則殺之。初，遼制契丹人殺漢兒者皆不加刑，至是攄其宿憤，見者必死，國中駭亂，皆莫爲用。女真乘勝入黃龍府五十餘州，侵逼中京。」金史卷八九移剌子敬傳：「移剌子敬，字同文，本名屋骨朶魯，遼五院人。曾祖霸哥，同平章事。

父拔魯，准備任使官。都統杲克中京，遼主西走，留拔魯督輜重。已而輜重被掠，拔魯乃自髠逃於山林。」卷七四宗望傳：「都統杲已克中京，宗翰在北安州，獲遼護衛習泥烈，知遼主在鴛鴦濼，宗翰請襲之。杲出青嶺，遼兵三百餘掠降人家貲……生擒五人。因審遼主尚在鴛鴦濼未去無疑也，於是進兵。……追遼主於五院司，不及。婁室追之至白水濼，遼主走陰山。遼秦晉國王捏里自立於燕京。……上聞遼主在大魚濼，自將精兵萬人襲之，蒲家奴、宗望率兵四千爲前鋒……追及遼主於石輦驛，軍士至者才千人，遼軍餘二萬五千。……遼主謂宗望兵少必敗，遂與嬪御皆自高阜下平地觀戰。余睹示諸將曰：『此遼主麾蓋也，若萃而薄之，可以得志。』騎兵馳赴之，遼主望見大驚，即遁去，遼兵遂潰。……太祖已定燕京，斡魯爲都統，宗望副之，襲遼主於陰山、青塚之間。……宗望與當海四騎以繩繫遼都統林牙大石，使爲鄉導，直至遼主營。時遼主往應州，其嬪御諸女見敵兵奄至，驚駭欲奔，命騎下執之。……遼太叔胡盧瓦妃，國王捏里次妃，遼漢夫人，并其子秦王、許王，女骨欲、餘里衍、斡里衍、大奧野、次奧野，趙王妃斡里衍，招討迪六，詳穩六斤，節度使孛迭、赤狗兒皆降。得車萬餘乘，惟梁王雅里及其長女乘軍亂亡去。」卷八一王伯龍傳：「天輔六年，從攻下中京，並克境內諸山寨。」

〔二〕續通鑑考異：「金史本紀及宗望傳，宗望擊敗遼主獲其子趙王及傳國璽，獻傳國璽於行在，太祖曰：『此羣臣之功也。』遂置璽於懷中，東面恭謝天地。按遼史，戰於白水濼、趙王被執，在保大三年，即金天輔七年，而遺傳國璽於桑乾河，在保大元年，即金天輔五年。是宗望所獲者非即桑乾河所遺者也。二史傳聞互異。」

〔三〕按上文紀保大元年正月，作奚王蕭遐買。金史卷七二婁室傳、銀术可傳並作奚王霞末。

〔四〕今察右前旗黄旗海。

大金國志卷六：「兀室見國主，回至雲中，與粘罕、余覩同往白水泊避暑。白水泊在雲中之上，乃昔遼主避暑之地也。」

索隱卷二：「案遼白水濼有四。一統志：一在大同府天鎮縣西北。一在喀爾喀左翼旗西南四十里，蒙古名察罕泉。一在郭爾羅斯前旗東北二百六十里，蒙古名插漢。一在蒿齊忒右翼東廿五里，蒙古名柴達木。此紀上云嶺西則在大同邊外。」

〔五〕金史卷二四地理志：「雲内州柔服縣夾山在城北六十里。」金柔服縣在今内蒙古呼和浩特市西南大黑河畔，其北六十里即今大青山。張欽大同府志卷一：「夾山在朔州城北三百四十里，遼主天祚避女真奔夾山即是此地。」布萊脱胥乃德中世紀研究認爲在今内蒙古土右旗西北。中國歷史地圖集第六册（中華地圖學社，一九七五年版）則畫在土右旗東北。

謀夏録：「曷魯自海上歸，阿骨打得書。意朝廷絶之，乃命其弟兀魯、國相勃極烈並粘罕、兀室等悉師度遼而西，用降將余覩爲前鋒。宣和四年正月十四日，陷中京。中京奚國也。遂引兵至松亭關、古北口，屢敗契丹，降奚部。以有各不過關之約，止引兵由奚西過平地松林太子墳，駐白水州，别遣精騎五百留松亭關，遮中京奔逸車乘。是歲天祚在燕聞報，懼及，即日出居庸關，就鴛鴦濼飛放，實引避也。尋聞余覩爲前鋒，蕭奉先謂天祚曰：『余覩，宗支也，豈欲遼亡哉？不過欲立其甥晉王耳。何惜一子，伐其姦謀。』天祚惑之，賜死。晉王賢，死非其罪，聞者無不揮淚。自此人心益攜。三月十一日，報余覩兵至，天祚震驚，人莫爲用，率衛士五千奔雲中，應三局珍寶，祖宗二百餘年所積及其幼女，悉爲金人所掠。道中衛兵稍引去，能從者，獨趙王、梁王與三百餘騎，爲金人追及。由石窟寺遁去。過雲中，見留守蕭查剌，撫之曰：『賊至矣，善守城。』取馬二千匹入天德軍，趨漁陽嶺，入夾山。金人至雲中，蕭查剌與都轉運使劉企常開門降，金人留精騎二百爲衛，而急追天祚，旬日不回，城中推卒長韓執謙爲都統，逐出查剌及衛兵，閉門守，遣人向燕王求救。時燕王新立，無兵，第檄奉、蔚二州應援而已。金人回，破城執執謙等，殺之。其餘不問，於是雲中、朔、應等州皆没。」

三朝北盟會編政宣上帙五：「曷魯自海上歸，阿骨打意朝廷絶之。乃命其弟故碖、國相勃極烈并粘罕、兀室悉帥師度遼，而用降將余覩爲前鋒。正月十四日，以勁騎一日一夜行三百里，至其中都，攻之，自旦至日中，遂陷焉。始謂天祚在城中也，及破，乃知天祚聞其來，中夜已竄，莫知所在。而天祚遽至燕山矣。又懼追襲，與其子趙王、梁王數百騎，復從西北走鴛鴦泊。女真既失天祚，因遣追兵出平地松林而西，將至鴛鴦泊，則適與天祚遇，天祚大窘，因倉皇從雲中府由石窟寺入天德軍，趨漁陽嶺，又竄入夾山。夾山者，沙漠之北，傳謂有泥淖六十里，獨契丹能達，他虜所不能致也。女真之君臣，因駐兵鴛鴦泊，欲經營之，攻擊雲中府暨諸州，以延引時日也。」

續夷堅志卷四：「國兵初西來，雲中先下，後復納遼天祚，國相怒其反復，攻城破，驅壯士無榆坡盡殺之，中有喉絲不斷者，亦枕藉積屍中，得雨復甦，候暮夜欲逃。人定後，忽見吏卒羣至，呼死者姓名，隨呼皆應，獨不呼此人。吏卒去，此人匍匐起，僅能至家，求醫封藥，瘡口漸合，又數月平復，年七十餘病終。同時曹氏小童爲軍士驅逐，與羣兒亂走，追及者皆以大棓擊殺之，次第及曹，忽二犬突出，觸軍士仆地。軍士怒，逐犬入人家，比出，兒輩得散走，逃空室中。俄有執黄旗過者，大呼曰：『國相軍令，殺人者斬！』殘民皆得活。曹氏兒後至節度。」

〔六〕蕭得里底即蕭奉先，此八字重複。

〔七〕金史卷二太祖紀：天輔六年五月，「先是獲遼樞密使得里底。節度使和尚、雅里斯、余里野等。得里底道亡」。

〔八〕羅校：「蕭旦名不見公主表，殆尚秦晉國王淳女者，契丹國志有宣宗（淳廟號）駙馬蕭勃迭疑即其人。」

〔九〕金史卷四四兵志作長勝軍。

〔一〇〕「中京」二字原脱，據本史卷三〇天祚紀保大五年耶律淳紀事、契丹國志卷一二及宋會要蕃夷二補。

〔一一〕金史卷六七阿疎傳：「天輔六年，闍母、婁室畧定天德、雲内、寧邊、東勝等州，獲阿疎。軍士問之曰：『爾爲誰？』曰：『我破遼鬼也。』」

〔一二〕金史卷七六宗幹傳：「杲使宗幹與宗翰以精兵六千襲遼，至五院司，遼主已遁去。與遼將耿守忠戰於西京城東四十里，守忠敗走。」宋元通鑑卷五五：「金人攻西京大同府，遼耿守忠救之。粘没喝、謀良虎、斡本等繼至，粘没喝率麾下至其中衝擊，使餘兵去馬，從旁射之，守忠大敗。其衆殲焉。西京西路州縣部族皆降金。」金史卷八一夾谷謝奴傳：「西京未下，謝奴獲城中生口，乃知城中潛遣人求救於外，都統府得爲之備，却其救兵，西京乃下。」卷八九蘇保衡傳：「保衡，雲中天成人。父京，遼進士，爲西京留守，宗翰兵至西京，京出降。」又卷七一斡魯傳：「西京已降復叛，敵據城西浮圖，下射攻城者。斡魯與鶻巴魯攻浮圖，奪之，復以精鋭乘浮圖下射城中，遂破西京。」西夏書事卷三三：宣和四年（保大二年）三月，「金將斜也、斡離不等破遼西京，追遼主於乙室部，不獲。西京復拒守，乾順遣兵五千爲援，甫出境，聞金將謀良虎已破西京，師遂還」。

〔一三〕金史卷二太祖紀：天輔六年四月，「山西城邑諸部雖降，人心未固，遼主保陰山」。

〔一四〕契丹國志卷一一：夏四月，「燕王遣知宣徽南院事蕭撻勃也、樞密副承旨王居元充告謝使詣宋，至白溝，等候宋徽宗降旨。以天祚見在夾山，燕王安得擅立，令雄州卻之，人使遂回。是時，宋命太師童貫爲宣撫使，以蔡攸副之，勒兵十五萬巡邊，下詔復燕雲故地，仍以三策付童貫：如燕人悦而取之，因復舊疆，上也；燕王納款稱藩，次也；燕人未服，按兵巡邊，下也。貫遣張寶、趙忠齎書往諭燕王，使舉國内附，致書畧曰：『吴越錢俶、西蜀孟昶等歸朝以來，世世子孫，不失富貴。況遼之與宋，歡好百年，誠能舉國内附，則恩數有加；苟懷執迷，後時失機，恐有彭寵之禍，起於帳中。』淳得書，斬其二使。又令趙翊（本董龐兒）遣使臣説諭易州土豪史成，使起兵獻城，爲史成執送燕京，斬之。」（蕭、王奉使事，并見於三朝北盟會編、宋會要蕃夷，皆繫於三月，王居元宋會要作王裾。張、趙被誅事，三朝北盟會編繫於五月。）

〔一五〕案即金史卷二四地理志有西京路歐里本羣牧地。上文紀作候里吉。

〔一六〕契丹國志卷一一：「五月，童貫遣閤門宣贊馬擴持宋徽宗手詔撫諭燕王，使納土以歸，世世不失王爵，並告燕民，以示存恤之意。王雖不從，心亦懷懼。馬擴過白溝，有漢兒劉宗吉者，私出見擴，許開涿州以獻，擴以二榜付之。是時，宋師稍集，种師道總東路之衆，屯白溝。王禀將前軍，楊惟忠將左軍，种師中將右軍，王坪將後軍，趙明、楊志將選鋒軍。辛興宗總西路之衆，屯范村。楊可世、王淵將前軍，焦安節將左軍，劉光世、冀景將右軍，曲奇、王育將後軍，吴子厚、劉安將選鋒軍。竝聽劉延慶節制。以劉韐、宇文黄中爲參謀，鄧珪、鄧琯爲廉訪。六月，童貫至高陽關駐軍，用知雄州和詵計，降黄榜及旗，述弔民伐罪出於不得已之意。如敢殺人，並從軍法。……燕王遣大石林牙領一千五百餘騎屯涿州新城，林牙詰以兩國盟好，何爲興師？既是信使，安得結劉宗吉獻城？馬擴曰：『女真兵已至山後，本朝乃是遣兵救燕，劉宗吉見投，安得不納？』林牙曰：『本欲留宣贊，緣自來通和，不欲太甚。欲和則和，欲戰則戰，大暑熱甚，毋令諸軍徒苦。』語畢，上馬馳去。前軍統制楊可世信和詵言燕人久欲内附，必有簞食之迎，將輕騎數千過界……爲（林牙）所掩，被傷而退。燕王益兵二萬，遣蕭幹統之將渡白溝，……蕭幹迎戰於范村，甚力，興宗遣楊可弼救之，仍自督戰，乃卻。凡駐白溝河十有二日，乃退保雄州。……當燕王僭號之初，漢軍多而蕃軍少，蕭幹建議，籍東、西奚二千餘人及嶺外南北大王、乙室王、皮室、猛拽剌司。遼民遭金人入寇，往往竄山谷沙漠間，聞燕王立，無不内向，然人馬饑甚，不能遠來，遂令州縣招之，得萬餘户，户選一人爲軍，支贍家錢三十貫，謂之瘦軍。既而散處涿、易間，侵掠平民，甚於盜賊，主兵之官，縱而不問。後來常勝軍叛歸南朝，首殺涿州瘦軍家口正罪，以此取悦人心。」東都事畧卷一二一童貫傳：「（童貫）復募馬擴齎軍書入燕，遼將大石林牙者謂王介儒曰：『過河語童貫，欲和即還作善鄰；不欲和請以軍相見。毋令諸軍徒苦也。』」宋元通鑑卷五五：「宣和四年五月，（童貫）命都統制种師道護諸將進兵，師道諫曰：今日之舉，譬如盜入鄰家不能救，又乘之而分其室焉。毋乃不可乎？不聽，分兵爲兩道：師道總東路兵趨白溝；辛興宗總西路兵趨范村。癸未，耶律淳遣耶律大石、蕭幹禦之。師道次白溝，遼人譟而前，擊敗師道，前軍統制楊可世於蘭溝甸，士卒多傷，師道先令人持一巨梃自防，賴以不大敗，退保雄州。遼人追擊至城下，辛興宗亦敗於范村。遼使來言曰：『女真之叛本朝，亦南朝之所甚惡也。今射一時之利，棄百年之好，結豺狼之鄰，基他日之禍，謂爲得計可乎？救災卹鄰，古今通義，惟大國圖之。』貫不能對，師道復請許之和，貫不納。」東都事畧卷一二四：「貫聚兵於雄州，以五月中旬，命种師道與知雄州和詵兵五萬屯於白溝，淳遣蕭幹引精兵二萬及常勝軍迎敵，幹引軍擣師道右軍，右軍潰；又犯左軍，左軍驚擾。師道遣楊可世率驍鋭五千人過橋北擊遼之中軍，遼軍乃回。而楊可世身被重創，師道軍已沮，遂引軍夜遁。黎明，蕭幹以騎兵五千尾擊之，師道與詵渡河而走，淳以書責貫輒敗祖宗信誓，於盛夏之日舉無名之師，已爲吾擊退，今欲如何。」又卷一二一：「遼以敗盟擊我，追我軍至古城南而還。貫以遼人尚强，未易圖，乃以探報不實歸罪於詵，奏黜之。遣劉韐即驛與王介儒議再修好，徽宗聞之，亦詔班師。命諸將分屯，貫自瓦橋關還。」

鐵圍山叢談卷二：「宣和歲壬寅（四年，保大二年，一一二二），北伐事興，夏五月出師。是日白虹貫日，童貫行而牙旗折。伯氏繼之，兵引去纔次夕，所謂宣撫使招旗二，爲執旗者懷而逃去，皆不獲。又二帥既在雄州，地大震，已，天關地軸出見於廳事上，龜大如錢，蛇猶朱漆，相逐而行。二帥再拜，納諸大銀奩而置城北樓真武祠中。翌日視之，天關地軸俱亡矣，識者咸知其不祥。」曾敏行獨醒雜志卷一〇：「宣和四年，朝廷信童、蔡之言，欲招納北人，因命涇原經略招討使种公師道爲河東河北陝西路宣撫司，都統制王禀、楊可世副之。有旨令便道徑赴本司，師道既至高陽，見宣撫使童貫，問出師之日，因極論其不可，曰：前議某皆不敢與聞，今此招納事，恐不可以輕舉，苟失便利，誰執其咎。貫曰：『都統不言，貫來時，面奉聖訓，不得擅殺北人。王師過界，彼當簞食壺漿來迎。又安用戰？今特藉公威名以壓衆望耳。』遂作黄旗，大書聖語，立於車中以誓衆，督師道行甚亟，師道不得已，遂調軍過界河，師道未濟，已有北人來迎敵，我師既不敢與之交兵，惟整陣備之而已。楊可世與麾下皆重傷，士卒死者甚衆，復還之南。北人隔河來問違背誓書，師出何名？師道遣其屬康隨具以河北宣司所申北人陳乞事答之。衆譁然曰：『安得此事。』遂薄我軍。箭發如雨，師道於是遣康隨詣宣司，告以北人之語，且問進退之策。宣司不知所爲，乃命移兵暫回，北人追襲，直至城下，屬大風雨，士卒驚走，自相蹂踐，兵甲填滿山谷。知真定府沈積中以其事聞於朝，上怒甚，遂罷師道兵柄，責授右衛將軍致仕。」又卷五：「燕山招納之舉，多出於蔡攸，攸父子晚年争權相忌，至以茶湯相見，不交它語。王師敗於白溝河，元長嘗以詩寄攸曰：『老嬾身心不自由，封書寄汝淚横流。百年信誓當深念，三伏征塗盍少休。目送旌旗如昨夢，心存關塞起新愁。緇衣堂下清風滿，早早歸來醉一甌。』觀此詩，則知是舉非惟人知其非，雖其父亦知之矣。」清波別志卷上：「待制敷文閣陳公公輔國佐，靖康、建炎，兩爲諫官，嘗記高捒之言曰：捒嘗事蔡京，靖康間，副浙東總管一日來謁，言童貫事甚詳。初童貫欲謀取燕山，度大臣無可議，惟蔡京於朝廷事不問可否，毅然敢爲。是時，京方閒居錢塘，上皇怒貫未有所處，會鄭允中使大遼，貫副之，因奏金（拾遺補卷三疑是遼字）人知臣出入禁闥，親近天子，必求珍異物。上皇於宫中親擇數件與之。貫以獻金（拾遺補疑是遼字）主，果大喜。因置酒密室，獨召貫與二夫人同席會飲。貫因記當時語言，撰密室録歸奏。其閒具載金（拾遺補疑是遼字）主盛道蔡京德望，謂南朝不用京，不能致太平，上皇見之默然。明日，允中對，問曰：卿知密室録否？允中奏：『臣不曾與宴，實不知。』上皇曰：金（拾遺補疑是遼字）主稱蔡京不容口。

允中唯唯而已。不數日，詔京復相，即視事。貫以所謀白京，京見天下已空匱，邊境無備，不敢許。先是貫在北境，約趙良嗣歸國，以副使印給憑，令邊臣不得阻障。良嗣既至，貫引居清職，聽其謀畫，一面遣使約大金，洎金人使來，詔貫延使者及良嗣會京私第，蓋卻左右人從，惟令揀守門，揀但遠聞金國使者言，杖鼓須是兩頭打。既而使者去，京猶豫未決。貫恨京，毀於上前，京皇恐。遣揀往見曰：太師與相公相知至深，近聞司空上前不相主張，凡事若有未副意，但請見諭，不必致疑。貫起立，謂揀曰：童貫小内臣謀太師提挈，今官職至此，豈敢相忘，煩覆知太師不可信人言語，遂成嫌閒也。揀退，貫復呼之曰：更煩賢問太師在杭州静坐，今日至此誰之力？童貫所以報太師亦盡矣。揀歸，具道貫語。京雖知貫已發怒，然此事實未敢從，但憂懼而已。一日，兩府俱朝，京不入，上皇忽曰：有事欲相商，北方果如何？鄭允中對以時未可爲。又顧余深，深對：『臣與蔡京所見一同，亦曾奏知，恐此事不可輕動。』遂問白時中，逡巡未對。而王黼輒先奏曰：『中國故地，久陷戎羌，今日天相陛下，成此大功，若不乘時，恐有後悔。』因敷奏數十言，歷歷可聽。上皇笑曰：『衆人皆謂不可，卿獨可之。難以施行，姑俟他日。』然意已屬黼矣。更數日，禁中曲晏宰執，酒酣，有旨令泛舟，上皇遽以片紙遣貫諭京等議此事，若可即書名。京等皆錯愕，令貫具奏，容子細面陳，難便書名。王安中曰：『某生長北方，聞燕人思歸之情切矣。今若舉事，指揮可定。某亦願書名。』其餘皆默然。黼拜相，仍賜玉帶，於是罷羣臣，獨與貫、黼、安中等議，決意行之。且當日之事，貫實造謀，非黼與安中亦無緣便爲。蓋貫倡之，黼成之，安中贊助之，所以致中國之禍也。天報甚明，故貫、黼首被誅戮，然安中尚全腰領，議者怪焉。余觀安中居燕山二年餘，父事郭藥師，脱身得歸，備知反狀已形，曾無一語，猶推譽藥師功勞，燕民安靖，諛説上皇，希求再用，罪惡之大，無與爲比。其所以未誅，蓋亦有待焉爾。嗚呼！京與允中等六七大臣，皆深知不可，苟能併力死争，事猶可救，區區固惜榮寵，坐視成敗，豈不真負國家哉！以上皆陳語，煇家所得靖康、建炎紀事之書差多，獨未得此説，一時傳聞，未免疑信。貫輔鄭允中出使，私室特禮，允中不預，燕昵之際，貫得毋以我機事告之，雖貫素蓄異志而無忌憚，豈有顯然歸奏，朝廷不以爲疑，且行其言者乎？陳書於末云：揀之言自謂不妄。余考其始終大槩，似或可信云。揀爲是説，意似右京，然政和閒首建平燕之議，招納燕人李良嗣，良嗣乃上北夷録、平夷書，其誰主之？黼晚乃推行京意，朋姦誤國如此。時有謡語：『打破筒，潑了菜，便是人間好世界。』可見人心也。」

長編拾補卷四四：「續宋編年資治通鑑：『宣和四年三月，宋昭上書言遼國不可攻，金人不可鄰，異時金人必先敗盟，爲中國患。乞誅王黼、童貫、李良嗣等。言極激切，仍乞親自奉使以和解之。詔昭狂妄，除名，竄海州。』」

〔一七〕得錢七萬緡，按契丹國志卷一一作「得見錢十萬餘貫」。

〔一八〕契丹國志卷一一：「天祚兵出漁陽，僅復朔、應等州，復爲金所敗，虜其元妃、諸王，天祚復奔夾山。二十四日淳薨，謚曰宣宗。」又云：「是夜淳死，不發喪。蕭幹等先集遼騎三千，陣於毬場，會百官議立燕王妻蕭氏爲皇太后，權主軍國事，奉迎天祚次子秦王爲帝。從其議者書名押字，無敢有一異者。蕭氏遂即位於柩前。」

契丹國志卷一一：「李處温以其子奭舊與宋趙良嗣善，童貫使良嗣以書約爲内應，募牒者投之，并通書馬柔吉等，令結義士開門迎降，拘執虜酋以踐往者歸朝滅虜之言，處温亦令奭潛以帛書相贈答。……后僭位時，獨李處温後至稱賀……有弟處能，懼禍及己，落髮爲僧。蕭后送海島龍雲寺，或告云：『處温父子潛通童貫，欲挾后歸宋朝』，后引問之，處温曰：『臣父子於宣宗有定策功，宜數世宥，不當以讒獲罪。』太后曰：『向使燕王如周公，終享親賢重名於後世，豈不勝大寧王述軋、楚國王涅里耶（皆遼親王謀反誅者）。誤燕王者，皆汝父子。』并數他罪數十條，處温無以對，遂賜死，其子奭凌遲處斬。」

〔一九〕三朝北盟會編政宣上帙九：「初燕王病卧於城南瑶池殿，李奭父子與陳泌等陰使奚、契丹諸貴人出宿侍疾，燕王危篤，處温託故歸私第，欲閉契丹於門外，然後乞王師爲聲援，契丹知之，遂不果。後介休縣遇納人傅遵説隨郭藥師入燕被擒，告説李處温父子嘗遣易州富户趙履仁、劉耀齎文字通童貫，欲挾蕭后納土大宋。履仁授朝散大夫，劉耀均州團練使，見充宣撫司準備差使。蕭后引問處温父子等，示其前後罪犯，遂無以對，處温賜以自盡。子奭凌遲處斬。籍其家貲。朝廷撫定燕山府，追封處温爲廣陽郡王，子奭保静軍節度使，以本宅爲廟。」又：「耶律淳死，無嗣，蕭幹立其妃蕭氏權主軍國事，號皇太后，改建福元年爲德興元年。天祚聞淳死，下詔曰：

『天命至大，不可以力回；神器至公，未聞以智取。古今定論，曆數難移，是以聖人戒於盜竊。故秦晉國王耶律淳，九族之類，推爲仲叔之尊；百官之中，未有人臣之重。趨朝不拜，文印不名。嘗降璽書，別賜金券，日隆恩禮，朕實推崇，衆所共知，無負於爾。比因寇亂，遂肆窺覦。外徒有周公之儀，内實嵇子帶之惡。不顧大義，欲償初心；任用小人，謀危大寶。僭稱大號，私授天官，指斥乘輿，僞造符寶，輕發文字，肆赦改元。以屠沽商賈爲翊戴之臣，以佞媚主詐處清密之任。不踰累月，便至台階。刑獄濫冤，紀綱紊亂。恣縱將士，剽掠州城。致我燕人，陷於塗炭。天方悔禍，神不助姦。視息偷存，未及百日。一身殄滅，絕嗣覆家。人鬼所仇，取笑天下。而又輒申遺令，擅建長秋，妄委婦人，專行僞命。其逆臣李處温父子，同恣貪婪，殺戮無辜，助爲不法。衆心離散，立致分崩，狼狽荒迷，空身無地。罪誠難貸，令在必行，假其餘生，庸示寬大。據耶律淳大爲不道，棄義背恩，獲戾祖宗，朕不敢赦，應所授爵官號，盡行削奪，并妻蕭氏亦降爲庶人，仍改姓虺氏，外據皇太叔并妃別無關礙，更不施行，其封爵懿號，一切仍舊。嗚呼！仰觀天意，俯順輿情，勉而行之，朕亦不忍。且仲尼作春秋，亂臣賊子懼。後之爲臣子者，可不慎歟。』」

三朝北盟會編政宣上帙七：「五月丁亥，燕王遣秘書郎王介儒、都官員外郎王仲孫齎書同往雄州宣撫司。」

東都事畧卷一二四：「(童)貫聞淳死，耻兵敗，思立功以報天子，謂遼國既無主，有間可乘。復自莫州回雄州，奏乞益兵。王黼爲太宰，力主再興師之議，爲貫大發陝西將兵及鄜延路副總管劉延慶赴貫戲下，期九月會於三關。貫與蔡攸謀再舉，會女真已破雲中府，叩居庸關，勢已盛，改號大金國。乃移文於貫，詰問元約夾攻遼國何爲背約不進兵，貫恐懼，遂定議大舉。」草木子卷三上：「遼主天祚親征阿骨打，刀槍皆放光。宋童貫出師約夾攻大遼，無故忽失一認旗，其後兵皆敗衄。」

〔二〇〕金史卷二太祖紀：天輔六年五月戊寅，「謀葛失遣其子菹泥刮失貢方物」。金史卷二太祖紀：六月，「斡魯、婁室敗夏人於野谷」。又卷七一斡魯傳：「夏國王使李良輔將兵三萬來救遼，次於天德之境。婁室與斡魯合軍擊敗之，追至野谷，殺數千人。夏人渡澗水，水暴至，漂溺者不可勝計。」卷七二婁室傳：「夏人救遼，兵次天德，婁室使突撚補攧以騎二百爲候兵，夏人敗之，幾盡。阿土罕復以二百騎往，遇伏兵，獨阿土罕脱歸。……婁室……乃選千騎，與習失、拔离速往。……獲生口問之，其帥李良輔也。將至野谷……婁室分軍爲二，迭出迭入，進退轉戰三十里。過宜水，斡魯軍亦至，合擊敗之。」金史卷六〇交聘表：「六月，夏遣李良輔率兵三萬救遼，斡魯、婁室敗之於野谷。」

燕雲奉使録：夏人援遼爲暴漲所溺繫在八月，大金國志同。西夏書事卷三三及宋、遼二史繫在六月。

燕雲奉使録：「阿骨打親領兵甲數萬，初欲趨中京，道中聞契丹主聚兵於五國崖，亟領兵襲之。

八月十二日，戰於狗泊之地，生擒契丹都統僞駙馬蕭規，天祚引數騎遁去。及夏國引兵數萬襲天德軍，女真都元帥遣其偏將寧朮割、婁宿孛堇統兵七千，與夏人逆戰於阿磨下水，夏人敗走。是時秋霖積潦，山水適至，河暴漲，人馬溺死者不知其數。金人已再殺敗契丹，又戰敗夏國，兵驕氣鋭，所至殺掠無辜，其下大厭之。因秋成遂來傍邊，阿骨打屯奉聖州之東，粘罕、兀室屯應州之南，寧朮割、婁宿屯洪州之西，牧馬休兵，請議事於朝廷。」

〔二一〕按毛八十即毛子廉。金史卷七五本傳稱「率户二千六百來歸」。

〔二二〕本史卷一〇一耶律阿息保傳、卷一一四蕭特烈傳，金史卷二太祖紀、卷八二蕭仲宣傳并作石輦鐸。（金史卷二太祖紀稱又追遼主於烏里質鐸。）金史卷七四宗望傳作石輦驛。索隱卷二：「續通志注云：作驛訛，今考即別輦斗。」西夏書事卷三三：秋七月，「遼主既失西京及沙漠以南，遂由訛莎烈走石輦鐸（原誤驛），金將蒲家奴追敗之，遼主悉棄輜重走。乾順遣大臣曹价奔問起居，饋以糧糗」。

〔二三〕蕭特末，契丹國志作蕭規。

〔二四〕宋元通鑑卷五五：「八月，金斜也使斡離不言於金主曰：『今雲中新定，諸路遼兵尚數萬，新降之民，其心未固，諸將望幸軍中。』金主從之。既而聞遼主在天漁濼，乃自將精兵萬人襲之。蒲家奴、斡離不率兵四千爲前鋒，晝夜兼行，追及遼主於石輦驛，軍士至者才千人，遼兵二萬五千，方治營壘，遂戰，短兵接，遼兵圍之數重，副統軍蕭特烈諭軍士以君臣之義，士皆殊死戰。遼主謂斡離不兵少必敗，遂與妃嬪登高阜觀戰。耶律余覩指遼主麾蓋以示諸將，斡離不等遂以騎兵馳赴之。遼主望見大驚，即遁去。遼兵遂潰。斡離不等還，金主曰：『遼主去不遠，盍亟追之。』斡離不追至烏里質驛。遼主棄輜重而遁。」

〔二五〕三朝北盟會編政宣上帙一〇：「郭藥師者，渤海鐵州人。契丹以爲裨將，領常勝軍。常勝軍，本謂之怨軍。始遼人征伐女真，爲女真所敗，多殺其父兄，乃立是軍，使之報怨。然女真人來則怨軍從之爲亂，退則復服，初未嘗報怨也。天祚與羣下謀殺怨軍除其患，故郭藥師等反殺其首領而降都統蕭幹，遂拜藥師金吾大將軍，俾守涿州。及九大王死，蕭后攝政，藥師見遼將亡，遂首以涿州來降，則常勝軍實反覆之徒，然虜中號健鬬者也。其下又有四將，號彪官。每彪五百人，常勝軍本二千人爾。本朝收復之後，增至二萬，其後又增，號五萬。」續通鑑考異：「宋史作（九月）己卯，遼將郭藥師等以涿、易二州降，蓋并高鳳事而連書之。據北盟會編則高鳳以易約降在九月十五日辛未，藥師之降在九月二十三日己卯，非一日事。東都事畧作八月辛亥，遼國郭藥師以涿、易二州來降，則月日俱誤矣。九朝編年備要所載，與北盟會編同。」

燕雲奉使録：「郭藥師初以武勇四軍薦授殿直，從征女真，積前後功，擢守涿州，忽得報言易州降大宋，藥師有意歸宋，時四軍蕭幹聞我軍再壓境，自燕來涿州，藥師以爲圖己，乃與張令徽、劉舜臣、甄五臣、龔詵、趙瑄、韓璧謀叛，既決，乃召蕭幹開宴，欵密説其歸宋，幹怒曰：『豈可背朝廷？』藥師以爲幹必從請，又常受薦恩，初不敢害幹，幹所領兵不多，慮禍及，遽起啓鑰而去。藥師急召所部論曰：『天祚失國，天下瓜分，宋天子以好生之德，弔民伐罪，命虎臣，擁重兵，下易州，壓吾境，此勇男子取金印大如斗時也。』衆無不響應，遂囚監軍蕭餘慶等，乃遣團練使趙鶴壽帥精兵八千，鐵騎五百，一州四縣人民，奉表來降。表曰：『臣生幽昧之鄉，未被文明之化，常思戴日，何啻望霓。邇者，天祚皇帝怠棄鑾輿，越在草莽，萬姓無依棲之地，五都有板蕩之危。雖宣宗嗣國，旋致奄忽，女后攝政，允難撫綏。誠天命之有歸，非人力之能致。臣等縱屬多難，莫生異心，蓋所居父母之邦，不可廢臣子之節。今契丹自爲戎首，竊稔姦謀，燔燒我里廬，虔劉我士女，報之以德，撫乃以讎。以是思戴舜以同心，耻助桀而爲虐。今將所管押馬步軍用申悃愊，伏願皇帝特開天地之恩，許入風雲之會，實所願也，非敢望焉。宣和四年九月十日。』」九朝編年備要卷二九：「宣和四年九月己卯，郭藥師以涿州來降，以其軍八千隸劉延慶爲鄉導。癸未，蕭后遣使，納款，稱臣。」封有功封氏編年：「蕭后聞常勝軍降，甚懼，召蕃、漢百官議曰：『易州高鳳、涿州郭藥師歸宋，大金人馬已入奉聖州。國步艱難，宗社將覆，今與卿等議去就，兩國孰可倚者，納款臣屬，亦無憾也。』或謂金人方彊宜附之；或謂遼宋百年信誓可依。后曰：『二說皆是。』遂遣同中書門下平章事張炎、尚書都官員外郎張僅使金，永昌宮使蕭容、乾文閣待制韓昉使本朝，皆奉表稱臣。蕭后表曰：『遼國太后妾蕭氏言，蓋聞溟海納汗，繄衆流而畢會；太陽舒照，豈爝火以猶飛。方天下之大同，故聖人之有作。拊心悼往，歛泣陳辭。伏念妾先世，乘唐晉之季年，割燕雲之外地，暨逢聖運，已受齊盟，義篤一家，誓傳百禩。孰謂天心改卜，國步多艱。先王遇板蕩之餘，勵興復之志。始歷推戴，奄至淪徂，爰屬惸嫠，俾續禴祀。常欲引干戈而自衛，與社稷以偕亡。伏念生靈，罹此塗炭，與其陷執迷之咎，曷若爲奉上之勤。伏遇皇帝陛下，四海宅心，兆人爲命，敷文德以柔遠，奮武烈以訓時，必將拯救黎元，混一區宇。仰承嚴命，敢稽歸款之誠；庶保餘生，猶荷永綏之惠。德興元年九月十日。』」

獨醒雜志卷八：「契丹爲金人攻擊，窮蹙無計。蕭后遣其臣韓昉來見童貫、蔡攸於軍中，願除歲幣，復結和親，且言女真本遠小部落，貪婪無厭，蠶食種類五六十國，今若大遼不存，則必爲南朝憂。脣亡齒寒，不可不慮。貫與攸叱出之。昉大言於庭曰：『遼、宋結好百年，誓書具存，汝能欺國，獨能欺天耶。』昉去，貫亦不以聞於朝。遼既亡，金人果背約。」

三朝北盟會編政宣上帙一〇：「十月甲午，蕭容、韓昉至雄州，（童）貫、（蔡）攸以其所上表，不納土，止納款稱臣，麾而去之。」

東都事畧卷一二四：「常勝軍首領郭藥師叛，以涿州來降，易州聞涿州降亦降。蕭幹見蕭后俯伏待罪。蕭后曰：『卿與諸將早爲措置，收復涿、易，多方招誘，善之善也。』」

〔二六〕長編拾補卷四五：宣和四年九月「乙丑，金國通議使勃堇徒姑旦烏歇、高慶裔等見於崇政殿，捧國書以進。……上待烏歇等甚厚，屢差貴臣主宴，錫金帛不貲，至輟御茗調膏賜之。……禮過契丹數倍。……甲戌，詔太中大夫、徽猷閣待制趙良嗣充大金國信使、保義郎、閤門宣贊舍人馬擴副之。武顯大夫、文州團練使馬政充伴送使。是日，徒姑旦、高慶裔、烏歇等入辭於崇政殿。上諭曰：『燕人無主，止是四軍（蕭幹）領兵爲邊患，乃挾女主猖獗，豈金國可容，早禽之爲佳。』烏歇、慶裔曰：『四軍，夔离不耳，彼何人敢爾，到本國當即奏陳。』」三朝北盟會編政宣上帙一一：「宣和四年十月戊申，劉延慶議入燕之策，郭藥師獻謀曰：『四軍者，以全師抗我，則燕山可以擣虛而入。可選輕騎由固安度盧水，至安次，徑赴燕城，漢民知王師至，必内爲應，燕城可得。』即命趙鶴壽等夜半渡河，銜枚倍道至三家店憩軍。次日質明，藥師遣甄五臣領常勝軍五千人，雜郊民奪迎春門以入，大軍繼至，陳於憫忠寺。」中興姓氏録：「童貫以大兵駐高陽關，藥師因涿州刺史蕭慶雲，先遣團練使趙鶴壽奉表於貫，加藥師虔州觀察使，令隸（劉）延慶軍爲鄉導，藥師獻入燕之策，延慶從之。遣藥師選常勝軍及西兵五千騎同襲燕山。遣數隊雜鄉民奪迎春門入，陳於憫忠寺前，遣七將把諸門，進兵抵宣和門外，遣人諭蕭太后，令早降，不從。契丹領兵死戰，藥師退走雙門，下馬步戰，又敗。皆棄馬，與楊可世墮城而下，兵將死傷大半。契丹四軍大王蕭幹牽藥師、可世全裝馬以示，延慶軍恐而潰。」九朝編年備要卷二九：「藥師遣人諭蕭后使降，不從。我師與虜合戰，至晚不解，蕭幹知我師入燕，亟來救，或告藥師城外塵起，必有救兵至。諸將皆謂延慶遣兵來助，登高望之，則燕王冢上立四軍旗矣。四軍兵自南門入，人皆死鬬，藥師屢敗，奔門不得出，盡棄馬，縋城而下，死傷過半。還者數百騎而已。」封氏編年：「是時偏師雖入燕城，大軍屯盧溝未動。延慶聞燕城復失，又瑠璃河護糧將王淵亦陷於賊，求自全之計，召諸將諭以糧餉不濟，不即引還，久恐生變。次日燒營及輜重奔還，王師大潰。」王明清揮麈後録卷四：「宣和初，徽宗有意征遼，蔡元長、鄭達夫不以爲然。童貫初亦不敢領畧，惟王黼、蔡攸將順贊成之。有諜者云天祚貌有亡國之相，班列中或言陳堯臣者，婺州人，善丹青，精人倫，登科爲畫學正，黼聞之甚喜，薦其人於上，令銜命以視之，擢水部員外郎，假尚書以將使事。堯臣即挾畫學生二員俱行，盡以道中所歷形勢向背，同繪天祚像以歸，入對，即云：『虜主望之不似人君，臣謹寫其容以進。若以相法言之，亡在旦夕，幸速進兵，兼弱攻昧，此其時也。』並圖其山川險易以上，上大喜。即擢堯臣右司諫，賜予鉅萬，燕雲之役遂決。」宋元通鑑卷五五：「冬十月癸巳，童貫遣劉延慶、郭藥師將兵十萬出雄州，以郭藥師爲鄉導，渡白溝，延慶軍無紀律，藥師諫曰：『今大軍拔隊行而不設備，若敵人置伏邀擊，首尾不相應，則望塵決潰矣。』不聽。至良鄉，遼蕭幹率衆來拒，延慶與戰而敗，遂閉壘不出。藥師曰：『幹兵不過萬人，今悉力拒我，燕山必虚，願得奇兵五千，倍道襲之，城可得也。』因請延慶子光世簡師爲後繼，延慶許之。遣大將高世宣、楊可世與藥師帥兵六千，夜半度盧溝，倍道而進，質明，常勝軍帥甄五臣領五千騎奪迎春門以入，藥師等繼至。遣人諭蕭后，后密報蕭幹，幹舉精甲三千，還燕，巷戰，光世渝約不至，藥師失約而敗，與可世棄馬縋城而出，死傷過半，世宣死焉。延慶營於盧溝南，幹分兵斷餉道，擒護糧將王淵，得漢軍二人蔽其目留帳中，夜半僞相語曰：『吾師三倍漢軍，敵之有餘，當分左右翼，以精兵衝其中，左右翼爲應，舉火爲期，殲之無遺。』既言，乃陰逸一人歸報，延慶聞而信之。明旦，見火起，以爲敵至，即燒營遁。士卒蹂踐死者百餘里。幹因縱兵追至涿水而去，自熙豐以來所儲軍實殆盡，退保雄州。燕人知宋之無能爲，作賦及歌詩以誚之。」周春遼詩話：「宣和四年十一月，金主見趙良嗣，許割燕京薊、景、檀、順、涿、易六州二十四縣，每歲要以所賂契丹銀絹。良嗣歸有喜色，作詩云：『朔風吹雪下鷄山，燭暗穹廬夜色寒。聞道燕然好消息，曉來驛騎報平安。』副使馬擴和詩云：『未見燕銘勒故山，耳聞殊議骨毛寒。願君共事烹身語，易取皇家萬世安。』擴見良嗣妄生邊釁，預知金人必將敗盟，故和詩隱寓諷之之意。」獨醒雜志卷八：「國家初與金人結好，遣馬政自登州泛海而往，歸，朝廷復遣其子擴爲使。宣和末，金人敗盟，舉兵入寇，擴尚以使事留金，後得脫歸。」宋元通鑑卷五五：「十二月壬辰，金主遣騎兵送趙良嗣還，且獻遼俘。」

長編拾補卷四五：「十一月甲戌，先是，趙良嗣、馬擴等與徒姑旦烏歇、高慶裔等，以九月甲戌發京師。時金國主駐軍奉聖州，良嗣過應州，粘罕、兀室留賓禮物，兀室權充使伴，與良嗣等至奉聖州。時十月辛亥也。金國令其弟國相蒲結奴、相温及二太子斡離不等計事。……蒲結……傳旨曰：『皇帝言，初以南朝失信，斷絕無疑，緣南朝皇帝委曲御筆親書，今更不論元約，特與燕京六州二十四縣漢地漢民。其係官錢物等，及奚、契丹、渤海、西京、平、灤州並不有許與之數，南朝自得燕京，亦借路平灤以歸。如南朝未得，我兵取之，悉如前約，更不論夾攻。』六州，謂薊、景、檀、順、涿、易也。良嗣答以：『元約山前山後十七州，今止言燕京六州二十四縣。昨日言西京，今又不及，何也？平、灤本燕地，先曾約定以榆關爲界，則平、灤州在燕京之内矣。……」（浦結）便指良嗣朝辭，至庭下，有挺立二人，指示良嗣曰：『此燕京國妃遣來請降，如不許稱藩，止乞燕京一職。力拒南朝。及言契丹軍雖寡弱，若止當南軍有餘，祇恐大金國軍來，即不及也。』對良嗣等面諭二人云：『我已許南朝燕京，汝到日説與國妃與夔離不曰：勿與南朝交戰，戮及齊民。』二人唯唯。良嗣等辭訖，遂留馬擴，遣良嗣以是日戊午與使人同來。丙子到闕。詔良嗣充接伴使及館伴，侍御史周武仲副之。」

〔二七〕長編拾補卷四五：「十二月戊子，李靖、王度剌等辭於崇政殿。詔龍圖閣學士、太中大夫趙良嗣，顯謨閣待制周武仲爲國信使……辛卯，金人入燕，明日，遣馬擴歸廷獻捷。甲辰，女真復遣李靖、王度剌持國書與良嗣、周武仲同來。良嗣及靖等先以是月庚子至金國軍前入見……國主曰：『夾攻且勿言，其平、灤等州未嘗計議，如何必欲取平灤等州，並燕京不與汝家矣。』便令良嗣歸館，居四日，國主詔趣令南使辭歸。良嗣曰：『今到軍前，合議事甚多，畧未嘗及，而遽辭何也。』撒盧母曰：『皇帝已怒。』遂令入辭，以國書副本示良嗣。良嗣曰：『自古及今，税租隨地，豈有與其地而不與租税者，可削去租税事。』粘罕曰：『燕自我得之，賦税當歸我，大國熟計，若不見與，但速退涿州之師，無留吾疆。』於是復以國書再遣良嗣及靖等。」

契丹國志卷一二：「蕭后議所往，耶律大石林牙，欲歸天祚，有宣宗駙馬蕭勃迭曰：『今日固合歸天祚，然而有何面目相見？』林牙命左右牽出斬之。傳令軍中，有敢異議者斬。」

史愿亡遼録：「蕭后纔聞居庸失險，夜半率契丹并老幼車帳出城，聲言劄野寨迎敵，其實避竄。宰相左企弓以下，拜辭於門外。蕭后諭曰：『國難至此，我親統大軍，盡死一戰，爲社稷計，勝則再與卿等相見；萬一失利，則我誓死於陳前。卿等多方保全合境漢民，無使濫被殘害。』遂泣下數行。至松亭關，議所往，大石林牙欲歸天祚，四軍大王蕭幹欲就奚王府立國。於是契丹、奚軍列陳相拒而分矣。」又：「蕭后行五十里，金遊騎已逼城，左企弓集百官共議，未定，已報統軍副使蕭一信開啓夏門放入婁宿孛堇軍登城，續遣先被虜人知宣徽北樞密院事韓秉傳旨：若即拜降，我不殺一人，催促文武百僚、耆老、僧道出丹鳳門毬場内投降。阿骨打戎服已坐萬歲殿，皆拜服罪。」蔡絛北征紀實：「金人久住鴛鴦泊，往來白水以圖天祚，既深入夾山，勢不能出，因攻取雲中諸州，且休息。往來山後，視中國紛拏。延慶既潰，阿骨打始以全師自居庸關入，四軍大王者，奉蕭后由松亭關遁。燕人乃備儀物迎之，其始至於燕之大内也，阿骨打與其臣數人，皆握拳坐於殿之户限上，受燕人之降，且尚詢黄蓋有若干柄？意欲與其羣臣皆張之，中國傳以爲笑。自後尊大，皆燕人及中國若良嗣輩教之也。」馬擴茅齋自叙：「女真既得契丹，故大臣皆言：南朝自來畏怯，又見劉延慶敗走，左企弓嘗上阿骨打詩云：『君王莫聽捐燕議，一寸山河一寸金。』故有敗盟之意焉，自南使過盧溝河即焚橋樑。」大金國志卷二：「（十二月）初六，（國主）入居庸關，晡時到燕，蕭后聞居庸失守，夜率蕭幹等出奔，行五十里，國兵遊騎已至城，遼相左企弓、虞仲文等迎降，出丹鳳門毬場内投拜。國主戎服坐萬歲殿，皆拜伏，待辠於下，譯者曰：『我見城頭礮繩蓆角，都不曾解動，是無拒我意也。』竝放辠。」陳士元灤志卷一世編一：「保大二年冬十二月，金克遼燕京，訪得平州人韓詢，使持詔招諭平州。詔曰：『朕親巡西土，底定全燕，號令所加，城邑皆下。爰嘉忠款，特示優恩，一應在彼大小官員，可皆充舊職；諸囚禁配隸，并從釋免。』時遼主尚在天德，雖開諭而民未信從。」金史卷二太祖紀：「九月乙丑……歸化州降。……丁丑，奉聖州降。十月丁酉，蔚州翟昭彥、田慶殺知州事蕭觀寧等以叛。丙午，復降。」

本史卷三五兵衛志：南府鎮駐西南境，有乙室部。西南路招討司有品部、迭達迭剌部、品達魯號部。卷四六百官志：大小部族並有某部族詳穩司。此紀四部族詳穩，當是兵衛志西南之四部。此時或是四部置一詳穩。

三年春正月丁巳，奚王回離保僭號，稱天復元年，〔一〕命都統馬哥討之。甲子，初，張瑴爲遼興軍節度副使，〔二〕民推瑴領州事。秦晉王淳既死，蕭德妃遣時立愛知平州。瑴知遼必亡，練兵畜馬，籍丁壯爲備。立愛至，瑴弗納。金帥粘罕入燕，首問平州事於故參知政事康公弼。公弼曰：「瑴狂妄寡謀，雖有鄉兵，彼何能爲？示之不疑，圖之未晚。」金人招時立愛赴軍前，加瑴臨海軍節度使，仍知平州。既而又欲以精兵三千先下平州，擒張瑴。公弼曰：「若加兵，是趣之叛也。」公弼請自往覘之。瑴謂公弼曰：「遼之八路，七路已降；獨平州未解甲者，防蕭幹耳。」厚賂公弼而還。公弼復粘罕曰：「彼無足慮。」金人遂改平州爲南京，加毅試中書門下平章事，判留守事。〔三〕庚辰，宜、錦、乾、顯、成、川、豪、懿等州相繼皆降，上京盧彦倫叛，殺契丹人。

二月乙酉朔，興中府降金。來州歸德軍節度使田顥、權隰州刺史杜師回、權遷州刺史高永昌〔四〕、權潤州刺史張成，皆籍所管户降金。丙戌，誅蕭德妃，降淳爲庶人，盡釋其黨。癸巳，興中、宜州復城守。〔五〕

三月，駐蹕于雲内州南。

夏四月甲申朔，以知北院樞密使事蕭僧孝奴爲諸道大都督。丙申，金兵至居庸關，擒耶律大石。〔六〕戊戌，金兵圍輜重于青塚，〔七〕硬寨太保特母哥竊梁王雅里以遁，秦王、許王、諸妃、公主、從臣皆陷没。庚子，梁宋大長公主特里亡歸。壬寅，金遣人來招。癸卯，答言請和。丙午，金兵送族屬輜重東行，乃遣兵邀戰于白水濼，趙王習泥烈、蕭道寧皆被執。〔八〕上遣牌印郎君謀盧瓦送兔紐金印僞降，遂西遁雲内。駙馬都尉乳奴〔九〕詣金降。己酉，金復以書來招，答其書。壬子，金帥書來，不許請和。是月，特母哥挈雅里至，上怒不能盡救諸子，詰之。

五月乙卯，夏國王李乾順遣使請臨其國。庚申，軍將耶律敵烈等夜劫梁王雅里奔西北部，立以爲帝，改元神曆。辛酉，渡河，止于金肅軍北。回離保爲衆所殺。

六月，遣使册李乾順爲夏國皇帝。

秋〔一〇〕九月，耶律大石自金來歸。

冬十月，復渡河東還，居突呂不部。梁王雅里殂，耶律朮烈繼之。

十一月，朮烈爲衆所殺。〔一一〕

〔一〕大金弔伐録卷一：天輔七年（保大三年，一一二三）三月第二白劄子：「傳聞四軍蕭幹已即位，號神聖皇帝，改元天嗣。如所傳是實，所當至慮，早議招捉。」

契丹國志卷一二：「遼軍從林牙，挾蕭后以歸天祚於夾山。時奚、渤海軍從蕭幹留奚王府，幹據府自立，僭號爲神聖皇帝，國號大奚，改元天興。六月，奚兵出盧龍嶺，攻破景州，殺守臣劉滋、通判楊伯榮。又敗常勝軍張令徽、劉舜仁於石門鎮，攻陷薊州，守臣高公輔棄城走。又寇掠燕城，其鋒鋭甚，有涉河犯京師之意，人情洶洶，頗有謀棄燕者。宋童貫自京師移文王安中、郭藥師，切責之。七月，奚兵遇郭藥師，戰於腰鋪，大敗而歸。藥師乘勝追襲，過盧龍嶺……（蕭幹）爲其部曲白得哥殺之，傳首於河間府，安撫使詹度獻於宋朝，徽宗御紫宸殿受賀。」宣和録：「太傅王黼等表賀：宣撫司奏，奚賊四軍夔離不率衆出犯景、薊，大兵討伐。八月十五日於峯山遇，王師大捷。斬獲三千級，生擒僞阿魯太師，俘執數千人。十七日，追至盧龍嶺，招納二萬餘衆，獲耶律德光僞尊號寶檢，契丹金塗印數十，輜重器甲、牛馬、生口不可勝計。」翟耆年籀史卷上：「後復幽燕，獲耶律德光所盜古寶玉尊，形製與黃目尊等，瑩然無少玷缺，在廷莫知所用，帝獨識其爲灌尊，實周人之重寶，詔禮官圜丘祭天之器，倣古盡用吉玉。」蔑離不即回離保、四軍大王蕭幹也。

宋會要兵一四：「(宣和)五年八月二十一日，河北河東路宣撫司奏，契丹四軍蔑離不率師犯景、薊，王師遇之，戰於烽山，大捷。追至盧龍嶺而還。」

〔二〕瑴，原誤「殼」。金史卷一三三、宋史卷四七二並有傳，均作覺，覺、瑴音同，據改。本書卷一〇二有補傳。

〔三〕金史卷二太祖紀：天輔七年正月「甲子，遼平州節度使時立愛降。……二月，改平州爲南京，以張覺爲留守」。

〔四〕高永昌，金史卷二太祖紀天輔七年二月作高永福。

〔五〕長編拾補卷四六：「宣和五年(一一二三)正月丁巳，大金國使副李靖、王度剌、撒盧母以乙卯朔入國門，詔趙良嗣、周武仲復館之。戊午，引對崇政殿，捧國書以進。……己未，入辭於崇政殿……詔良嗣、武仲復充國信使副兼送伴，馬擴充計議使，奉國書往。……二月丙戌，初，良嗣及武仲、擴等以正月壬戌出國門，丁巳至雄州，己卯，抵金國軍前。諸酋列館燕京郊外，獨置南使於一廢寺，以氈帳爲館。良嗣見金國主曰：『本朝徇大國多矣，止平、灤一事，豈不能相從耶。』國主曰：『平、灤初未嘗相許，今欲作邊鎮，不可得也。』遂議租賦，兀室云：『藉燕地所出並課利計直可也。』良嗣曰：『國書止言租賦耳，乃及課利何哉。』辨論久。……三月，詔吏部侍郎盧益借兵部尚書與良嗣俱充國信使，擴充副使，持國書及誓書往軍前議交燕月日。」金史卷八〇赤盞暉傳：「暉字仲明，其先附於遼，居張皇堡，故嘗以張爲氏。後家來州。暉體貌雄偉，慷慨有志略，少遊鄉校。遼季以破賊功，授禮賓副使，領來、隰、遷、潤四州屯兵。天輔六年（保大二年）降，仍命領其衆。」

〔六〕金史卷二太祖紀：天輔七年四月「壬辰……師初入燕。遼兵復犯奉聖州，林牙大石壁龍門東二十五里，都統斡魯聞之，遣照立、婁室、馬和尚等率兵討之，生獲大石，悉降其衆」。劉祁歸潛志卷一三北使記：「（金）太祖愛其（大石）俊辯，賜之妻；而陰蓄異志，因從西征，挈其孥，亡入山後。」

〔七〕本史卷四一地理志：豐州有青塚，在今内蒙古呼和浩特市南十公里。

〔八〕宋元通鑑卷五六：「宣和五年夏四月，斡魯使斡離不、銀术可、婁宿等以兵三千分道襲遼主，將至青塚，遇泥濘不能進，斡離不以繩繫大石，使爲鄉導，直趨遼主營。斡魯等大軍繼至。時遼主往應州，其子秦王定、許王寧及諸妃、女并從臣俱被執，盡失輜重萬餘乘。」金史卷一三二完顔元宜傳：「元宜……本姓耶律氏，父慎思，天輔七年，宗望追遼主至天德，慎思來降，且言夏人以兵迎遼主，將渡河去，宗望移書夏人，諭以禍福。夏人乃止。」

金史卷二太祖紀：天輔七年四月己亥，「斡魯、宗望等襲遼權六院司喝离質於白水濼，獲之。其宗屬秦王、許王等十五人降。聞遼主留輜重青塚，以兵萬人往應州，遣照里、背荅、宗望、婁室、銀术哥等追襲之，宗望追及遼主，決戰，大敗之。獲其子趙王習泥烈及傳國璽」。

〔九〕羅校：「金紀作以駙馬都尉乳奴等來獻，乳奴名不見公主表，天祚六女皆未下嫁，惟昭懷太子一女延壽下嫁蕭韓家奴，不知即乳奴否。」

〔一〇〕據金史卷二太祖紀：「八月辛巳朔，日有食之。」大金國志卷三：「（天輔七年）八月辛巳朔，日當食，陰雲蔽之不見。」契丹國志同。

〔一一〕宋元通鑑卷五六：「冬十月，遼雅里死，蕭特烈等復立耶律朮烈爲帝。朮烈，興宗孫也。十一月，遼朮烈及蕭特烈爲亂兵所殺。」羅校：「『突』，元本作『朮』，金紀又作『特烈』。」長編拾補卷四六：「（四月）壬午，（盧）益等赴花宴，是日，金國主坐行帳前，列契丹伶人作樂。每舉酒，輒謝恩。漢兒左企弓以下，搢笏捧觴晉壽，悉如契丹舊儀。……兀室曰：『兩朝誓書中不納叛亡，今貴朝已違誓矣。』益曰：『且勿言諸人未嘗有至南朝者，借使有之，在立誓後耶？立誓前耶？』良嗣亦曰：『未議之事有五：一、回答誓書，二、交燕京月日，三、符家口立界，四、山後進兵時，五、西京西北界未定，兼賞軍銀絹在涿州未交，安得便辭。』符家口者，有永濟務在焉，初畫地圖以屬南界，宣撫司遣姚平仲立封堠，誤置北朝，故良嗣以爲言。兀室云：『我以山西全境與汝家，豈不能易此尺寸土地耶。』良嗣不能答，徐問：『交燕如何。』兀室曰：『候宣撫司户口齊足。』……甲午……(金人)邀索不已。(王)黼遂以遼人舊歲幣四十萬之數外,歲更添燕山、涿、易、景、順、檀、薊六州代税錢一百萬緡。……庚子……燕之金帛、子女、職官、民户,金人席捲而東,朝廷損歲幣數百萬,所得者空城而已。……乙巳,童貫等言:『收復燕城了當。』具表稱賀。……戊申,金國遣楊璞同盧益、趙良嗣等回,齎國書並誓書來。遂並及雲中府及武、應、朔、蔚、奉聖、歸化、儒、嬀等州,山後地圖則已交割,當時實未嘗得山後土地也。其後頗得武、朔、蔚三州,尋復失之,兵端蓋自此始。」又卷四七:「五月辛巳……平州(張㲄)稱保大三年,晝天祚象,朝夕謁,事無大小,告而後行止。……六月丙戌,知平州張㲄遣人詣宣撫司納土。……八月乙未,王師大敗契丹將夔離不於峯山。夔離不者,蕭幹也。金人既入燕京,幹就奚王府自立爲神聖皇帝,國號大奚,改元天嗣。」

高麗史卷一五:仁宗元年六月,「宋國信使禮部侍郎路允迪、中書舍人傅墨卿來……路允迪等告王曰:『帝聞先國王薨逝,嗣王傳業,故遣使致奠弔慰。詔書、祭文皆御製親札。……亦示殊恩。但先王爲已受遼册命,故避諱耳。今遼命已絶,可以請命朝廷。』王答曰:『……所謂册命,天子所以褒賞諸侯之大典也。今憂制未終,而遽求大典,於義未安,實增惶愧。冀於明年遣使謝恩,並達微誠。』」八月甲辰,「遣河則寶如遼,自龍州泛海,不達而還」。

四年春正月,上趨都統馬哥軍,金人來攻,棄營北遁,馬哥被執。謨葛失來迎,贐馬、駝、羊，又率部人防衞。時侍從乏糧數日，以衣易羊。至烏古敵烈部，以都點檢蕭乙薛知北院樞密使事，封謨葛失爲神于越王。特母哥降金。

二月，耶律遥設等十人謀叛，伏誅。

夏五月，金人既克燕，驅燕之大家東徙，以燕空城及涿、易、檀、順、景、薊州與宋以塞盟。〔二〕左企弓、康公弼、曹勇義、虞仲文皆東遷。燕民流離道路，不勝其苦。入平州，言於留守張瑴曰：「宰相左企弓不謀守燕，使吾民流離，無所安集。公今臨巨鎮，握强兵，盡忠於遼，必能使我復歸鄉土，人心亦惟公是望。」瑴遂召諸將領議。皆曰：「聞天祚兵勢復振，出沒漠南。公若仗義勤王，奉迎天祚，以圖中興。先責左企弓等叛降之罪而誅之，盡歸燕民，使復其業，而以平州歸宋，則宋無不接納，平州遂爲藩鎮矣。即後日金人加兵，内用平山之軍，外得宋爲之援，又何懼焉！」瑴曰：「此大事也，不可草草。翰林學士李石智而多謀，可召與議。」石至，其言與之合。乃遣張謙率五百餘騎，傳留守令，召宰相左企弓、曹勇義、樞密使虞仲文、參知政事康公弼至灤河西岸，遣議事官趙祕校往數十罪，〔三〕曰：「天祚播遷夾山，不即奉迎，一也；勸皇叔秦晉王僭號，二也；詆訐君父，降封湘陰，三也；天祚遣知閤王有慶來議事而殺之，四也；檄書始至，有迎秦拒湘之議，五也；不謀守燕而降，六也；不顧大義，臣事于金，七也；根括燕財，取悦于金，八也；使燕人遷徙失業，九也；

教金人發兵先下平州，十也。爾有十罪，所不容誅。」左企弓等無以對，皆縊殺之。仍稱保大三年，畫天祚象，朝夕謁，事必告而後行，稱遼官秩。

六月，榜諭燕人復業，恒産爲常勝軍所占者，悉還之。燕民既得歸，大悅。翰林學士李石更名安弼，偕故三司使高黨往燕山，〔三〕説宋王安中曰：「平州帶甲萬餘，觳有文武材，可用爲屏翰；不然，將爲肘腋之患。」安中深然之，令安弼與黨詣宋。宋主詔帥臣王安中、詹度厚加安撫，與免三年常賦。觳聞之，自謂得計。

秋七月，金人屯來州，闍母聞平州附宋，以二千騎問罪，〔四〕先入營州。觳以精兵萬騎擊敗之。宋建平州爲泰寧軍，以觳爲節度使，以安弼、黨爲徽猷閣待制，令宣撫司出銀絹數萬犒賞。觳喜，遠迎。金人諜知，舉兵來襲，觳不得歸，奔燕。金人克三州，始來索觳，王安中諱之。索急，斬一人貌類者去。金人曰：「非觳也，以兵來取。」安中不得已，殺觳，函其首送金。〔五〕天祚既得林牙耶律大石兵歸，又得陰山室韋謨葛失〔六〕兵，自謂得天助，再謀出兵，復收燕、雲。大石林牙力諫曰：「自金人初陷長春、遼陽，則車駕不幸廣平淀，〔七〕而都中京；及陷上京，則都燕山；及陷中京，則幸雲中；自雲中而播遷夾山。向以全師不謀戰備，使舉國漢地皆爲金有。國勢至此，而方求戰，非計也。當養兵待時而動，〔八〕不可輕舉。」不從。大石遂殺乙薛及坡里括，置北、南面官屬，自立爲王，率所部西去。上遂率諸軍出夾山，〔九〕下漁陽嶺，〔一〇〕取天德、東勝、寧邊、雲内等州。南下武州，遇金人，戰于奄遏下水，〔一一〕復潰，直趨山陰。〔一二〕

八月，國舅詳穩蕭撻不也、筆硯祗候察剌降金。是月，金主阿骨打死。〔一三〕

九月，建州降金。

冬十月，納突呂不部人訛哥之妻諳葛，以訛哥爲本部節度使。昭古牙率衆降金。〔一四〕金攻興中府，降之。

十一月，從行者舉兵亂，北護衛太保朮者、舍利詳穩牙不里等擊敗之。〔一五〕

十二月，置二總管府。

〔一〕東都事畧卷一二五：「阿骨打遣寧述割、度剌、撒盧母齎誓草來，差盧益、趙良嗣、馬擴報聘。兀室云：『計議已定，近有燕京職官趙温訊、李處能、王碩儒、韓昉等來南，須先以見還。可議交燕月日。』良嗣諭宣撫司，以趙温訊等與之，乃得其誓書，以檀、順、涿、易、燕（燕應作景）、薊六州來歸，燕之金帛子女職官人名，皆席卷而東，朝廷捐金帛數百萬，計所得者空城而已。」周密浩然齋雅談卷中：「韓子蒼挽中山韓帥云：『金絮盟猶在，灰釘事已新。』後村以爲語妙而意婉，蓋宣、靖之禍，自滅遼取燕始，上句指韓，下句指童、蔡也。」

朱勝非秀水閒居録：「金既破契丹，至燕地駐軍，遂攻燕城，四面登堞填壕，掘城爲纏道，徙樓櫓，反臨城中需索，掠取人物俱盡乃還。」平燕録：「金人用阿骨爽計，寸金寸土，裒取殆盡，將燕城職官、民户、技術、嬪嬙、倡優、黄冠、瞿曇、金帛、子女等，席卷而東。或告燕人曰：『汝之東還，非金人意也。南朝留常勝軍利汝田宅，給之耳。』燕人皆怨，説粘罕不當與我全燕，粘罕欲止割涿、易兩州，阿骨打不允，由雲中留白水。」北征紀實：「金人既得燕山子女，加久住氣候已熱，遂大病，而城外諸寨，日夜爲燕之鄉兵劫燒，因罵余覩曰：『汝勸我來此，今外寨皆不安，四面皆大兵，居此網羅中，如何歸。』乃大毁諸州及燕山城壁樓櫓，要害皆平之。又盡括燕山金銀錢物，民庶寺院，一掃皆空。以遼人舊大臣及儀仗車馬玉帛輜重，盡由松亭關去，立爾全師復由居庸關之鴛鴦泊扼天祚出路，以絶契丹之望，乃盡以空城付之我。」張匯金節要：「燕山之地，易州西北乃金坡關，昌平之西乃居庸關，順州之北乃古北口，景州東北乃松亭關，平州之東乃渝關。凡此數關，誠一夫禦之，可以當百。時朝廷之割地也，若得諸關，則燕山之境可保矣。然關内之地，平、營、灤三州，自後唐爲契丹所陷，後改平州爲遼興府，以營、灤二州隸之，號爲平州路。自石晉之初，耶律德光又得燕山、檀、順、景、薊、涿、易諸郡，建燕山爲燕京，以轄六郡，號爲燕京路，而與平州自成兩路。朝廷始議割地，但云燕雲兩路而已。初謂燕山之路，盡得關内之地，殊不知關内之地，平州與燕山路異也。由是破遼之後，金人復得平州路，金人既據平州，則關内之地，蕃漢雜處，欲無侵漁之患，其可得乎！故斡離不至是能自平州入寇，此當時議割燕雲，不明地理之禍也。」顧炎武京東考古録：「宋史言，朝廷與金約，滅遼止求晉賂契丹故地，而不思營、平、灤三州非晉賂，乃劉仁恭獻契丹以求援者。既而王黼悔，欲併得之，遣趙良嗣往，請之再三，金人不與，此史家之誤。案通鑑：及周德威爲盧龍節度使，恃勇不修邊備，遂失渝關之險，契丹每芻牧於營、平之間。又案遼史：太祖天贊二年春正月丙申，大元帥堯骨克平州，獲刺史趙思温，裨將張崇。二月，如平州。甲子，以平州爲盧龍軍，置節度使。遼之天贊二年，乃後唐莊宗同光元年，是營、平二州，契丹自以兵力取之於唐，而不取之於劉仁恭，又非賂以求援也。若灤本平州之地，遼太祖以俘户置灤州，當劉仁恭時尚未有此州，尤爲無據，此亦史家千年未正之誤。遼史於灤州下云：石晉割地在平州之境，亦誤也。」

〔二〕趙祕校，契丹國志卷一二作趙能。祕校爲官稱。

〔三〕契丹國志卷一二：「燕人李汝弼（亡遼録作安弼）者，乃翰林學士李石也；高黨者，三司使高履也。」

〔四〕按契丹國志卷一二，二千餘騎作「三千餘騎」。亡遼録：「張覺之拒金人也，外則送款於大宋，通好於蕭幹，而緩急求援；内則奉天祚畫像，舉事白而後行，詐遣人奉迎，以圖興復。有燕人李安弼者，乃翰林學士李石也；高黨者，乃三司使高履也。二人者，皆先嘗被虜，後緣張覺放歸，恐金人來捕，意欲大宋與金人變盟，則雖後來取之，宋必不發。乃見王安中，共爲遊説曰：平州自古形勝之地，地方百餘里，帶甲十餘萬，張覺文武全才，足以禦金人，制藥師，幸招致之。不然，則恐復西迎天祚、北合蕭幹，竝爲我患，燕山豈得安？安中入其語，深以爲然。勸朝廷納之，有臣身任其責，事關軍國利害大計，不敢不聞等語。差官伴送李安弼等齎詔入闕，趙良嗣力争以爲不可，恐必招女真之兵，乞斬安弼以徇，朝廷不從。」三朝北盟會編政宣上帙一八：「金人闍母國王軍二千餘騎來，聞平州事作，前來問罪。先入營州，張觳發兵拒戰，闍母以軍少不敵，不交鋒而退歸。大書州門曰：『夏熱且去，秋涼復來。』觳遂聲言戰敗金人，殺傷甚衆，安申宣撫司，以大捷聞。宣撫司以銀絹告敕賞其軍。」又：「宣撫司齎銀絹數萬前去犒賞，并朝廷遣李安弼及張觳弟齎詔敕前去平州。觳聞之喜，率官吏郊迎，不意金人諜知之，率精騎襲破觳，觳挺身走，不及入城，遂閒道欲如京師，其弟奔燕山，以其母爲金人所得，復攜詔敕往投之，而觳之母妻已爲金人所戮。金人得詔敕，由是大怒而憾我矣。觳至燕山，郭藥師留之，易姓名曰趙秀才，匿常勝軍中，斡離不遂圍平州，節副魏甫參謀趙仁彦、張鈞棄城走，領麾下數十人，將帶官庫珠玉珍貨等奔燕京，四散藏匿，獨張敦固與軍民死守。」亡遼録：「二太子攻破平州，知張觳爲郭藥師所獲，藏常勝軍中，差人移文索取，即具稟申朝廷，累奉道君皇帝詔，不令發遣，安中與藥師再三論奏，若不與則無以塞責，不得已而縊殺之。以水銀漬其首，函送平州。」

〔五〕自夏五月金人既克燕，至秋七月函其首送金，按此一大段應屬三年。

金史卷一三三張覺傳：「天輔七年（保大三年）五月，左企弓、虞仲文、曹勇義、康公弼赴廣寧，過平州，覺使人殺之於栗林下，遂據南京叛入於宋。」宋史卷二二徽宗紀：宣和五年（保大三年）六月，「遼人張覺以平州來附」。

羅校：「此段接叙瑴事，亦當在上年。」金史卷三太宗紀：天會元年（九月改元）十月，「闍母及張覺戰於兔耳山，闍母敗績」。十一月庚午，「宗望及覺戰於南京東，大敗之，張覺奔宋，城中人執其父及二子以獻」。三朝北盟會編政宣上帙一八則謂闍母攻平州在六月二十一日壬寅，斡離不（即宗望）破平州在七月十日辛酉，與金紀皆違異，似以會編爲得。（此云金人七月攻平州，亦與會編異。）

〔六〕靖康傳信録作達打毛合尖（失）。

〔七〕幸廣平淀即依靠牧區部族；都中京即轉向漢地。

〔八〕孫子兵法卷三謀攻篇：「十則圍之，五則攻之，倍則分之，敵則能戰之，少則能逃之，不若則能避之。」養兵待時即「避之」之意。不轉移牧區依靠部族；不養兵待時以避。主要政見不一致。大石又爲擁淳者。

〔九〕夾山見上文保大二年注〔五〕。

〔一〇〕漁陽嶺在夾山、天德之間。長春真人西遊記：「六月二十一日，宿漁陽關……明日渡關而東，五十餘里至豐州。」邱長春所過漁陽關似即天祚所過漁陽嶺。

〔一一〕索隱卷二：「案一統志：奄遏下水海在鑲紅旗察哈爾南四十里。蒙古名黛哈池。明統志在大同府城西北二十里。又水道提綱：代哈池在殺虎口東北百七十里。」長編拾補卷四八：宣和六年（一一二四）八月，「金人怨朝廷納張瑴，屢出怨言。（譚）稹又不給所許糧十萬斛，金人愈怒，遂攻蔚州，殺陳翊，及陷飛狐、靈邱兩縣，逐蘇京等，絶山後交割意。朝廷咎稹處置無方，故復起童貫代稹。……貫是行實出太原，名爲代稹交割山後地土，蓋以密約天祚來降，而自往迎之也」。

〔一二〕山陰，本史卷四一地理志五作河陰。索隱卷二：「遼置河陰縣，金改山陰。」契丹國志卷一一：「秋七月，金人陷應、蔚等州。」契丹國志卷一二：「（天祚）南下武州，遇金人兀室，戰於奄曷下水。兀室帥山西漢兒鄉兵爲前驅，以女真千餘騎伏山間，出室韋毛割石兵後，毛割石兵顧之大驚皆潰。天祚奔竄入陰夾山。金人以力不能入，恨其不出，謂出必得之。天祚亦畏粘罕兵在雲中，故不敢出。至是聞粘罕歸國，以兀室代戍雲中，乃率韃靼諸軍五萬，並攜其后妃、二子秦王、趙王及宗屬南來，大石林牙諫之，不聽。遂越漁陽嶺，而粘罕已回雲中，復奔山金司。」湛然居士集卷一二懷古一百韻寄張敏之注曰：「金兵逼京師，天祚西狩，遺傳國璽於雲中之桑乾河，竟不獲。」

〔一三〕按金史卷二太祖紀阿骨打死於天輔七年（保大三年）八月戊申。宋元通鑑卷五六：「宣和六年八月，時遼主延禧在夾山，帝欲誘致之，始遣一番僧齎御筆絹書通意，及延禧許歸，遂易書爲詔，許待以皇弟之禮，位燕、越二王上，築第千間、女樂三百人，延禧大喜，（童）貫之是行，名爲代（譚）稹交割山後土地，其實已約延禧來降，自往迎之也。」

苗耀神麓記：「女真始祖揩浦出自新羅，奔至阿觸胡，無所歸，遂依完顏，因而氏焉。六十未娶，是時酋豪以彊陵弱，無以制度，揩浦劈木爲尅，如文契約，教人舉債生息，勤於耕種者，遂至巨富。若遇盜竊鷄豚狗馬者，以桎梏拘械，用柳條笞撻外，賠償七倍。法令嚴峻，果斷不私。由是遠近皆服，號爲神明。有鄰寨鼻察異酋長，姓結徒姑丹，小名聖貨者，有室女年四十餘，尚未婚，遂以牛馬財用農作之具，嫁之於揩浦。後女真衆酋結盟，推爲首領，生訛辣魯，繼其父業，訛辣魯生佯海，佯海生隨闊，自幼習射採生，長而善騎射獵，教人燒炭煉鐵，刳木爲器，製造舟車，種植五穀，建造屋宇，稍有上古之風。由是鄰近每有不平，皆詣所請，遂號孛堇，臣服契丹。生三子：長曰兀列，次曰失侶，幼曰烏熟，爲孛堇。生貨攞，北之五祖，迥然超羣。由是契丹拜爲寧江軍節度使，呼曰太師。生五子：長曰劾閭（乃粘罕祖），次劾姑遜，次劾里孛，次蒲剌叔，次楊割太師。劾里孛生長子兀囉末，第二子兀古達，乃太祖大聖武元皇帝。太祖，契丹咸雍四年歲在戊申生。自遼國天慶三年甲午歲年四十七，於寧江府拜天册立，改元稱帝號。侍中韓企先訓名曰旻，改收國三年爲天輔元年，共在位九年。創業艱難，未嘗少息，至燕京，入内見大殿搖動，出於城東柴村建寨，不旬日病殂，年五十五。以白礬大鹽淹歸阿觸胡御寨葬之，後遷於墳山，號曰泰陵。」兀古達即阿骨打也。

楊循吉金小史卷二：「旻頗豁達有大度，知人善任，能與其下同甘苦。初稱帝時，國相前跪奏事，泣止之曰：『今日皆諸君之力，吾初貴，未易改舊俗也。』諸酋皆感泣再拜。初得燕京時，遼宰相張琳上謁，還其田宅，而封左企弓等官，又從宋索趙温訊，則解其縛而用之。初從遼乞阿疎，遼不與，因以起兵。及得阿疎，不過杖而遣之而已。旻初興，無城郭，星散而居，呼曰皇帝寨、國相寨、太子莊。後升皇帝寨曰會寧府，建爲上京，城邑宫室，無異於中原。州縣廨宇制度極麤，居民往來，車馬雜沓，自前抵後，盡爲出入之路，略無禁制。每春擊土牛，父老士庶，無長幼皆聚觀於殿側。儀衛護從，止類中州守令。在内廷或遇雨雪，雖后妃亦去襪履而行焉。」

〔一四〕金史卷三太宗紀：天會二年十月甲子，「遥輦昭古牙率衆來降。……戊辰，西南、西北兩路權都統斡魯言：『遼詳穩撻不野來奔，言耶律大石自稱爲王，置南、北官屬，有戰馬萬匹。遼主從者不過四千户，有步騎萬餘，欲趨天德，駐余都谷。』詔曰：『追襲遼主，必酌事宜。其討大石，則俟報下。』」

〔一五〕金史卷三太宗紀：天會二年「十一月癸未，闍母下宜州，拔杈枒山，殺節度使韓慶民」。大金弔伐録卷一：「天會四年正月十二日回書誓文及差康王少宰出質、正月十五日宋少主與左副元帥府報和書並云：『偶因手詔平山張覺，招納叛亡，至使懽盟變爲兵革。』」

遼史補注卷三十

本紀第三十

天祚皇帝四

五年春正月辛巳，党項小斛禄〔一〕遣人請臨其地。戊子，趨天德，過沙漠，金兵忽至。上徒步出走，近侍進珠帽，却之。乘張仁貴馬得脱，至天德。〔二〕己丑，遇雪，無禦寒具，朮者以貂裘帽進；途次絶糧，朮者進麨與棗；欲憩，朮者即跪坐，倚之假寐。朮者輩惟齧冰雪以濟饑。過天德。至夜，將宿民家，紿曰偵騎，其家知之，乃叩馬首，跪而大慟，潛宿其家。居數日，嘉其忠，遥授以節度使，遂趨党項。以小斛禄爲西南面招討使，總知軍事，仍賜其子及諸校爵賞有差。

二月，至應州新城東六十里，爲金人完顔婁室等所獲。〔三〕

八月癸卯，至金。丙午，降封海濱王。〔四〕以疾終，年五十有四，〔五〕在位二十四年。金皇統元年二月，改封豫王。五年，葬于廣寧府閭陽縣乾陵傍。

〔一〕小斛祿亦作小勃律、小胡魯、小胡虜等。亡遼録：「天祚還奔山金司，小胡虜密遣人報粘罕，遣五百騎劫遷入雲中。」北征紀實：「小斛祿者，天德、雲中間一族帳，舊臣屬遼人，及天祚至，小斛祿避正寢，事之唯謹，不以其失國虧其臣節。粘罕因自討之，一舉殺小斛祿，破其族帳，盪然無遺種，遂擒其后妃、諸子、宗屬，獨天祚逸去不見。」續通鑑考異：「天祚奔小斛祿時，已無所謂后妃、諸子、宗屬矣。」

松漠紀聞：「中京被圍，（天祚）逃至上京，過燕，遂投西夏。夏人雖舅甥國，畏女真之彊，不果納。初，大觀中，本朝遣林攄使遼，遼人命習儀，攄惡其瑣屑，以蕃狗詆伴使，天祚曰：『大宋兄弟之邦，臣，吾臣也，今辱吾左右，與辱吾同。』欲致之死，在廷恐兆釁，皆泣諫。止杖半百而釋之。時天祚窮，將來歸，以是故恐不加禮，乃走小勃律。復不納，乃夜回，欲之雲中，未明，遇諜者言婁宿軍且至，天祚大驚。時從騎尚千餘，有精金鑄佛長丈有六尺者，他寶貨稱是，皆委之而遁，值天微雪，車馬皆有轍迹，爲敵所及。先遣近貴諭降未復，婁宿下馬，跽於天祚前曰：『奴婢不佞，乃以介胄犯皇帝天威，死有餘罪。』因捧觴而進，遂俘以還，封海濱王，處之東海上。」

〔二〕按金史卷八二蕭仲恭傳作「至霍里底泊」，下文术者即仲恭，金史本傳作术里者。補傳附本書卷九八蕭兀納傳後。

宋元通鑑卷五七：「宣和七年春正月，遼主延禧畏中國不可仗，謀奔西夏。」大金國志卷三：「天祚自天慶親征敗績之後，退保長春州，又退保廣平甸，又退保中京，繼走燕山。既而西走雲中，至於夾山，以保四部族衙。武元及粘罕、兀室以契丹叛臣余覩爲鄉導，自中京由平地松林徑趨雲中路以追之，後於山金司獲天祚，於是嬀州、儒州、歸化、奉聖、弘州、雲中、寧州、德州、東勝、天德、雲内，皆爲金人之有。」契丹國志卷一二：「初，女真入攻時，災異屢見，曾有人狂歌於市曰：『遼國且亡。』急使人追之，則人首獸身，連道『且亡』二字，迸入山中不見。變異如此，興亡之數，豈偶然哉。」

江萬里宣政雜録：「宣和初，收復燕山，以歸朝遼民來居京師，其俗有臻蓬蓬歌，每扣鼓，和臻蓬蓬之音爲節而舞，人無不喜聞其聲而效之者。其歌曰：『臻蓬蓬，外頭花花裏頭空，但看明年正二月，滿城不見主人翁。』詞本遼讖，故京師不禁，然次年正月，徽宗南幸，次年，二聖北狩。又有伎者以數丈長竿繫椅於杪，伎者坐椅上，少頃，下投於尖刀所圍小棘阬中，無偏頗之失。未投時唸詩曰：『百尺竿頭望九州，前人田土後人收；後人收得休歡喜，更有收人在後頭。』此亦遼讖，然兆禍可怪。」錢士升南宋書卷一七：「契丹之亡，其將小鞠䘵西奔，招合雜羌十餘萬，破豐州，攻麟府諸城郭，（楊）宗閔領本道兵馬，屢摧敗之，俘其父母妻子。靖康元年十月，太原陷。鞠䘵驅幽、薊叛卒與夏人、奚人圍建寧，語宗閔子震曰：『汝父奪我居，掩我骨肉，我忍死到今，急舉城降，當全汝軀命。』越旬，城不守。（震）與子居中、執中力戰歿，闔門俱喪。」郡齋讀書志卷二下：「北遼遺事二卷，不題撰人，蓋遼人也。記女真滅遼事。序云：遼國自阿保機創業於其初，德光恢廓於其後，吞併諸蕃，割據漢界，南北開疆五千里，東西四千里。戎器之備，戰馬之多，前古未有。子孫繼統二百三十餘年，迨至天祚失御，女真稱兵，十三年間，舉國土崩。古人謂得之難失之易，非虚言也。」金文最卷一〇八元好問金漆水郡侯耶律公墓誌銘：「嗚呼！世無史氏久矣。遼人主盟將二百年，至如南衙不主兵，北司不理民，縣長官專用文吏，其間可紀之事多矣。泰和中，詔修遼史，書成，尋有南遷之變，簡册散失，世不復見。今人語遼事，至不知起滅凡幾主，下者不論也。通鑑長編所附見及亡遼録、北顧備問等書，多敵國誹謗之辭，可盡信耶？」

高麗史卷一五：仁宗三年「三月己卯，制義州郎將庾清曾被擄北遼，今自拔還，宜令赴京授本職，一行軍忠占亦授本州校尉。……是歲金滅遼」。

茅齋自叙：「天祚南走，兀室遣婁宿孛堇以馬五百追至武州界，天祚欲趨武州，南投大朝，爲隨行僧所勸，謂南朝弱，必不敢隱留，當爲女真所索，等辱耳，不可再辱。莫若徑歸女真亦不失爲王也。天祚意決不進，婁宿追及，乃下馬跪迎天祚，請北面拜降，天祚從之。兀室遣人護送歸國，削封海濱王。置諸東海隅，踰年而死。」

契丹國志卷一二：「天祚削封海濱王，送長白山東，築室居之。踰年……而殂。」范仲熊北記：「天祚者，姓耶律，名延禧，契丹第九代道宗洪基之孫，昭懷太子濬之子也。濬有罪被殺，而立延禧。乙卯歲四月二十九日生，身長六尺有餘，善騎射。道宗殂，延禧嗣立。辛巳歲正月十三日即位，號天祚皇帝。延禧未即位也，國人憐其父之冤，頗歸心焉。及即位，拒諫飾非，窮奢極侈，盤於游畋，信用讒諂，紀綱廢弛，人情怨怒，故金人乘其弊而攻之，所向輒克。十年之間，身擒國亡，可不哀哉。」許採陷燕録：「入燕士大夫，爲買珠玉錦罽等物，相高低至數十倍，一日金字牌來，令置玫瑰一百斤，歲以爲例。此唯一僧善造，僧曰：往日天祚，於春水秋山外，以此擾民，今又如此。」張端義貴耳集卷中：「契丹有玉注碗，每北主生辰稱壽。徽考在御，嘗聞人使往來，知有此注，意甚慕之。自耻中國反無此器。遂遣人于闐國求良玉，果得一璞甚大，使一玉人爲中節往遼，覘其小大短長，如其制度而琢之。因聖節，北使在庭，得見此注，目睨之久。歸虜，首問玉注安否？北朝始知中國亦有此注，女真滅遼，首索此注，及靖康，金人犯闕，亦索此注與遼注爲對。」

長編拾補卷四九：宣和七年（保大五年，大石延慶二年）正月，「故遼國主天祚爲金人所擒。始天祚竄入陰夾山，不能出。童貫日夜爲上謀，謂天祚在，必爲後患，乃閒遣人誘之。天祚心素侈，多慕中國，故其失勢也，本願來歸。始得一番僧者，令支御筆絹書通之，因得還報。初甚密也，往來既數，則又張皇矣。其往來皆由雲中，故金人盡知，適欲其出，是以不顧也。及天祚許歸，乃改書爲詔，示欲臣之，且約：歸則待以兄之禮，位燕、越二王上。築第千間，女樂三百人，禮待優渥。天祚大喜，於是約期相接，童貫是以落致仕，出使河東，密迎之。金人每以力不能入陰夾山，恨其不出，出必得之，益欲以絶其國人之望。而天祚者適畏粘罕據雲中，屯兵以抗其前，故不敢出。及約期之際也，忽報國相歸金國稟議，以兀室代雲中元帥職而去。天祚用是益坦然，遂領所得契丹、韃靼等衆，並携其后妃，二子秦、趙王及京（宗）屬南來，如入無人之境。及才過雲中，則兀室忽以大兵遮其歸路，又報粘罕適以已回雲中矣，故爲其追襲，一擊而天祚之衆潰，勢不能還，且畏中國不可仗，乃亟走小骨碌帳中。金人既破小骨碌，以未得天祚，遣使謂童貫曰：『海上原約不得存天祚，彼此得即殺之。今中國違約招來之，今又藏匿之，我必要也。』貫推以無有，即又遣使迫促貫，語大不遜。不得已，遣諸將出境上授之，曰：『若遇異色目人，不問便殺，以授使人。』會金人自得天祚，事乃息。」

大金弔伐録卷四：遼主耶律延禧降表：「臣耶律延禧言：今月十八日，西南、西北兩路都統府差蕭愈等賚到文字，准奉詔旨招諭者。伏念臣祖宗開先，順天人而建業；子孫傳嗣，賴功德以守成。奄有大遼，權持正統。拓土周數萬里，享國踰二百年。從古以來，未之或有。迨臣纂紹，即已妄爲，恃太平既久之時，隳累代常行之法。寖行侮易，先忤交和，輒無名以舉兵，望有捷而張勢。曲直既顯，勝負自分。雖黷武之再三，曾敗績之非一。往馳信使，永講前歡。特蒙天地之恩，許結兄弟之睦。臣更爲眩惑，弗克遵依。以是再引干戈，重尋釁隙，民神共怒，智力俱窮；寶命既歸，神器難守。宗廟傾覆，甘承去國之羞；骨肉既俘，獨作逃生之虜。非天時之未識，緣己罪之尤深。宣諭幸聞，宸恩得浹。臣自知咎惡，猶積兢惶。伏望皇帝陛下，念上世之舊歡，恕愚臣之前過。許奉先人之祀，留爲亡國之餘，則百生荷再造之恩，一族感聚居之義。謹與見在從官，望闕俟罪。」遼主謝免罪表：「臣延禧言，四月八日賚到詔書一道，特免臣罪，及撫諭仍與西南、西北兩路都統勃極烈同朝見者，豈不自知合被罪盈之責，將何以報特蒙望外之恩？欣幸越常，兢惶失次。伏惟皇帝陛下，仁洽萬物，道配二儀，猶推不忍之心，靡追既往之咎。温頒天語，秩振德音；俾底安全，特寛罪戾。非一身幸免武湯問罪之威，抑舉族均荷唐虞好生之德。今專俟都統勃極烈等赴闕同行次。」

降封遼主爲海濱王詔：「敕下大遼皇帝延禧：定矣廢興之數，雖謂在天；迹其榮辱之來，無非象德。從古以降，其事皆然。以爾長惡謂之不君，積釁至於亡國。比讒迮直，侮聖矜能。烝淫見亂於人倫，驕佚不移於本性。銅山屬弄臣之輩，金穴藏外戚之家。對之終日無話言，行之當代唯亂政。淫刑以逞，視妻子如豺狼；典禮不修，輕人臣如犬馬。旋聞中外，大紊紀綱，朋邪與中正無分，優娼共后妃雜處。室如懸磬，猶能峻宇雕墻；人之流離，不輟從禽逐獸。邦之杌隉，民曰怨咨。方當降罰之時，更稔怒鄰之意。蕩搖我邊鄙，招納我叛亡。爰自先朝，以修武事。我師直而順動，彼勢屈以自摧。曾於奔北之間，輒有和成之請。即爲恩義，許結弟兄，更引美矣之辭，矯示友於之字。孽既自作，禍從此深。骨肉見俘，宗祧失守。疇昔大勢已謝，枉銜去國之悲；於今後事何爲，莫有逃天之計。自知窮蹙，方以歸投。然嘉來意之甚勤，其奈罪條之具在。既爲天之廢棄，又爲民之仇讎。加之斧鉞，則豈謂無名；投諸魑魅，則誰云不忍。事難與恕，朕固合爲。載念取亂復昏，屬兵武有成之績；繼絶興廢，是國家非常之恩。勉降新封，止除舊號，可封爲海濱王，其供帳安置，並如典例。嗚呼，朕循故事，無專己以安爲；爾有前非，宜撫躬而内省。祗復厥命，以保乃身，故兹詔示，想宜知悉。」

遼主謝封海濱王表：「臣延禧言，今月七日，伏蒙聖慈，特賜詔書一道，降封臣爲海濱王者。罪當不免，誠天下之公言；恩反有加，見聖人之全度。事來望外，喜出憂中。伏念臣粤自祖宗，肇有社稷。山河固國，開數萬里之提封；功德浹民，享二百年之福禄。迨臣繼統之後，昧於守成之難，矜得太平，作爲多罪。先絶鄰好，輒造釁端。遂出無名之師，果爲有德者勝。未更十載，併失五都，左右以之離心，中外以之解體。漸及窘迫，旋至播遷。大寶已歸，神器安在。朝夕莫保，骨肉見離，伶俜一身，悽苦萬狀。昔兵連怨結，幾年忤先帝之心；今勢盡力窮，何計逃吾君之手。伏承皇帝陛下，具依遺旨，明諭聖言，許臣不死之恩，恕臣既往之咎。故當遵聽，是即歸懷。今則先廟告成，中宸賜見，凌兢失魄，慚汗何顔。即加斧鉞之誅，正爲當罪；如投魑魅之處，非不甘心。豈期遽易刑章，曲從禮典。所幸得全性命，敢希天上之恩；何期不伍公侯，更賜日中之號。此蓋皇帝陛下大明偏照，至德兼容。取亂侮亡，仗殷周之義；繼絶興滅，推唐虞之仁。以致此身，得承先祀，倘九廟之靈不昧，亦知感恩；況百口之屬更生，何忘報德。」

按：三朝北盟會編政宣上帙二一引亡遼録載天祚降表，大金弔伐録亦載天祚降表，且彼此不同。弔伐録更有天祚謝免罪表、謝封海濱王表。當時天祚既是階下之囚，在流離以後，早已無文儒臣工衛隨。此等文字，應皆入金之後，由金人代作，附存三朝北盟會編所載降金表一篇，以備檢看。「遼國降臣耶律延禧，謹伏斧鉞，躬詣大金國俯伏待罪。臣聞人不患其勇，患其爲暴也。伏念臣祖宗創二百年之基，承大統位，繼子傳孫，郊祀上帝，内外歡慶。豈意微臣骨寒命薄，無德可保，不能當此，夙夜惶駭。罔知過咎，冒犯忌諱，若曉霜而遇烈日，扁舟而遭怒濤，衆怨競興，譖辭蠭起。致茲慚德，激揚聖怒，轉加兵師，憂懼之極，如坐炭湯。蓋聞軹道之放，荷蒙記恤；况若新安之歎，例受無辜。念漢皇之仁恩，誕敷濡澤；誚項羽之過惡，奚免終傷。臣所懇者，乞諧軹道之留，免效新安之禍，戰慄之至。仰干聰聽，昧死謹言。」

南燼紀聞：「粘罕兄弟三人，長粘罕爲國元帥，次澤利，爲北部大酋長，昔滅契丹，擒天祚者，即其人也。」

王宗沐宋元通鑑卷二五：「遼之興也，吾不曰太祖而曰太宗；遼之亡也，吾不曰天祚而曰道宗，何也？太祖破室韋、滅渤海，地方五千里，帶甲數十萬，非不彊也，然其未能抗中國成帝業也。太宗助晉滅唐，盡有山前後十六州之地，始都中原，據有財賦人物衣冠之盛。其他定國賦，制百官，以國制治契丹，以漢制治漢人，因俗而治，事簡職專，是宜其創業幾二百年，有所守也。道宗初政，似有可觀者，而晚年讒巧競進，賊殘骨肉，諸部反側，甲兵之用，歲無寧日。至於一歲而飯僧三十六萬，一日而祝髮三千，故元祖曰『遼以佛亡』，誰之咎哉！而天祚特以昏淫而承其弊耳，有國者可不鑑之哉！」正閏考：「遼始梁太祖開平元年耶律阿保機稱帝，至丙子始改元，終末帝延禧，共九祖二百一十九年，金滅之乙巳，宋宣和七年，金天會三年。」

〔三〕金史卷三太宗紀：天會三年「二月壬戌，婁室獲遼主於余睹谷」。卷七〇習室傳：「與婁室俱獲遼帝於余睹谷。」（卷七二婁室傳作余都谷。）又卷七六宗幹傳：「獲遼主於應州西余睹谷。」卷七二海里傳：「海里，婁室族子。……從婁室追及遼主於朔州阿敦山，遼主從數十騎逸去，婁室遣海里及术得往見遼主，諭之使降。遼主已窮蹙，待於阿敦山之東，婁室因獲之。」是余睹谷在阿敦山之東，州治之西。雍正山西通志二一，余都峪在（山陰）縣南，山陰爲應州屬縣。

大金弔伐録卷一：「天會三年報南宋獲契丹昏主書：『六月日，大金皇帝致書於大宋皇帝闕下：大寶之尊，允歸公授，守不以道，怒集人神。故先皇帝舉問罪之師，迨眇躬盡繼述之畧。尤賴仁鄰之睦，生獲昏主之身。人心既以懽和，天下得以治定。爰馳使介，庸示披陳。遜惟聞知，諒同慶慰。』」

朱弁曲洧舊聞卷六：「宣和間，大金始得天祚，遣使來告，上喜，晏其使。既罷，召（張）虛白入，語其事，虛白曰：『天祚在海上築宮室，以待陛下久矣。』左右皆驚，上亦不怒。徐曰：『張胡，汝又醉也。』」

〔四〕金史卷三太宗紀：天會三年「八月癸卯，斡魯以遼主至京師。丙午，遼主延禧入見，降封海濱王」。

三朝北盟會編炎興下帙一〇：「傅雱建炎通問録：『昔年大遼之失，正緣如此，昇平既久，人不習戰，一旦金人之起，不謀自治之术，恃大弗戒，謂金人小國不足畏。今年出兵不利，潰敗回歸；明年出兵不利，潰散回歸，即募烏合之衆爲用。蓋大遼舊少食糧軍，以食糧軍爲不足，募民兵；以民兵爲不足，又募市兵；以市兵爲不足，又募僧兵，是爲四軍。人雖多，亦皆烏合不爲用，及至潰散回歸，又皆散爲盜賊。時大遼不經殘破州軍，各自蹂踐，其實金人所破州軍十無一實處，其餘皆潰軍自行燒劫及蹂踐占據，將來貴朝弄兵不已，且防潰散軍馬歸來，自殘破了州府。』」

〔五〕拾遺卷一二：「遼史載天祚即於被獲之年病終，爲保大五年，金天會三年也。金史不載天祚告殂之期，而天會四年，有海濱王家奴誣王欲亡之事，想即以是年終。馬擴、葉隆禮所紀，俱云置諸東海隅，逾年而死，爲不誣也。至天會五年四月，左都監宗翰、宗望始以宋二帝歸，天會十三年四月，昏德公薨。正隆元年六月，天水郡公薨。是二帝與天祚未嘗相見也。至正隆六年，不但二帝已亡，而天祚之亡亦久矣。南燼紀聞、竊憤録二書，荒誕不足信，故筆而辨之。」馮校：「天祚之卒，此謂保大五年八月，金天會三年。國志云『踰年乙巳（天會三年，宋宣和七年）而殂』，二説相若。惟金史天會四年二月丁巳，『海濱王家奴誣其主欲亡去，詔誅其首惡，餘並杖之』語，則天會三年天祚猶未卒也。」大金弔伐録卷一：「天輔七年正月與宋書署曰：『……燕京僭號普賢女（即淳妻德妃）上表再三乞請，稱：有南兵入城，力戰破之，殺戮殆盡，歸命上國，願爲附庸。』」

耶律淳者，世號爲北遼。淳小字涅里，興宗第四孫，南京留守、宋魏王和魯斡之子。清寧初，〔一〕太后鞠育之。既長，篤好文學。昭懷太子得罪，上欲以淳爲嗣。上怒耶律白斯不，知與淳善，出淳爲彰聖等軍節度使。

天祚即位，進王鄭。〔二〕乾統二年，加越王。〔三〕六年，拜南府宰相，首議制兩府禮儀。

上喜，徙王魏。其父和魯斡薨，即以淳襲父守南京。冬夏入朝，〔四〕寵冠諸王。

天慶五年，東征，都監章奴濟鴨子河，與淳子阿撒等三百餘人亡歸，先遣敵里等以廢立之謀報淳，淳斬敵里首以獻，進封秦晉國王，拜都元帥，賜金券，免漢拜禮，不名。許自擇將士，乃募燕、雲精兵。東至錦州，隊長武朝彦作亂，劫淳。淳匿而免，收朝彦誅之。會金兵至，聚兵戰于阿里軫斗，敗績，收亡卒數千人拒之。淳入朝，釋其罪，詔南京刻石紀功。

保大二年，天祚入夾山，奚王回離保、林牙耶律大石等引唐靈武故事，議欲立淳。淳不從，官屬勸進曰：「主上蒙塵，中原擾攘，若不立王，百姓何歸？宜熟計之。」遂即位。百官上號天錫皇帝，改保大二年爲建福元年，大赦。〔五〕放進士李寶信等一十九人，遥降天祚爲湘陰王。〔六〕以燕、雲、平、上京、中京、遼西六路，淳主之；沙漠以北、南北路兩都招討府、諸蕃部族等，仍隸天祚。自此遼國分矣。封其妻普賢女爲德妃，以回離保知北院樞密使事，軍旅之事悉委大石。又遣使報宋，免歲幣，結好。宋人發兵問罪，擊敗之。〔七〕尋遣使奉表于金，乞爲附庸。〔八〕事未决，淳病死，年六十。百官僞謚曰孝章皇帝，廟號宣宗，葬燕西香山永安陵。

遺命遥立秦王定以存社稷，德妃爲皇太后，稱制，改建福爲德興元年，放進士李球等百八人。〔九〕時宋兵來攻，戰敗之，由是人心大悅，兵勢日振。宰相李純〔一〇〕等潛納宋兵，居民內應，抱關者被殺甚衆。翌日，攻內東門，衛兵力戰，宋軍大潰，踰城而走，死者相藉。五表于金，求立秦王，不從。而金兵大至，〔一一〕德妃奔天德軍，見天祚。天祚怒，誅德妃，降淳庶人，除其屬籍。

〔一〕按淳死於保大二年，若「年六十」無誤，則當生於清寧九年，「清寧初」有誤字。

〔二〕按本史卷二七天祚紀：乾統元年六月，「以北平郡王淳進封鄭王」。

〔三〕按本史卷二七天祚紀：乾統三年十一月，「鄭王淳爲東京留守，進封越國王」。高麗史卷一二：高麗肅宗九年（乾統四年）冬十月「庚午，遼東京大王耶律淳遣使來聘」。

〔四〕即參加冬夏捺鉢議政之會。本史卷九三蕭惠傳：「惠請老……詔冬夏赴行在，參決疑議。」亦是此種會議。金史卷二太祖紀：「天輔元年（天慶七年）四月，遼秦晉國王耶律捏里來伐，迪古乃、婁室、婆盧火將兵二萬，會咸州路都統斡魯古擊之。」

〔五〕謀夏錄：「蕭幹者，本奚人，蕃名夔離不。常統契丹、渤海、奚、漢兒四色軍馬，故號四軍大王。」契丹國志卷一一：「（淳）即位，僭號天錫皇帝……方議降赦，燕中父老再告：隨駕內庫都點檢劉彥良，姦佞之人，導引天祚爲一切失德之事，國人呼爲『肉拄杖』，謂其依附而行也。妻雲奇者，本倡婦也，日夕出入禁中，以爲諧謔。夫婦共爲國害，請先誅而後降赦。是日，梟彦良夫婦之首於市，人爭臠肉而食之，然後肆赦。」

三朝北盟會編政宣上帙五：「宣和四年三月十七日丙子，遼秦晉國王耶律淳篡立於燕，遣使來告謝，不受。……燕王者，秦晉國王耶律淳，興宗之孫，道宗洪基弟敦本（洪本）之子，於天祚爲從父。初洪基因其子濬，欲立淳爲儲貳，不果。已而立天祚。淳守燕十二年，得人心，號燕王。又謂九大王，又謂覃湘大王。在府番漢百官諸軍，並僧道父老數萬人（擁立之），號曰天錫皇帝，改保大三年（應是二年，一一二二）爲建福元年。改怨軍爲常勝軍。（宋會要蕃夷二：「（李）處温等帥燕京數萬人入燕王府勸進，淳出，遽以赭衣被之。淳慟哭再三，力辭不得已，即位，號天錫皇帝。」）肆赦下詔，諭國中曰：『自我烈祖肇創造之功，至於太宗恢廓清之業。故得奄有區夏，全付子孫；邇後纂承，罔不祇肅。傳二百祀之逾遠，得億兆人之底寧。蓋太平或弛於細娱，而内治多遺於外患。以是邊鄙，生兹寇讎。漸爲蔓草之難圖，公肆長蛇之薦食。敢來問鼎，直欲爭衡，敵壘尚遥，王師自潰。兵非不鋭，事止失和。故使乘輿，越在草莽，地隔不果相赴，旬餘莫知所歸。三邊蕩摇，百姓震慴，懼不相保，謂將疇依？咸云六合爲家，不可一日無主。共戴眇質，用登至尊。皆出素衷，尚慙否德。又念與其長天下之亂，曷若復我家之功。苟其宗社不移，亦曰神靈所望。勢不克避，理當共知。嗚呼！朕以久處王藩，歷更政務。凡民疾苦，與事便宜，靡所不知，亦曾熟慮。自今以後，革弊爲先。所期俾四海用寧，不敢以萬乘爲樂。敢告遠邇，予不食言。』」

〔六〕三朝北盟會編政宣上帙五：「又下詔廢延禧爲湘陰王，詔曰：『大道既隱，不行揖遜之風；皇天無私，自有廢興之數。事易德效，人難力爲。朕幼保青宮，長歸朱邸。雖曰人情之久係，誰云神器之可求？欲避周公之嫌，未忘季札之節。奈何一旦之無主，致使四海之求君。推戴四從，謳歌百和。不敢墜祖宗之業，勉與攬帝王之權。實懼纂圖之爲難，尚思復辟之可待。近得羣臣之奏，概陳前主之非。所謂愎諫矜能，比頑棄德。躁動靡常節，平居無話言。室家之杼軸盡空，更滋淫費；宗廟之衣冠見毀，不輟常畋。嫡子之戮實無名，伋妻之亂孰可忍。加以權臣壅隔，政事糾紛；左右離心，遐邇解體。訖無悛悟，以致播遷。伊戚自貽，大勢已去。是謂辜四海之望，安得冒一人之稱。宜削徽名，用昭否德。方朕心之牽愛，尚不忍從；奈羣議之大公，正復見請。是以勉循故事，用降新封，可降封爲湘陰王。嗚呼！命不於常，事非得已。豈予小子，敢專位號之尊；蓋循衆心，以爲社稷之計。凡在聞聽，體予至懷。』知宣徽南院使事蕭撻勃也，樞密副都承旨王居元（宋會要蕃夷作王裾）充告謝大宋使副。承雄州牒准尚書劄子奉聖旨契勘，天祚見在夾山，燕王安得擅立，仰會問因依，使人復回。」北征紀實：「是歲冬末，邊探報天祚以兵十萬屯燕京……朝廷遽爲駭懼。及明年春，諜報再至，始知其意謂中國有謀也，欲大舉討女真，而懼襲其後，是以耀武爾。羣小既安，則謀之如初，至初三日，又報天祚敗走，不知所在，於是我師遂興。」

〔七〕三朝北盟會編政宣上帙六：宣和四年（保大二年）五月，「童貫次雄州，議進兵，草書令歸朝官張寶、趙忠諭淳禍福。（寶等入燕均被殺。）宣撫司令募馬擴入燕」。又政宣上秩七：「三十日丁亥，燕王遣祕書郎王介儒，都官員外郎王仲孫齎書同馬擴來往雄州宣撫司。」

〔八〕金史卷七六杲傳：「遼秦晉國王耶律揑里自立於燕京。……移書於杲請和，杲復書，責以不先稟命上國，輒稱大號，若能自歸，當以燕京留守處之。揑里復以書來，其畧曰：『昨即位時，在兩國絶聘交兵之際。奚王與文武百官同心推戴，何暇請命。今諸軍已集，儻欲加兵，未能束手待斃也。昔我先世，未嘗殘害大金人民，寵以位號，日益强大。今忘此施，欲絶我宗祀，於義何如也。儻蒙惠顧，則感戴恩德，何有窮已。』杲復書曰：『閣下向爲元帥，總統諸軍，任非不重，竟無尺寸之功。欲據一城，以抗國兵，不亦難乎。所任用者，前既不能死國，今誰肯爲閣下用者。而云主辱臣死，欲恃此以成功，計亦疎矣。幕府奉詔，歸者官之，逆者討之，若執迷不從，期於殄滅而後已。』揑里乃遣使請於太祖，賜揑里詔曰：『汝，遼之近屬，位居將相，不能與國存亡，乃竊據孤城，僭稱大號，若不降服，將有後悔。』」

宋會要蕃夷二：「八月二十五日，遼國常勝軍都管押諸衛上將軍郭藥師上表，與其下萬人以涿、易州來降。有旨送秘書省。二十九日，北虜僞后蕭氏及四軍大王蕭幹遣其臣永昌宫使蕭容、昭文館直學士韓昉等奉表稱藩，乞緩師。童貫、蔡攸以其上表稱臣不納土，斥回，而以其表聞。」（蕭容等使宋，三朝北盟會編作十月甲午。）

長編拾補引續宋編年資治通鑑：「蕭后於九月二十七日遣同中書門下平章事張炎、尚書都官員外郎張僅至金奉表稱臣。與蕭容、韓昉至雄州，同日發遣。」

〔九〕金史卷七八劉筈傳：「遼主西奔，蕭妃攝政，賜筈進士第。」

〔一〇〕按本史卷二九天祚紀保大二年三月及卷一〇二本傳並作李處温。

〔一一〕金文最卷八六任詢撰奉國上將軍郭公神道碑：「公諱建，義州宏政人……天會二年（保大四年），王師南伐，徵鄉邑良家子，公預選首，爲千户以主之。□□□□□與遼常勝軍戰，勝於白溝，士氣振奮，合併大軍下燕雲。」

三朝北盟會編政宣上帙七：「大金皇帝致書於大宋皇帝闕下……後知契丹昏主，竄於沙漠，分兵追捕次，其餘處所，並已歸降。夏臺已遣人使來議通好，韃靼願輸歲貢，繼久稱藩。燕京一處，留守國王耶律淳僭號稱尊，懇誠告和，未審便行攻伐，或别有朝旨，即曰敵國新收，義當存撫，願爲親幸，以快輿情。」

燕雲奉使録：「童師禮傳聖旨，令臣良嗣諭於使副，貴國兵屯白水泊，雖已多時，亦有未是處，契丹舊酋，原未曾捉得，亦未殺了。又聞契丹舊酋，走入夏國，借得人馬過黄河，奪了西京以西州軍，占了地土不少，不知來時知子細否？使副答云：『來時聽得契丹舊酋在沙漠，已曾遣人馬追趕，次第終須捉得，兼沙漠之間，係是達靼、蒯古子地分，此兩國君長，並已降拜了本國，待走那里去，國書中已載矣。』」

三朝北盟會編政宣上帙一〇引封氏編年：「遼國太后妾蕭氏言：『蓋聞溟海納汙，緊衆流而畢會；太陽舒照，豈爝火以猶飛。方天下之大同，故聖人之有作。拊心悼往，飲泣陳辭。伏念妾先世，乘唐、晉之季年，割燕、雲之外地，暨逢聖運，已受齊盟，義篤一家，誓傳百禩。孰謂天心改卜，國步多艱，先王遇板蕩之餘，勵興復之志。始歷推戴，奄致淪殂。爰屬惸嫠，俾續禴祀。常欲引干戈而自衛，與社稷以偕亡。伏念生靈，重罹塗炭，與其陷執迷之咎，曷若爲奉上之勤。伏遇皇帝陛下四海宅心，兆人爲命，敷文德以柔遠，奮武烈以訓時。必將拯救黎元，混一區宇。仰承嚴命，敢稽歸款之誠；庶保餘生，猶荷永綏之惠。今差永昌宮使蕭容，乾文閣直學士韓昉等，詣闕奉表陳奏以聞。臣妾蕭氏誠惶誠恐，稽首頓首謹言。德興元年九月十日，遼國太后臣妾蕭氏上表。』」

茅齋自叙：「十二月初六日，入居庸關，擺列軍馬。阿骨打與宗幹、骨崙郎君並馬南向立，諸軍馬三面整旗擺立。粘罕以下諸郎君，皆披甲作兩行，相對侍立。召僕當前。阿骨打云：『我已遣使副同爾家大使南去，想已到汴城，我已許了趙皇，燕京如今打了須要去，城內，番官人户即是我要；漢兒人户都屬南朝。我今差人入城，招誘契丹令投降，爾敢相隨前去招諭漢兒麼？』僕答：『使人留此，本了軍國大事，有何不敢。』阿骨打曰：『敢時煞好，來早同我家使臣前去。』入夜，召僕。阿骨打曰：『我親押軍來，待與夔離不見一陣，適來已報同國妃，直東走了。來日可以入燕城。』是夜四更，阿骨打召僕去，頗有怒色。曰：『國妃與四軍走去，蓋緣我軍馬入關，今聞爾家軍馬却來攙奪，如此則更無好説話也。』僕曰：『貴朝使人，已與良嗣同趨闕下，朝廷必不許來攙奪，萬一南朝先入，亦足可商量。』阿骨打意少解。次日，抵燕京北門，兩府漢兒官左企弓、虞仲文、曹勇義、劉彦宗，契丹官蕭一信等開門迎降。阿骨打召僕云：『今我軍先入燕京，爾隨行盡見，可回報捷。已教寫宣撫司牒，差五百騎相送。』賜僕並隨行人鞍馬一副，仍令携涿州將官胡德章歸，蓋德章先與契丹戰，爲其所擒，囚燕京獄中，至是令歸。」

耶律雅里者，天祚皇帝第二子也，字撒鸞。七歲，欲立爲皇太子，別置禁衞，封梁王。保大三年，金師圍青塚寨，〔一〕雅里在軍中。太保特母哥挾之出走，間道行至陰山。聞天祚失利趨雲内，雅里馳赴。時扈從者千餘人，多於天祚，天祚慮特母哥生變，欲誅之。責以不能全救諸王，將訊之。仗劍召雅里問曰：「特母哥教汝何爲？」雅里對曰：「無他言。」迺釋之。

天祚渡河奔夏，隊帥耶律敵列等劫雅里北走。〔二〕至沙嶺，見蛇横道而過，識者以爲不祥。後三日，羣僚共立雅里爲主。雅里遂即位，改元神曆，命士庶上便宜。

雅里性寬大，惡誅殺。獲亡者，笞之而已。有自歸者，即官之。因謂左右曰：「欲附來歸；不附則去。何須威逼耶？」每取唐貞觀政要及林牙資忠所作治國詩，令侍從讀之。烏古部節度使糺哲、迭烈部統軍撻不也、都監突里不等各率其衆來附。自是諸部繼至。而雅里日漸荒怠，好擊鞠。特母哥切諫，乃不復出。以耶律敵列爲樞密使，特母哥副之。敵列劾西北路招討使蕭紇里熒惑衆心，志有不臣，與其子麻涅並誅之。以遥設爲招討使，與諸部戰，數敗，杖免官。

從行有疲困者，輒振給之。直長保德諫曰：「今國家空虚，賜賚若此，將何以相給耶？」雅里怒曰：「昔畋於福山，卿誣獵官，今復有此言。若無諸部，我將何取？」不納。初，令羣牧運鹽濼倉粟，而民盗之，議籍以償。雅里乃自爲直：每粟一車，償一羊；三車一牛；五車一馬；八車一駝。左右曰：「今一羊易粟二斗且不可得，乃償一車！」雅里曰：「民有則我有。若令盡償，民何堪？」〔三〕

後獵查剌山，一日而射黄羊四十，狼二十一，因致疾，卒，年三十。

〔一〕青塚寨爲青塚硬寨之省。特母哥時爲硬寨太保。

〔二〕金史卷三太宗紀：天輔七年六月，「（太祖）詔曰：『今遼主盡喪其師，奔于夏國，遼官特列、遥設等劫其子雅里而立之。』」疑特列即特母哥，遥設即耶律敵列。又卷七二習古迺傳：「遼梁王雅里在紇里水自立。」

北走爲糾集地方部族，非單純逃避，大遼二百餘年對西北有廣泛聯繫。北走西遷，具有同等歷史意義。

〔三〕可能遷駐達布蘇泊地帶。

耶律大石者，世號爲西遼。〔一〕大石字重德，太祖八代孫也。通遼、漢字，善騎射，登天慶五年進士第，擢翰林應奉，〔二〕尋陞承旨。遼以翰林爲林牙，故稱大石林牙。歷泰、祥二州刺史，遼興軍節度使。

保大二年，金兵日逼，天祚播越，與諸大臣立秦晉王淳爲帝。淳死，立其妻蕭德妃爲太后，以守燕。〔三〕及金兵至，蕭德妃歸天祚。天祚怒誅德妃而責大石〔四〕曰：「我在，汝何敢立淳？」對曰：「陛下以全國之勢，不能一拒敵，棄國遠遁，使黎民塗炭。〔五〕即立十淳，皆太祖子孫，豈不勝乞命於他人耶？」上無以答，賜酒食，赦其罪。

大石不自安，遂殺蕭乙薛、坡里括，自立爲王，率鐵騎二百宵遁。北行三日，〔六〕過黑水，〔七〕見白達達〔八〕詳穩牀古兒。牀古兒獻馬四百，駝二十，羊若干。西至可敦城，〔九〕駐北庭都護府，〔一〇〕會威武、崇德、會蕃、新、大林、紫河、駝等七州〔一一〕及大黃室韋、〔一二〕敵剌、〔一三〕王紀剌、〔一四〕茶赤剌、〔一五〕也喜、〔一六〕鼻古德、〔一七〕尼剌、〔一八〕達剌乖、〔一九〕達密里、〔二〇〕密兒紀、〔二一〕

合主、烏古里、〔二二〕阻卜、〔二三〕普速完、〔二四〕唐古、〔二五〕忽母思、〔二六〕奚的、糺而畢〔二七〕十八部王衆，諭曰：「我祖宗艱難創業，歷世九主，歷年二百。金以臣屬，逼我國家，殘我黎庶，屠翦我州邑，使我天祚皇帝蒙塵于外，日夜痛心疾首。我今仗義而西，欲借力諸蕃，翦我讎敵，復我疆宇。惟爾衆亦有軫我國家，憂我社稷，思共救君父，濟生民於難者乎？」遂得精兵萬餘，置官吏，立排甲，具器仗。

明年〔二八〕二月甲午，以青牛白馬祭天地、祖宗，整旅而西。先遺書回鶻王畢勒哥〔二九〕曰：「昔我太祖皇帝北征，過卜古罕城，〔三〇〕即遣使至甘州，〔三一〕詔爾祖烏母主曰：『汝思故國耶，朕即爲汝復之；汝不能返耶，朕則有之。在朕，猶在爾也。』爾祖即表謝，以爲遷國于此，十有餘世，軍民皆安土重遷，不能復返矣。是與爾國非一日之好也。今我將西至大食，〔三二〕假道爾國，其勿致疑。」畢勒哥得書，即迎至邸，大宴三日。臨行，獻馬六百，駝百，羊三千，願質子孫爲附庸，送至境外。〔三三〕所過，敵者勝之，降者安之。兵行萬里，歸者數國，〔三四〕獲駝、馬、牛、羊、財物，不可勝計。軍勢日盛，鋭氣日倍。

〔一一〕西遼亦稱西契丹（見元史卷一二四岳璘帖穆爾傳）、哈剌契丹、黑契丹（黑韃事畧等）、後遼（湛然居士集）等，又遥稱契丹、契丹大石、大石林牙（西遊記）或乞塔。元朝秘史卷五作合剌乞塔、卷九作合剌乞塔。蒙韃備録作呷辣吸給。尹志平葆光集卷上過大石林牙契丹國詩注云：「大石是契丹語學士名，林牙是小名。中原呼大石林牙爲國號。」此注有舛文，應作「林牙是契丹語學士名，大石是小名」。今按「字重德」推之，「大石」當由漢文漢義取名者。縱屬譯音，亦應屬含義譯音，方與重德相應。契丹國志卷一九作大實林牙。大石以太祖八代孫於遼社傾覆之後，建國西域，傳五主八十八年，其性質與南宋相當。就其傳播中原文明言，又自有獨特貢獻。本史記載疏畧、有歧誤，然排年屬事，猶可概見。似是元修遼史以前，有由西方傳來之檔卷，因得具載七州、十八部名稱、年號、廟號與書詔原文，否則耶律儼、陳大任又焉知屈出律簒直魯古（一二一一）而又滅於元太祖之事。下文紹興籍民户口數字，亦可證實此說。此處全文凡一千三百七十六字，爲西遼歷史基本資料。

〔二〕本史卷八九耶律庶箴附子蒲魯傳：「蒲魯，重熙中，舉進士第，主文以國制無契丹試進士之條，聞於上。以庶箴擅令子就科目，鞭之二百。」大石竟登天慶五年進士。可見南北逐步融合，天慶已不同於重熙。契丹國志卷二三：「殿試，第一人特贈一官，授奉直大夫、翰林應奉文字。第二人、第三人止授從事郎。」則大石爲當年進士第一名。按保大四年甲辰三十八歲上推，天慶五年爲二十九歲。大安三年出生，一歲。

〔三〕三朝北盟會編政宣上帙九引封氏編年：宣和四年（保大二年）八月，「此時契丹以連月塞上無警，留兵新城，主將四軍大王蕭幹、太師大石林牙，以燕王淳病，先次並入燕結謀，策立蕭后，不暇來白溝。」

〔四〕誅德妃事屬帶敘。契丹國志卷一二：「初蕭后東歸，以避金人，駐松亭關，議所往。耶律大石，遼人也，欲歸天祚；四軍大王蕭幹，奚人也，欲就奚王府立國。有宣宗駙馬都尉蕭勃迭曰：『今日固合歸天祚，然而有何面目相見。』林牙命左右牽出斬之，傳令軍中：『有敢異議者斬。』於是遼、奚軍列陣相拒而分矣。遼軍從林牙，挾蕭后以歸天祚於夾山；時奚、渤海軍從蕭幹留奚王府，幹據府自立，僭號爲神聖皇帝，國號大奚，改元天興。」（三朝北盟會編政宣上帙一二引亡遼録畧同。）

本史卷二九保大三年二月丙戌（初二日）：「誅蕭德妃，降淳爲庶人；盡釋其黨。」四月丙申（十三日），「金兵至居庸關，擒耶律大石」。「九月，耶律大石自金來歸。」

金史卷二太祖紀：天輔七年（保大三年，一一二三）四月，「（金）師初入燕，遼兵復犯奉聖州……生獲大石，悉降其衆」。五月己巳（十七日），「斡魯等以趙王習泥烈、林牙大石等來獻」。又卷七二婁室傳：「遼都統大石犯奉聖州，壁龍門東二十五里，婁室、照里、馬和尚等以兵取之，生獲大石，其衆遂降。遼闢里剌守奉聖州，棄城遁去。後與宗望追遼帝……其後復襲遼帝於余都谷，獲之。」金史卷三太宗紀：天會三年（一一二五）二月，「婁室獲遼主於余睹谷」。大石以四月十三日被擒，九月逃回，留金四、五個月而未降金者，亦自有故：大石爲耶律淳北遼政府中之軍旅首長，北遼朝廷曾由蕭后代表向金通聘，求爲附庸，即以小事大之朝廷；金有耶律余覩，瞭解遼方政情，知大石與天祚朝廷，政見分歧；余覩、大石均爲反天祚朝中蕭黨者；此時天祚尚在，金亦欲留反天祚力量。故大石得留金四、五個月，並未投降。言大石投降者，僅契丹國志卷一九云：「大實既降女真，與大酋粘罕爲雙陸戲，争道相忿……大實懼……即携五子宵遁。」按遼、金二史，俱稱大石被獲，不言投降。金史卷一二一粘割韓奴傳且著詔斡魯云：「林牙大石雖非降附，其爲嚮導有勞，可明諭之。」契丹國志所記全録松漠紀聞，紀聞出於傳聞想象，不知大石實未投降。宏簡録卷二〇七云：「金祖入居庸關，（大石）自古北口亡去，以其衆襲奉聖州，爲婁室所獲，並降其衆。斡離不襲遼主（天祚）以爲鄉導，既而亡去。」亦不言投降。大石受中原傳統文化教育至深，祖宗世業觀念極重，仇蕭黨而不仇天祚。黎民爲貴，内外有别，不肯乞命於他人，終於俟機逃出，並投天祚。仍以政見不合，遂殺蕭乙薛、坡里括，仗義而西。

〔五〕此「黎民塗炭」之意，正與下文告諭十八部王衆所稱「金以臣屬，逼我國家，殘我黎庶」相同。下文東征誓衆文云：「我大遼自太祖、太宗艱難而成帝業，其後嗣君，耽樂無厭，不恤國政，盜賊蠭起，天下土崩」，「黎民爲貴」及「祖宗世業」等儒家觀念，爲大石主導思想，薄賦税、嚴軍紀，亦屬儒家思想支配影響。大石爲南北文化寄一身之人物。

〔六〕西遷原因，史謂「大石不自安」，布萊資須納德著梁園東編譯西遼史第一章〔譯注九〕云：「當係逆知事已不可爲，乃謀所以自處。」金陵學報一九三四年第四卷第二期岑仲勉讀西遼史書所見則謂：「大石既内不自安，復逆審大勢已去，乃謀所以自處。」

燕王獨立與天祚西走，政見上屬於兩派或兩黨之水火不容，大石爲燕王朝中主要人物，總攬軍旅，自難安於天祚之朝，此所以殺蕭乙薛、坡里括而西也。按卷二九殺乙薛、坡里括，在保大四年（金天會二年，一一二四）七月，應即於當時離夾山北行。北行即稱王。「欲借力諸蕃」，「共救君父」，與投奔天祚，前後一致。

錢大昕十駕齋養新録卷八西遼紀年云：「西遼世次紀年，惟見於遼史天祚紀末，它書皆無之。今當以遼史爲正。紀曰大石以甲辰歲自立，改元延慶，即宋宣和六年（一一二四）在位二十年而殂，則宋紹興十三年癸亥（一一四三）也。其妻稱制，號感天太后，當是紹興十四年甲子，稱制七年而卒，則宋紹興二十年庚午（一一五〇）也。大石子夷列嗣位，在紹興二十一年辛未，立十三年而殂，則宋隆興元年癸未（一一六三）也。其妹稱制，號承天太后，當在宋隆興二年甲申，稱制十四年而被殺，則宋淳熙四年丁酉（一一七七）也。夷烈子直魯古嗣位，在宋淳熙五年戊戌（一一七八），立三十四年而爲乃蠻所滅，則宋嘉定四年辛未（一二一一）也。遼史稱大石『建號萬里之外，雖寡母弱子，更繼迭承，幾九十年』。以大石在位二十年，合之二后三主年數，恰八十八年，然則延慶當有十年，并康國十年，乃合在位二十年之數。惟遼史於延慶三年建都之後即云改延慶爲康國元年，又云康國十年歿，似大石在位止十二年。明人續綱目、續通鑑者，大率因此致誤，曾不一檢點後文何也。商氏續綱目、薛氏、王氏續通鑑所載歲月俱未足信。遼史紀西遼之亡云：『直魯古在位三十四年，時秋出獵，乃蠻王屈出律以伏兵八千擒之而據其位，遂襲遼衣冠，尊直魯古爲太上皇，朝夕問起居，以侍終焉，直魯古死，遼絕。』初不言其年何干支也。諸家編年書皆繫以辛酉，當宋嘉泰元年（一二〇一），不知何據。予謂欲知直魯古之亡，當先究乃蠻之世系，乃蠻與蒙古接壤，數相攻擊，其事迹畧見於元史，初不與西遼爲鄰也。屈出律者，太陽罕之子，太陽罕以甲子歲爲元太祖所殺。丙寅，元兵復征乃蠻，擒太陽罕之兄卜魯欲罕，而屈出律出奔也兒的石河上。戊辰冬，元再征屈出律，屈出律奔契丹，契丹即西遼。戊辰在辛酉後八年，其時西遼尚無恙，則謂亡於辛酉者不可信一矣。元史：太祖四年己巳，畏吾兒國來歸，而巴兒术阿而忒的斤傳亦云臣於契丹，歲己巳，聞太祖興朔方，遂殺契丹所置監國等官。則己巳歲西遼尚存，謂亡於辛酉者不可信二矣。西遼與蒙古未交兵，故元史不載直魯古之滅，然遼史所述三主兩后在位年數分明，自甲辰至於國亡計八十八年，其干支當爲辛未，非辛酉也。辛未爲元太祖之六年，正在屈出律奔契丹之後，若辛酉歲，則屈出律之父尚在，何由奪西遼而有之，謂西遼亡於辛酉不可信三矣。長春真人西遊記記西遼事頗詳，云：『自金師破遼，大石林牙領衆數千走西北，移徙十餘年方至此地，傳國幾百年，乃滿失國，依大石（謂大石之後即直魯古也）。士馬復振，盜據其土。』即謂直魯古被擒，屈出律襲遼衣冠而據其位也。長春西遊，親到西遼舊都，距西遼之亡僅十餘歲，所言必得其實。乃蠻失國，在元太祖戊辰歲，而直魯古之被擒，又在其後，則謂亡於辛酉，不可信四矣。聖武親征記：『屈出律以數人奔契丹王菊兒汗。』菊兒汗即直魯古也。遼史：大石以甲辰歲二月五日即位，號葛兒汗，子孫蓋世襲其號。元史曷思麥里傳：『初爲西遼闊兒汗近侍。』曰闊，曰菊，與葛音皆相近。曷思麥里亦直魯古舊臣，元太祖西征，率屬迎降，從大將哲別爲先鋒，攻乃蠻，克之。斬其主曲出律（即屈出律）蓋爲直魯古報讎，其事當在太祖庚辰歲，與戊辰屈出律奔契丹，相去十有三年，或據此文疑屈出律爲元兵所斬，無奔契丹事者，非也，知菊兒汗即直魯古，則直魯古之失國，必在元太祖之世，謂亡於辛酉，不可信五矣。諸家編年所以誤者，由於不信大石在位有二十年，而遼史本有自相矛盾之處，既云『以甲辰歲即位，改元延慶』矣，又云『延慶三年班師東歸，馬行二十日得善地。遂建都城，號虎思斡耳朵，改延慶爲康國元年』，又云『康國十年歿』，似大石祇有十二年，與在位二十年之文不合。既滅大石之年，則直魯古之滅不得不移前數年矣。今按西遊記云：『大石領衆走西北，移徙十餘年，方至此地。』是大石建都之前稱尊號者已十餘年矣。因建都而改元，又十年而歿，豈非在位二十年乎。且大石之西奔，在保大三年癸卯（一一二三）七月，大石既自立爲王，必不承保大之號，次年甲辰二月，改元延慶固其宜也。史云：『明年二月甲午，以青牛白馬祭天地祖宗，整旅而西』，蓋即改元之日，既而兵行萬里，乃至尋思干城，與忽兒珊大戰，敗之，駐軍尋思干，凡九十日，回回國王來降。』又『西至起兒漫，文武百官册立爲帝』，距甲辰改元之時蓋已久矣。改元在前，稱帝在後，遼史以改元稱帝爲一事，固非其實。諸家書移於乙巳，亦出臆撰，且自乙巳至辛酉，不過七十七年。與遼史『更繼迭承，幾九十年』之語，不相刺謬乎？愚謂大石官爲林牙，頗通今古，其改元也，假興復之名號召諸部，必不遽稱帝也，延慶改元，當在甲辰（一一二四）之春，其時猶未至西域，若稱帝，則當於延慶三年（一一二六）。蓋用漢昭烈、晉元帝故事，俟天祚凶問至，而後百官勸進耳。若建都改元康國，則必在延慶十一年，西遊記所謂『移徙十餘年方至此地』者也。如是則大石即位二十年，本無可疑。大石之年定，而直魯古之亡必在辛未，而不在辛酉，亦決然可信。遼史雖有乖舛，而可信者猶大半，諸家云云，則臆決附和之談，置之勿論可矣。」湛然居士集卷一二懷古一百韻寄張敏之注曰：「大石林牙，遼之宗臣，挈衆而亡，不滿二十年，克西域數十國，幅員數萬里，傳數主，凡百餘年（實爲二后三主八十八年）。頗尚文教，西域至今思之，廟號德宗。」

錢大昕廿二史考異：「案：紀末叙大石事云：金兵至，蕭德妃歸天祚，天祚誅德妃，責大石曰：『我在，汝何敢立淳？』對曰云云，上無以答，賜酒食，赦其罪，大石不自安……以甲辰歲二月五日即位。考：天祚誅德妃在保大三年，歲在癸卯。其明年，即是甲辰歲，大石以二月整旅而西，兵行萬里，時日已久，駐軍尋思干。又九十日，然後西行，至起兒漫，當已逾年矣。乃云以甲辰歲二月五日即位，何其謬耶！若處此紀之文，則大石以甲辰歲七月始率所部西去，較紀末所書又差一年，傳聞之互異如此。」

丁謙西遼立國本末考：「錢氏考異甚是。余考西遼傳五主八十八年，至宋寧宗嘉定四年辛未（一二一一）始爲乃蠻酋屈出律所篡。逆數八十八年，其開國實在甲辰。不知大石即位，改元延慶，延慶三年定都虎思斡耳朵，又改元康國，至康國十年殂，凡十三年，而史云在位二十年，乃從西去稱王以後併記之也。由是而言，大石在起兒漫即帝位爲宋高宗紹興元年辛亥明甚。西遊記言大石西走，移徙十餘年，乃至此地。蓋自西行至定都首尾十年，所言固可據矣。」梁園東以即位繫於壬子。

蒙古旭烈兀進軍報達途中，曾遇西遼後裔乞里灣前來降附。并見劉郁西使記。元史卷一四九郭寶玉孫侃傳：「西南至乞里彎，忽都馬丁算灘來降。」據元史譯文證補卷一二，降附在一二五九年，蒙古接管在一二〇五年，若由一一二四年（稱王）至蒙古接管爲一百八十二年；計至一二五九年亦百三十六年。

自錢大昕以來，關於西遼紀年，共認如次：

德宗大石　延慶元年甲辰（一一二四）。延慶三年稱帝。

康國元年甲寅（一一三四）。康國十年殂，遺命皇后權國。

感天后　咸清元年甲子（一一四四）。

仁宗夷列　紹興元年辛未（一一五一）。紹興十三年殂，妹普速完權國。

承天后　崇福元年甲申（一一六四）。崇福十四年遇弒，夷列次子直魯古立。

菊兒汗

天禧元年戊戌（一一七八）。天禧三十四年（一二一一），乃蠻王屈出律擒之，據其位，西遼亡。

直魯古

〔七〕張星烺中西交通史料匯編冊五（中華書局二〇〇三年版爲第七編，下同）：「黑水即肅州東之黑水，蒙古人稱之曰額濟納。馬哥孛羅遊記卷一第四十五章有額濟納城Etzina。元史卷六〇地理志有亦集乃路：『在甘州北一千五百里。城東北有大澤，西北俱接沙磧，乃漢之西海郡居延故城。』」

索隱卷二：「此黑水今黑龍江上源敖嫩河。」日本羽田亨謂是茂明安旗内之錫拉木倫（參西遼建國始末及其紀年）。按即今内蒙古烏蘭察布盟艾不蓋河。當時爲白達達即汪古部駐地。參陳得芝耶律大石北行史地雜考（刊於歷史地理第二輯，一九八二）。

〔八〕索隱卷二：「白達達、部族表作白達旦，爲蒙古別部。新元史序紀曰：『蒙古衣尚灰暗，故稱黑達達，其本非蒙古而歸於蒙古者爲白達達。』」梁園東謂白達達當爲金、元間之汪古部，元秘史作汪古惕（參西遼史譯注一一）。

中西交通史料匯編册五：「白達達即元時汪古部。元史卷一太祖本紀：癸亥歲，『時乃蠻部者太陽罕心忌帝能，遣使謀於白達達部主阿剌忽思曰：吾聞東方有稱帝者，天無二日，民豈有二王耶。君能益吾右翼，吾將奪其弧矢也。阿剌忽思即以是謀報帝。居無何，舉部來歸。』阿剌忽思之名又見於元史卷一一八，作阿剌忽思剔吉忽里。波斯拉施特史記作Alakush Tikin Kuri，並謂Tikin Kuri乃稱號也。」

〔九〕按此可敦城即上京道邊防城鎮州，在今蒙古人民共和國土拉河西岸支流喀魯哈河下游南面。鎮州，本古可敦城，統和二十二年置。本史卷三七地理志一云：「選諸部族二萬餘騎充屯軍，專捍禦室韋、羽厥等國，凡有征討，不得抽移。渤海、女直、漢人配流之家七百餘户，分居鎮、防、維三州。」在上京西北三千餘里。劉郁西使記云：「過龍骨河（今烏倫古河）復西北行，與别失八里南北相值，近五百里多漢民，有麥、黍、穀，河西瀦爲海，約千餘里，曰乞則里八寺（布倫托海），多魚可食。有碾磑，亦以水激之。行漸西，有城曰葉瞞（葉密立），又西南行過孛羅城，所種皆麥、稻。」又云：「其俗漸染，頗似中國（指中原）。」

巴托爾德引阿拉伯人伊本·阿梯兒記載：「早在黑汗王朝（喀拉汗國）阿爾斯蘭汗蘇萊曼時期就有契丹人約一萬帳居住在黑汗國與中國邊境上，以後在商隊指引下進入七河流域。」阿爾斯蘭汗蘇萊曼在位約當十一世紀初。

〔一〇〕梁園東西遼史譯注一三：北庭都護府應是「北庭」之誤。北庭習見於後漢書卷一一九南匈奴傳，係北匈奴單于庭之略。亦稱龍廷或龍城。本史卷九三蕭圖玉傳：「開泰元年十一月，石烈太師阿里底殺其節度使，西奔窩魯朵城，蓋古所謂龍廷單于城也。已而阻卜復叛，圍圖玉於可敦城，勢甚張，圖玉使諸軍齊射却之，屯於窩魯朵城。」龍廷即窩魯朵城，其地距可敦城不遠。大石於此會七州十八部王衆，擴軍誓師，乃「整旅而西」。唐之北庭都護府治廷州，長安二年爲北庭都護府，亦畧稱北庭。見唐書地理志、元和郡縣圖志卷四〇。紀昀閱微草堂筆記卷一三槐西雜志三：「特納格爾，爲唐金滿縣地，尚有殘碑，吉木薩（濟木薩）有唐北庭都護府城，則李衛公所築也。即今古城營，本名破城。」元代名别失八里，長春真人西遊記作鼈思馬大城。王國維長春真人西遊記注卷上：「元史地理志西北地附録有别失八里。西游録：『金山南有回鶻城，名别石把。』雙溪醉隱集五庭州詩注：『庭州，北庭都護府也。輪臺隸焉。後漢車師後王故庭，有五城，俗號五城之地，今即其俗謂之伯什巴里，蓋突厥語也。伯什，華言五也；巴里，華言城也。』歐陽玄高昌偰氏家傳：『北庭者，今别失八城。』此鼈思馬即别失八里、别石把、伯什巴里之異譯。」其地在今新疆奇臺縣西之吉木薩爾。與後漢北匈奴單于庭之北庭，同名異地。

〔一一〕劉祁歸潛志卷一三北使記：「（大石）挈其孥亡入山後，鳩集羣乣，徑西北，逐水草居，行數載，抵陰山，雪石不得前，乃屏車，以駝負輜重入回鶻，攘其地而國焉。」羣乣應即指此七州十八部。本史卷六九部族表所附白達達（部族表作白達旦）即汪古部，乃蠻在今蒙古人民共和國西部，其畏吾兒城、回回大食部、尋思干地、起而漫地本在西北。本史卷三七地理志一鎮州：「渤海、女直、漢人配流之家七百餘户，分居鎮、防、維三州。」今此七州無鎮、防、維之名，梁園東謂七州爲大石所立之頭下軍州。是七州十八部似應包括先後抵達當地之各種人。

〔一二〕大黃室韋分布於嫩江流域。

〔一三〕敵剌，本史卷四六百官志二作敵烈，分布於克魯倫河中下游。箭内亘謂即以後塔塔兒諸部。

〔一四〕王紀剌，即金史之廣吉剌、元史之弘吉剌，分布於額爾古納河上游及其附近。箭内謂即烏古里，王紀剌與烏古里二部，同認爲係翁吉剌部，因以烏古里爲遼史誤記，實應只有王紀剌或烏古里，不應爲二。按烏古爲分布甚廣之部落羣，王紀剌、弘吉剌爲蒙古諸部中之一部，人數及分布地區均與烏古、于厥里不稱，王紀剌爲烏古説，若理解爲王紀剌屬於烏古一支，或有可能；王紀剌不能理解爲等於烏古里。弘吉剌説似較可取。

〔一五〕茶赤剌，本史卷二五道宗紀大安十年四月、卷四六百官志二並作茶札剌，即元史之札只剌特，元朝秘史之札只剌惕，分布於鄂嫩河下游。

〔一六〕也喜，梁園東西遼史譯注一五云：「或當即乙室部，乙室爲遼之『國舅族』……其初居地亦當在松漠之間，後鎮駐綏遠東部。」今呼和浩特以東之地。或謂也喜爲越棘，即五國之越里吉。

〔一七〕鼻古德，本史卷四六百官志二作鼻國德，卷六九部族表作鼻骨德，分布於黑龍江、松花江地帶，即鼈古德。

〔一八〕尼剌，箭内亘、梁園東謂或係契丹族涅剌部，「居黑山北，在今熱河西北」。

〔一九〕達剌乖，本史卷四六百官志二作達盧古。

〔二〇〕達密里，梁園東疑是轄麥里，其地在敵烈以北。箭内亘云：「達密里當在流入 Orkhon 河之 Tamir 河畔。」即達密里因塔米爾之音得名。

〔二一〕密兒紀，本史卷二六道宗紀壽隆三年二月作梅里急，即元朝秘史之篾兒乞，分布於色楞格河中下游及迤北地區。

〔二二〕烏古里即烏古，亦作于厥里、羽厥、嫗厥律，分布於克魯倫河下游，額爾古納河中、上游，海拉爾河等地。

〔二三〕阻卜即韃靼，爲泛指克魯倫河流域以南，陰山以北，蒙古草原上諸游牧部落之通稱。馮承鈞遼金北邊部族考謂阻卜至少包括札剌兒、克烈、塔塔兒等部落或者兼有主兒勤、乃蠻部落。

〔二四〕普速完，李文田西遊録注以爲即金羣牧之蒲速斡。岑仲勉讀西遼史書所見説同。並稱係應天太后蒲速盌斡魯朵之遺軍。

〔二五〕唐古即党項，亦譯唐兀、唐忽惕。

〔二六〕忽母思即本史卷四六百官志二之胡母思山部，卷三六兵衛志下之胡母思山蕃。分布於蒙古人民共和國西南部。

〔二七〕糺而畢，本史卷六九部族表作紀而畢。或謂是突吕不部，因卷七五有傳之突吕不，紀作迪離畢。

〔二八〕保大五年，乙巳，一一二五年，金天會三年。

〔二九〕回鶻，參本史卷三六兵衛志下屬國軍。索隱卷二：「案部族表作畏兀兒城。新元史氏族表：畏吾氏本回鶻之裔，音轉，或云畏兀，又作偉兀，又作衛兀。此王畢勒哥，爲甘州回鶻烏母主之孫。其後王月仙帖木兒爲西遼屬國。詳元史巴而朮阿兩忒的斤亦都護傳。」中西交通史料匯編册五：「耶律大石既至北庭，乃致書回鶻王請假道，以便西至大食。是回鶻必在北庭西南，而不在甘州高昌（今吐魯蕃）也。余意此處回鶻，即西部土耳其斯坦之回鶻也。」或云回鶻係當時塞外對一切回教徒之稱。此信可證由遼至大食之通道爲經由漠北北庭路綫。

〔三〇〕卜古罕城，索隱卷二：「太祖紀拔浮圖城，此稱卜古罕。」羅校謂即太祖紀之古回鶻城。梁園東編譯西遼史譯注一八：「其城初爲回鶻骨咄禄毗伽闕可汗所建，當唐玄宗天寶初年，骨咄禄可汗爲回鶻最初强盛之可汗，因其時始占據突厥故地，建牙烏德犍山昆河之間，所以甚有名，其人中國所知者雖爲骨咄禄可汗，而漠南北以至土耳其斯坦各民族皆稱之爲卜古罕（Buku Khan），波斯史家阿萊哀丁（Alai-eddin）之世界征服者史中，即稱之爲卜古罕，大約爲其另一尊稱，故耶律大石直稱其城爲卜古罕城。」中西交通史料匯編册五：「卜古罕即志費尼書中之白庫可汗Buku Khan。元史卷一二二巴而朮阿而忒的斤傳之不可罕，輟耕録作卜吉可罕。」又册三（中華書局二〇〇三年版爲第六編）：「白庫可汗，相傳即（突厥名王）愛甫拉歇伯汗也。」册五：「卜古罕城距元人舊都喀拉和林不遠，即元史卷四之合剌巴剌合孫城。（參譯馬哥孛羅遊記卷一第四十六章附注。）」卜古罕城即可敦城。

〔三一〕梁園東譯注一九：「甘州即今甘肅張掖縣，唐以後其地亦爲回鶻，稱甘州回鶻。」大石所稱太祖遣使事，見本史卷二太祖紀天贊三年十一月、四年四月。

〔三二〕索隱卷二：「案大食已見太祖紀。唐書大食即元史報達。新元史西域傳，大食爲阿剌比，人奉謨罕默德之教，稱其君曰哈里發。都報達，在波斯西境。波斯人稱之若曰大希，西里亞人稱之若曰大抑，其後阿昧尼亞人突耳塞斯單人稱之若曰塔起克，皆與大食音類。大食之稱，蓋由於此。漢章考此文皆本洪氏鈞元史譯文證補。」

按本史卷一六聖宗紀：開泰九年（一〇二〇）十月，「大食國遣使進象及方物，爲子册割請婚」，次年（太平元年，一〇二一）三月，「大食國王復遣使請婚，封王子班郎君胡思里女可老爲公主，嫁之」。

太平四年聖宗遣使賜素丹馬合木書，有「今有貴主下嫁於加的爾汗之子察格利特勤，故命加的爾汗開通道路，庶幾此後聘使往還無礙」，見全遼文卷一。察格利似即册割。

當時薩曼王朝，已被喀剌汗國滅亡，布威希王朝已衰微，而喀剌汗國已奉伊斯蘭教，故亦得被稱大食。

遼與西域交往較多，契丹國志卷二一記高昌、龜兹、于闐、大食、小食、甘州、沙州、涼州等，三年一次遣使約四百餘人至契丹貢獻。當作東西有直達通路，横越草地，與絲綢之路並行。阿剌伯旅行家馬爾瓦則曾記由沙州經可敦城、烏德鞬山抵遼上京之路綫里程。或稱十六世紀有穆斯林人撰布哈拉史地紀（一八九二年有巴黎法文本）曾記：「契丹人遠在一〇四一—四二年間，自吐蕃地區已進入西域。」當時吐蕃所轄北境甚寬，不僅康藏高原。

〔三〕金史卷三太宗紀：天會二年（一一二四，甲辰）十月「戊辰，西南、西北兩路權都統斡魯言：『遼詳穩撻不野來奔，言耶律大石自稱爲王，置南北官屬，有戰馬萬疋，遼主從者不過四千户，有步騎萬餘，欲趨天德，駐余都谷。』詔曰：『追襲遼主，必酌事宜，其討大石，則俟報下。』」（卷一二一粘割韓奴傳畧同。）卷一二一粘割韓奴傳：「（天會）三年（一一二五），都統完顔希尹言：『聞夏人與耶律大石約曰：大金既獲遼主，諸軍皆將歸矣。宜合兵以取山西諸部。』詔答曰：『夏人既與大石合謀爲釁，不可不察，其嚴備之。』七年，泰州路都統婆盧火奏：『大石已得北部二營，恐後難制，且近羣牧，宜列屯戍。』詔答曰：『以二營之故發兵，諸部必擾，當謹斥候而已。』八年，遣耶律余睹、石家奴、拔离速追討大石，徵兵諸部，諸部不從，石家奴至兀納水而還。余睹報元帥府曰：『聞耶律大石在和州之域，恐與夏人合，當遣使索之。』夏國報曰：『小國與和州壤地不相接，且不知大石所往也。』」卷一二〇世戚石家奴傳：「會契丹大石出奔，以余睹爲元帥，石家奴爲副，襲諸部族以還。」

〔三四〕索隱卷二：「案洪皓松漠紀聞云：大實深入沙子，沙子者，蓋不毛之地，皆平沙廣漠，風起揚塵，至不能辨色，或平地頃刻高數丈，絶無水泉。大實之走，凡三晝夜始得度。故女真不敢窮追。遼御馬數十萬，牧於磧外，女真以絶遠未之取，皆爲大實所得。趙子砥燕雲録云：沙子裏者，在沙院之西北，去金國四千里，南接天德、雲内，北連党項國南關口。大石林牙結集兵馬已及數十萬。又劉壎隱居通議云：沙子在契丹後彌數千里，往者女真既滅契丹，其臣大石林牙三晝夜踰沙子。數十年粘罕不能近。」

據穆斯林史料記載，喀喇汗王朝阿爾斯蘭汗阿赫馬德，在喀什噶爾以東幾天路程之地，曾敗西遼之進攻，並俘其軍官，西遼敗後，在額敏河上建立堡壘，聚集力量。阿爾斯蘭汗阿赫馬德死於公元一一二八年，其子伊卜拉欣繼位。與其境内葛邏禄人和康里人之首領發生衝突，此巴拉沙衮之統治者請求西遼菊兒汗支援，菊兒汗趁機占領七河地區，以巴拉沙衮爲首都，取消伊卜拉欣之汗號而封之爲伊利克伊土庫曼（土庫曼之王），治喀什噶爾。自此東部喀喇汗王朝，遂成爲西遼王朝之附庸。此事約在十二世紀二十年代與三十年代之交。西遼既鞏固其在七河地區之統治，積極準備向西推進。一一三七年五至六月，西遼軍隊於和氈粉碎西部喀喇汗王朝馬赫穆德汗之軍，一一三九—一一四〇年花拉子模沙赫阿特斯兹曾一度侵入河中地區，攻破布哈拉，俘虜並處死該城總督曾基本·阿里。此後作爲喀剌汗王朝軍事主力之葛邏禄人與馬赫穆德汗發生争執。馬赫穆德向塞爾柱蘇丹求援，葛邏禄人向西遼求援。菊兒汗爲之向蘇丹求情，蘇丹予以輕侮之回答，菊兒汗大怒，決定出征河中，遂於一一四一年發生歷史上有名之卡特萬會戰。尹志平葆光集卷上過大石林牙契丹詩：「遼因金破失家鄉，西走番戎萬里疆，十載經營無定止，却來此地務農桑。」「羣雄力戰得農桑，大石林牙號國王，幾帝聚兵成百萬，到今衰落亦城荒。」十載經營，自遼亡年（一一二四）下推，則耶律大石定居中亞在一一三三年。西遊記謂移徙十餘年方至此地。梁園東編譯西遼史、魏特夫（Wittfogel）和馮家昇謂建都在一一三二年。烏古孫仲端前於尹志平一年（一二二〇）過西遼，歸潛志卷一三北使記云：「爲回紇所滅，今其國人無幾，衣服悉回紇也。」耶律楚材西游録：「虎司窩魯朵，即西遼之都，附庸城數十。」邱長春謂此一帶：「以農桑爲務，釀葡萄爲酒。」「惟經夏秋無雨，皆疏河灌溉，百穀用成。」

至尋思干，〔一〕西域諸國舉兵十萬，號忽兒珊，〔二〕來拒戰。兩軍相望二里許。諭將士曰：「彼軍雖多而無謀，攻之，則首尾不救，我師必勝。」遣六院司大王蕭斡里剌、招討副使耶律松山等將兵二千五百攻其右；樞密副使蕭剌阿不、〔三〕招討使耶律朮薛等將兵二千五百攻其左；自以衆攻其中。三軍俱進，忽兒珊大敗，僵屍數十里。駐軍尋思干凡九十日，回回國王〔四〕來降，貢方物。

又西至起兒漫，〔五〕文武百官册立大石爲帝，以甲辰歲〔六〕二月五日即位，年三十八，號葛兒罕。〔七〕復上漢尊號曰天祐皇帝，改元延慶。追謚祖父爲嗣元皇帝，祖母爲宣義皇后，〔八〕册元妃蕭氏爲昭德皇后。因謂百官曰：「朕與卿等行三萬里，跋涉沙漠，夙夜艱勤。賴祖宗之福，卿等之力，冒登大位。爾祖爾父宜加卹典，共享尊榮。」自蕭斡里剌等四十九人祖父，封爵有差。

延慶三年，班師東歸，馬行二十日，得善地，遂建都城，號虎思斡耳朵，〔九〕改延慶〔一〇〕爲康國元年。三月，以六院司大王蕭斡里剌爲兵馬都元帥，敵剌部前同知樞密院事蕭查剌阿不副之，茶赤剌部秃魯耶律燕山爲都部署，護衛耶律鐵哥爲都監，率七萬騎東征。以青牛白馬祭天，樹旗以誓于衆曰：「我大遼自太祖、太宗艱難而成帝業，其後嗣君耽樂無厭，不恤國政，盜賊蠭起，天下土崩。朕率爾衆，遠至朔漠，期復大業，以光中興。此非朕與爾世居之地。」申命元帥斡里剌曰：「今汝其往，信賞必罰，與士卒同甘苦，擇善水草以立營，量敵而進；毋自取禍敗也。」行萬餘里無所得，牛馬多死，勒兵而還。〔一〕大石曰：「皇天弗順，數也！」康國十年歿，在位二十年，廟號德宗。〔二〕

〔一〕尋思干，又名邪迷思干，即撒馬兒罕。湛然居士集卷四再用韻記西游事自注云：「西域尋思干城，西遼目爲河中府。」又卷五河中春游有感自注云：「尋斯干有西戎梭里檀故宮在焉。」卷一二懷古一百韻寄張敏之自注云：「尋思虔，西域城名。西人云：『尋思，肥也，虔，城也，通謂之肥城。』今名斜米思干，有水道灌溉之利，在七河之中，故爲肥城。」此是大石建都西域之處。索隱卷二：「案長春真人西遊記云：『十月十六日，至大石林牙國。（案目其後言之。）十一月十八日，過大河，至邪迷思干大城，其城因溝岸爲之。夏秋常無雨，國人疏二河入城，分繞巷陌，比屋得用。』又耶律楚材西游録云：『過瀚海千餘里有不剌城，不剌南有陰山，出陰山有阿里馬城，（案今伊犁）又西有大河曰亦列，（今伊犁河）其西有城曰虎司窩魯朵，即西遼之都，附庸城數十。（案此亦據建都後言。）又西有塔剌思城，西南有苦盞城、八普城、可傘城、芭欖城；苦盞西北五百里有訛打剌城，訛打剌城西千餘里，有大城曰尋斯干，尋思干者，西人云肥也，以土地肥饒故名。甚富庶，環城數十里，皆園林，飛渠走泉，方池圓沼，花木連延，誠爲勝概。用金銀錢，無孔郭。尋思干乃謀速魯蠻種落梭里檀所都。（案梭里檀亦作算端，爲王號。）』又劉郁西使記云：『二月二十四日，過亦堵，兩山間土平民夥，溝洫映帶，多故壘壞垣，問之，蓋契丹故宮也。（注：

索隱引文節畧爲二月二十四日，過契丹故居。）計其地去和林萬五千里而遥。（案即西遼後所都。）三月八日過檮思干城，城大而民繁。』據此可知尋思干城即薛迷思干大城，明史西域傳名撒馬兒罕，在今雜拉敷散河南。」

錢大昕十駕齋養新録卷九：「尋思干本回回故地，亦作邪米思干。長春西遊記云：『邪米思干大城。大石有國時，名爲河中府』是也。元史太祖紀：『十五年夏五月，克尋思干城。』又云：『十六年春，帝攻卜哈兒薛米司干等城』，似乎重出，考西遊記言乃滿（即乃蠻）失國，依大石，士馬復振，盜據其土，繼而算端西削其地，天兵至，乃滿尋滅，算端亦亡。然則十五年所克者，乃蠻主屈出律，篡西遼而據其地者也。既克之後，復背蒙古而附算端，故次年再攻之，算端即算灘，回回部長之號，亦作遜丹。元遺山大丞相劉氏先塋碑：『車駕征契丹餘族，是爲西遼，歷古續兒國訛夷朵等城，戰合只，破之，遂征遜丹之斜迷思（即邪米思干）於普化兒拒印度嗔木，連破其軍二十餘萬。』與元紀畧同。蓋屈出律雖篡奪，猶襲遼衣冠，不改國號。故有西遼之稱，其云古續兒國，殆以西遼主世襲『菊兒汗』之號，續、菊音相近，而訛夷朵即遼史之斡耳朵乎。屈出律篡國未久，人懷反側，故取之甚易。回回則世守其地，部落衆多，非旦夕可以成功。」拾遺補卷三云：「此因拾遺有『屈出律出奔元史不詳所終』語，故録補於此。」

元史卷一四九郭寶玉傳：「甲戌，從帝討契丹遺族，歷古徐鬼（兒）國訛夷朵等城，破其兵三十餘萬。收别失八里、别失蘭等城。次忽章河，西人列兩陣迎拒，戰方酣，寶玉望其衆，疾呼曰：『西陣走矣。』其兵果走，追殺幾盡。進兵下挦思干城。次暗木河，敵築十餘壘，陳船河中，俄風濤暴起，寶玉令發火箭射其船，一時延燒，乘勝直前，破獲岸兵五萬，斬大將佐里，遂屠諸壘，收馬里四城。辛巳，可弗叉國唯算端罕破乃滿國，引兵據挦思干，聞帝將至，棄城南走，入鐵門，屯大雪山，寶玉追之，遂奔印度。」

〔二〕索隱卷二：「案國語解忽兒珊西域大將軍名。新元史西域傳：『（唐初）大食既滅，波斯益拓地而東，分設大酋治各地，未及三百載，王權日替，東方諸酋，建邦啓土……塞而柱克者，烏古斯之部長……北宋中葉時，據地自立。金滅遼，耶律大石西來，敗塞而柱克之兵，復遣將征貨勒自彌，貨勒自彌沙戰敗被擒，誓臣服，歲貢方物。……』沙爲君稱，突厥、回紇可汗以下曰設、曰察、曰殺，皆別部將兵酋，即沙也。據此可知此紀忽兒珊即貨勒自彌沙。沙與珊音近，貨勒自彌即元史花刺子模，其簡音爲忽兒也。丁謙西遼立國本末考謂波斯東北大省名呼拉商，以地名爲國名，號爲忽兒珊，則與國語解違異。不知此忽兒珊非即唐書大食傳之呼羅珊也。花刺子模今名機掛，亦名烏爾根齊。」梁園東謂必以塞爾柱王都城所在地之呼羅珊爲近真。世界征服者史：「更在撒馬爾罕之東克特旺聖地，將遣出七萬殉教者，每一殉教者，將爲自己七十名家屬及族人求得恩蔭。』既以戰場稱聖地，死者稱殉教，則忽兒珊戰役爲大石一方與西域伊斯蘭教諸國聯軍爲一方之戰，非桑札兒一家之軍，非國王與軍人之衝突。」中西交通史料匯編册五：「『舉兵十萬，號忽兒珊』，句內似有衍文或遺文也。忽兒珊音與花刺子模沙相似。庫脱柏愛丁摩哈美德（即位於一〇九七年，卒於一一二七年）臣事塞爾柱克朝，受封於阿母河北及拔汗那兩地，自號曰花剌子模沙。耶律大石西奔時，適當花剌子模沙在位也。回教史家不記哈喇契丹與花剌子模沙或塞爾柱克人有戰於尋思干之事，惟記十五年後，即一一四一年，塞爾柱克族呼羅珊算端桑札兒在阿母河北，爲哈喇契丹之葛兒罕所大敗也。」「十二世紀末阿拉伯人依本阿梯兒最早記哈喇契丹云：『（布萊脱胥乃德中世紀研究第一卷頁二三一—二三三）回教紀元五二二年（即公元一一二八年，宋建炎二年），秦國（中國）葛兒罕，渾號『跛者』，率領大軍至喀什噶爾邊境。喀什噶爾王阿合馬者，哈散之子也，聞驚，徵集軍隊，馳至邊境拒敵，兵敗而死。葛兒罕離秦國，抵土耳其斯坦時，見境内已有其本國人甚多，皆以前遷徙來者，其人服役於土耳其斯坦汗之軍中，受命防守東邊。葛兒罕至，秦人皆通款降附（張星烺注云：大石西征，所以能易如破竹者，實乃由於已在該地之中國人響應也。遼時，中國人西遷之衆及當時中西交通之盛，亦從可知矣。）葛兒罕因之得以征服土耳其斯坦全境。葛兒罕既勝後，不干涉境内之治理，僅徵收賦税，每一户納一底那兒（回教諸國錢幣名）。歸附諸酋長之衣帶上，繫一銀牌以示臣順而已。（張注：大石不干涉地方治理法，其對待屬國亦東方之法也。）葛兒罕後率兵征馬瓦拉痕那兒，其地君長爲馬莫德，摩哈美德之子也。馬莫德由俱戰提進軍拒敵。五百三十一年（公元一一三七年）勒墨藏月（回曆第九月），兩軍搏戰。馬莫德軍敗，遁歸撒馬兒罕，傳檄全國，舉兵拒敵。又遣使求救於塞爾柱克算端桑札兒，俾其檄告所有回教徒，集合全力，以抗奉異端者。故呼羅珊、馬粲代蘭、賽笈斯坦、哥疾寧以及其他奉回教諸國，皆遣軍來援。公元一一四一年（宋高宗紹興十一年），桑札兒自率大軍，渡阿母河而北。葛兒罕是時亦招集大軍。突厥人、秦人（漢人），契丹國人及其他族，皆來投麾下。遇桑札兒於喀忒旺，迫之使退入狄兒罕山谷中。一一四二年，兩軍大戰。回教徒之軍大潰，桑札兒隻身而遁。其妻阿兒思蘭汗之女也，爲敵所擒。其他酋長將領被擒者甚夥。自是以後，契丹人及突厥人立國於馬瓦拉痕那兒。葛兒罕卒於一一四三年（張注：由甲辰年一一二四年至一一四三年，正合二十年）。」

〔三〕按下文作蕭查剌阿不。

〔四〕索隱卷二：「新元史西域傳：時塞而柱克王曰散者耳爲瑪里克沙之子，亦納貢於西遼。漢章謂波斯王時皆受大食哈里發册封，故曰回回國。」梁園東謂此回回國即花剌子模。是。此回回國王即指花剌子模王阿即思。元史卷一五一薛塔剌海傳稱花剌子模國曰回回國，卷一太祖紀十七年曰回鶻國。

〔五〕中西交通史料匯編册五：「亞洲西部有兩起兒漫：一在波斯南部，濱臨波斯灣；一在撒馬兒罕與布哈拉之間，其城今仍存在，名曰起兒漫内。此處之起兒漫，必即撒馬兒罕西之起兒漫内城。蓋回教著作家不記大石渡阿母河以南，侵入波斯境内也。甚多歷史家皆以爲即波斯灣邊之起兒漫，實大謬矣。」梁園東編譯西遼史譯注二三：「起兒漫城，在薩馬爾干與布哈爾之間，此城甚古，後廢，當耶律大石至西域時或仍存。」

索隱卷二：「案元史地理志西北地附録，不賽因所封地，有乞里芒沙杭。經世大典圖地近八吉打，八吉打即元史郭寶玉傳報達，是其地與大食相近，故曰西至。新元史西域傳克兒漫本貨勒自彌屬地，西遼故將薄拉克據其地，自爲一國，稱黑契丹國，即此時大石西行所至地。丁氏謂即波斯東省給爾滿，則距呼拉商甚近，紀不得云西至矣。」

元史、西使記均記有乞里彎，彎可讀漫，即起兒漫。明史有吃力麻兒，元史譯文證補記起兒漫、克爾曼均指位於波斯南部距波斯灣不遠之起兒漫。大石言「朕與卿等行三萬里」，若撒馬兒罕西之起兒漫内城，似無三萬里之遥。與「馬行二十日」之東西距離里程不相符。

〔六〕索隱卷二：「案甲辰歲爲天祚保大四年。上紀於天祚誅德妃、責大石後云：『大石不自安，遂殺蕭乙薛、坡里括自立爲王。明年二月甲午，整旅而西。』天祚紀保大三年四月丙戌，誅蕭德妃，則其明年即甲辰歲矣。是歲二月庚寅朔，（宋遼曆同）五日甲午，豈以其日西行，即於其日即位乎。錢氏諸史拾遺及養新録並云當以遼史爲正。又云大石西奔在保大三年癸卯七月，次年甲辰，二月改元延慶，固其宜也。然未考天祚紀叙大石率所部西去在保大四年秋七月後，與此紀更不合。蓋甲辰二字，明人續綱目、續通鑑改爲乙巳，固嫌無據，而即以遼史甲辰歲二月爲正，於當日情事，亦疑抵牾。今以大石在位二十年揆之，則康國十年、延慶三年之前，當有七年，其七年無年號，當如太祖之初，但稱元年，至起兒漫始改元延慶，是當云甲辰歲改元，不當云即帝位。

又不知在甲辰歲何月，而二月五日字必有誤也。」畢氏續通鑑考異：「西遼立國沙漠，幾九十年，其傳授世次，帝后年號，僅於遼史天祚紀末附見其畧，他書別無可參證，但史稱大石以甲辰歲二月五日即位，以理揆之，必非其實。錢竹汀嘗辨之云：按天祚出軍夾山，在保大四年七月，大石力諫不從，乃率所部西去，即甲辰歲也。其明年二月甲午，以青牛白馬祭天地祖宗，整旅而西，兵行萬里，駐軍塔什干凡九十日，又西至奇爾愛雅，而後有受册即位之事。其所歷月日久矣，不特非甲辰二月，恐亦非乙巳二月也。今以史無明文，姑從薛鑑繫於此月，而兼采錢説，以俟後人論定焉。」周良霄關於西遼史的幾個問題（中華文史論叢一九八一年第三輯）：「或謂耶律大石由漠北出發西征，在金天會九年（一一三一，辛亥）二月甲午（三月二十日）。據志費尼記載，謂大石西征，先進至乞兒吉斯（轄戛斯），繼至額敏河上。因許多突厥部落投附，部衆至四萬帳，遂受八剌撒渾統治者招請，進抵八剌撒渾。其具體路綫則經不剌城（今博羅）至賽里木湖，再穿行塔勒奇山谷而至阿力麻里，繼續西南行，至八剌撒渾。大石在此即位，改元延慶，時爲辛亥年（一一三一）或壬子年（一一三二）即金天會九年（宋紹興元年）或十年（紹興二年）。甲辰歲即一一二四年，宋徽宗宣和六年，金太宗天會二年，或是已置南北面官並未建元，如太祖開國之例。永樂大典卷一〇八七六引張浚張魏公奏議上虜中事宜狀：（宋建炎三年，金天會七年，一一二九，己酉）記大石在鎮州遣使取道西夏與南宋聯絡。按本史上文卷二九此時已置北南面官屬。

金史卷三太宗紀：天會九年（一一三一）「八月辛巳，回鶻隈欲遣使來貢。九月己酉，和州回鶻執耶律大石之黨撒八、迪里、突迭來獻」。

〔七〕元朝秘史作古兒罕，元史紀作菊兒（罕），卷一二〇曷思麥里傳作闊兒罕。唐會要卷九八：「回紇：磨延啜立，國人號爲葛勒可汗，乾元元年七月，册命葛勒可汗爲英武威遠毗伽可汗。」元朝秘史記宏吉剌等十一部共立札木合爲局兒罕。索隱卷二：「案諸史拾遺，子孫蓋世襲其號，元史曷思麥里傳：『初爲西遼闊兒汗近侍』，聖武親征記：『契丹王菊兒汗。』菊兒汗即直魯古也。曰闊、曰菊，與葛音皆相近。又養新録：元史郭寶玉傳古徐鬼（兒）國，即元遺山劉氏先塋碑古續兒國。西遼世稱菊兒汗，菊、續音近。元史譯文證補太祖紀譯西域史作古兒汗，古兒，普也，古兒汗，衆汗之汗也。蓋其義猶固闌，亦作庫倫，古與葛、菊音相轉，如兒亦作倫作闌。」

〔八〕按下文「爾祖爾父宜加卹典」，此處似脱漏追謚父母謚號。上文亦只言「太祖八世孫」，未稱其父母。

〔九〕虎思斡耳朵，耶律楚材西游録作虎司窩魯朵，金史卷一二一粘割韓奴傳作骨斯訛魯朵，元史卷一二〇曷思麥里傳作谷則斡兒朵，卷一四九郭寶玉傳作古續兒國訛夷朵。志費尼世界征服者史（波伊勒英譯本、何高濟漢譯本）：蒙古時代，拜拉薩貢又名曰古八里（Gu balik），似即虎思斡耳朵。該城遺址在今蘇聯吉爾吉斯加盟共和國托克馬克西南二十四公里處。見拉施特史集俄譯本卷一第二分册。向達西遊録校注謂據蘇聯考古發掘判斷，在托克瑪克城東南十公里。八喇沙衮王國維西遼都城虎思斡耳朵考：「余謂虎思斡耳朵者，契丹之新名，其名行於東方。八喇沙衮者，突厥之舊名，早行於東西二土。八喇沙衮即唐書地理志之裴羅將軍城也。……及大石林牙既平西域，思復契丹故地，乃東徙於此。據遼史天祚紀：『自大石都此，訖直魯古亡，凡七十有八年，其末東徙時，則都於尋思干。』謂『班師東歸，馬行二十日得善地』，正與邱長春尋思干詩所謂『大石東過二十程』者相合。故西遼名尋斯干爲河中府，東徙之後，仍建爲陪都。西遊記云：『西南至尋斯干，萬里外回紇國最佳處，契丹都焉。』即以其西都言之。湛然居士集二和裴子法見寄云：『扈從出天山，從容游大石。』此大石謂尋斯干，蓋尋斯干與虎思斡耳朵爲契丹東西二都，故並得大石之名耳。」

索隱卷二：「案西遊記：西南至尋思干城，萬里外回紇國最佳處，契丹都焉。歷七帝，此不知西遼都城在尋思干東，不在尋思干西南。盛如梓庶齋老學叢談引湛然居士西游録曰：出陰山有阿里馬城，西有大河曰亦列，其西有城曰虎思窩魯朵，即西遼之都。於是李光廷漢西域圖考謂阿里馬城今伊犁塔勒奇城北之故城，亦列河即伊犁轉音，定西遼都城在伊犁河西。黄楙材西輶日記則疑有東西兩都：一在伊犁西南太清池東北；一在尋思干，即塔什干。（案此本官本遼史及通鑑輯覽。）李文田西游録注又疑虎思爲胡母思山蕃。丁謙並以爲無據，而據英人蘭斯得中亞游記云：過朱河四十六俄里，次卑施皮，人居甚夥，謂在今吹河之阿拉滅丁，即譯音八剌沙衮之地。」

〔一〇〕若按甲辰建元延慶計，則此年應是延慶十一年。遼史紀事本末卷四〇、中西交通史料匯編册五均作十一年。若按甲辰大石稱王僅稱元年，稱帝後始建元延慶，則延慶四年爲康國元年。其年已共同承認，但果是先有七年稱王未建元，抑由甲辰即建元延慶，尚無確證。

〔一一〕按忽兒珊戰役，左右翼合共五千人，即中軍以五千計，總數約計萬人。除戰場傷亡及大石所留親軍護衛人數，可推知此七萬東征軍中，絶大部分爲由西域當地補充之新軍，既已東行萬餘里，對新軍言，不是打回老家而是背鄉離井。此應與東征無所得有關。

〔一二〕在位二十年，自宋宣和六年甲辰、一一二四年至紹興十三年癸亥、一一四三年。按甲辰三十八歲計，終年五十七歲。

歸潛志卷一三北使記：「大契丹大石者，在回紇中，昔大石林麻，遼族也。太祖愛其俊辯，賜之妻。而陰蓄異志，因從西征，挈其孥，亡入山後，鳩集羣糺。徑西北，逐水草，居行數載，抵陰山，雪石不得前，乃屏車以駝負輜重，入回鶻，攘其地而國焉。日益强，僭號德宗，立三十餘年，死，其子襲，號仁宗。死，其女弟甘氏攝政，姦殺其夫，國亂，誅。仁宗者次子立以用非其人，政荒，爲回紇所滅。今其國人無幾，衣服悉回紇也。」長春真人西遊記：「又四程，西北渡河，乃平野，其旁山川皆秀麗，水草且豐美。東西有故城，基址若新，街衢巷陌可辨，製作類中州。歲月無碑刻可考，或云契丹所建，既而地中得古瓦，上有契丹字，蓋遼亡士馬不降者西行所建城邑也。又言西南至尋思干城萬里外回紇國最佳處，契丹都焉。歷七帝。」盛如梓庶齋老學叢談卷一：「湛然居士，國初時，扈從西征，有西游録述其事：出陰山有阿里馬城，西有大河，曰亦列，其西有城，曰虎思窩魯朵，即西遼之都，附庸城數十。」劉壎隱居通義：「沙子在契丹後彌數千里，往者女真既滅契丹，其臣大石林牙，携其子三晝夜踰沙子，立之數十年，粘罕不能近。」王圻續文獻通考卷二三八：「敵烈，遼太宗與穆、景之世，歲來貢。後遼主爲金所逼，歸於其部，耶律大石乃有其地。」

延慶三年（癸丑，一一二六）大石在額敏河流域，四周突厥部落來投者漸多，大石部衆增至四萬帳，其時東黑韓王朝八剌撒渾統治者苦於康里、割禄等突厥部落侵擾，無力對付，聞大石勢盛，遣使招請大石來援。（見志費尼世界征服者史漢譯本。）是年冬，大石從額敏河流域率師西南行，經賽里木湖畔，穿行陰山（今伊寧市以北之科古琴山，清代稱塔勒奇山。）隘谷，進入伊犁河流域，然後進向楚河流域之八剌撒渾城。

康國元年（甲寅，一一三四）春，大石率師進據八剌撒渾城，以該城爲國都，改稱虎思斡耳朵，改延慶四年爲康國元年，封八剌撒渾原統治者爲「亦里克・突厥」，猶言突厥君長。康國元年至三年（甲寅，一一三四—丙辰，一一三六）大石至八剌撒渾後，十一世紀時即已遷至東黑韓朝境内之數萬契丹人羣集大石麾下，大石威勢大增。（見巴托爾德文集卷二第一分册、梁園東編譯西遼史。）

大石逐漸擴大其統治地域，派遣鎮守官或監治官至各地各部落（志費尼書原文作Shahna 舍黑捏，爲相當於突厥詞「八思哈」之波斯－阿剌伯詞，即鎮守官或監治官）。即東北起葉尼塞河上游謙謙州，西南至巴兒思汗城（今蘇聯伊塞克湖南岸，曾爲西州回鶻最西端之邊城，十一世紀時撰寫突厥語大詞典之作者馬哈木·可失哈里之父即出生於該城，見韓儒林關於西遼的幾個地名，刊於元史及北方民族史研究集刊一九八〇年第四期，及巴托爾德文集卷五）。西起塔剌思城，東至伊犁河流域之牙分赤（馬合木·可失哈里認爲牙分赤是伊犁河南面之一河或一城鎮，見巴托爾德文集卷五及志費尼世界征服者史漢譯本）之廣大境域上。其後大石使康里人歸順并征服可失哈兒、斡端。（甲寅至丙辰年事，據志費尼世界征服者史漢譯本。）

康國四年（丁巳，一一三七）春，西遼軍征服西州回鶻，進入其都城別失八里，繼而從別失八里進軍拔汗那及河中。夏五月（回曆五三一年九月，公元一一三七年五月下旬至六月下旬），西遼軍大破西黑韓王朝河中汗馬合木於忽氈以東，征服了拔汗那及河中部分地區。（志費尼世界征服者史漢譯本、梁氏編譯西遼史。）

康國八年（辛酉，一一四一）。河中汗馬合木與西黑韓王朝割祿部軍事貴族發生衝突，馬合木汗求援於其姑父塞爾柱突厥算端桑札兒（一譯辛札兒）。六月桑札兒算端率師至。割祿軍事貴族求援於耶律大石。大石左袒割祿軍事貴族，率師出征河中，八月八日（一一四一年九月九日），西遼軍與桑札兒統率之西域各地伊斯蘭教徒聯軍十萬人大戰於尋思干（撒馬爾罕）以北哈忒旺草原及迪爾合木河畔，大石遣六院司大王蕭斡里剌、招討副使耶律松山等率軍二千五百人進攻右翼；遣樞密副使蕭剌阿不、招討使耶律朮薛等率軍二千五百人進攻左翼；大石親自率軍進攻中央。結果桑札兒算端聯軍大敗，其妻及許多伊斯蘭教首領被俘，士卒死亡三萬。馬合木汗隨桑札兒算端逃往忽兒珊（呼羅珊）。尋思干爲西遼軍占領，大石扶立馬合木汗之兄弟爲河中汗，從此河中地區成爲西遼藩屬。（本年據巴托爾德文集卷一、卷二第一分册、梁氏編譯西遼史。）

康國九年（壬戌，一一四二），西遼軍進據不花剌（布哈拉），並遣軍攻劫花剌子模鄉村。花剌子模王阿忒昔思遣使向大石稱臣納貢，每年繳納三千金底納兒貢賦。從此花剌子模國成爲西遼藩屬。（見巴托爾德文集卷一、志費尼世界征服者史漢譯本。）

至此耶律大石通過多年征戰，已建立起一東起西夏西界（即西州回鶻，大致在今新疆、甘肅交界處）；西至鹹海南岸花剌子模國；東北至葉尼塞河下游轄戛斯地區；西南到阿母河岸之西遼帝國。

康國十年（癸亥，一一四三），大石去世，廟號德宗，在位二十年（一一二四—一一四三），享年五十七歲（一〇八七—一一四三）。

子夷列年幼，遺命皇后權國。后名塔不煙，號感天皇后，稱制，改元咸清，在位七年。〔一〕子夷列即位，改元紹興。籍民十八歲以上，得八萬四千五百户。〔二〕在位十三年〔三〕殁，廟號仁宗。子幼，遺詔以妹普速完權國，稱制，改元崇福，號承天太后。後與駙馬蕭朵魯不弟朴古只沙里通，出駙馬爲東平王，羅織殺之。駙馬父斡里剌以兵圍其宮，射殺普速完及朴古只沙里。普速完在位十四年。〔四〕仁宗次子直魯古即位，改元天禧，在位三十四年。〔五〕時秋出獵，乃蠻王屈出律〔六〕以伏兵八千擒之，而據其位。遂襲遼衣冠，尊直魯古爲太上皇，皇后爲皇太后，朝夕問起居，以侍終焉。直魯古死，遼絶。

〔一〕據錢大昕十駕齋養新録卷八西遼紀年爲紹興十四年甲子（一一四四）至二十年庚午（一一五〇）。

〔二〕元文類卷五七宋子貞撰耶律公（楚材）神道碑：「國初方事進取，所降下者，因以與之。自一社一民，各有所主，不相統屬，至是始隸州縣。朝臣共欲以丁爲户，公獨以爲不可。皆曰：『我朝及西域諸國，莫不以丁爲户，豈可捨大朝之法而從亡國政耶！』公曰：『自古有中原者，未嘗以丁爲户，若果行之，可輸一年之賦，隨即逃散矣。』卒從公議。」西域以丁爲户。元初在中原，從耶律楚材議未以丁爲户。金史卷一二一粘割韓奴傳記西遼事云：「大定中，回紇移習覽（伊斯蘭）

三人至西南招討司貿易，自言『本國回紇鄒括番部，俗無兵器，以田爲業，所穫十分之一輸官。耆老相傳，先時契丹至，不能拒，因臣之。』」據此，似當地農業原係按地畝收成徵收實物税。巴托爾德突厥斯坦文化生活史：「哈剌契丹帶來他們在原籍所吸收的中國（中原）文化，在他所征服的地區，推行中原按户籍徵税之制。」（История культурной жизни Туркестана，В. В. Бартольд.）

劉郁西使記：「民賦歲止輸金錢十文，然貧富有差。」

依本・阿梯兒東突厥斯坦（Eastern Turkestan）：「他（葛兒汗）對於人民徵收賦税極低，每家只要納一個地納兒dinar。」每家即每户只收一個地納兒，屬按户徵税。丁年十八爲一户，實仍計丁納税。依本・阿梯兒全史卷一一：「他們（契丹人）按照本族固有習俗，生活在帳蓬裏。其駐地在烏兹干、巴拉沙衮、喀什噶爾及其郊區。」同書卷九：「夏天到布爾加爾地區放牧；冬天到巴拉沙衮過冬。」牧業仍是兩地轉徙放牧。牧業以丁爲户按户徵收；農業按收穫徵十分之一。

〔三〕據十駕齋養新録卷八西遼紀年爲紹興二十一年辛未（一一五一）至隆興元年癸未（一一六三）。

〔四〕據同上書爲隆興二年甲申（一一六四）至淳熙四年丁酉（一一七七）。

〔五〕據同上書爲淳熙五年戊戌（一一七八）至嘉定四年辛未（一二一一）。合二后、二主年數恰八十八年，與紀稱幾九十年合。自錢氏有此説，厲鶚、汪遠孫、李光廷皆同之。若齊召南帝王年表、李兆洛紀元編從明人説，紀西遼年始宋宣和七年乙巳，至嘉泰元年辛酉亡，皆與元史不合。元史譯文證補卷一下引西域史亦云古出魯克獲古兒汗，時西曆一二一一年，正當辛未歲。宋史卷三五孝宗紀：淳熙十二年（金大定二十五年，一一八五）四月「丙子，諜言：『故遼大石林牙假道夏人以伐金。』密詔吴挺與留正議之」。此時當直魯古期間，似未有假道西夏之事，應屬誤傳。

〔六〕元史卷一二一抄思傳：「抄思，乃蠻部人。其先泰陽，爲乃蠻部主。祖曲書律。父敞温。太祖舉兵討不庭，曲書律失其部落，敞温奔契丹，卒。」

中西交通史料匯編册五：「屈出律之名，拉施特史集作Guchluk，據元史太祖本紀，屈出律以太祖三年戊辰（一二〇八）奔契丹。」

屈出律，元朝秘史卷八作古出魯克。

元史卷一：太祖元年丙寅，「（太祖）發兵復征乃蠻，太陽罕子屈出律罕與脱脱奔也兒的古河上。……三年戊辰……冬，再征脱脱及屈出律罕，時斡亦剌等遇我前鋒，不戰而降，因用爲鄉導，至也兒的石河，討蔑里乞部，滅之。脱脱中流矢死，屈出律奔契丹。」聖武親征録：「戊辰冬，再征脱脱及屈出律可汗，時斡亦剌部長忽都花别吉等，遇我前鋒，不戰而降，因用爲鄉導，至也兒的石河，盡討蔑里乞部。脱脱中流矢而死，屈出律可汗僅以數人脱走，奔契丹王菊兒可汗。己巳春，畏吾兒國王亦都護聞上威名，遂殺契丹主所置監國少監，欲求議和。」元史卷一：「七年壬申，春正月，耶律留哥聚衆於隆安，自爲都元帥，遣使來附。八年癸酉春，耶律留哥自立爲遼王，改元元統。十年乙亥，……（冬）十一月，耶律留哥來朝，以其子斜闍入侍。十三年戊寅，伐西夏，夏主李遵頊出走西涼，契丹六哥據高麗江東城，命哈真、札剌率師平之，高麗王瞮遂降。」宋元通鑑卷九八：「遼人耶律留哥仕金爲北邊千户，蒙古兵起，金人疑遼遺民有他志，留哥不自安，遁至隆安，聚衆至十餘萬，自爲都元帥，遣使附於蒙古，遂自立爲遼王，改元元統，盡有遼東州郡，遂都咸平。」元好問遺山文集大丞相劉氏先塋神道碑：「車駕征契丹餘族，是爲西遼，歷古續兒國訛夷朵等城，戰合只，破之，遂征遜丹之斜迷思於普花見拒印度嗔木連，破其軍二十萬。」元史卷一：「十四年己卯，夏六月，西域殺使者，帝率師親征。十八年癸未夏，避暑八魯灣川，皇子术赤、察合台、窩闊台及八剌之兵來會，遂定西域諸城。十九年甲申，帝至東印度國，角端見，班師。」

拾遺卷一二：「屈出律出奔，元史不詳所終，至耶律留哥爲遼人之苗裔，西南諸國爲契丹之餘族，故備述其事以終遼紀焉。六哥疑即留哥之譌音也。」

元文類卷七〇歐陽玄高昌偰氏家傳：「仳理伽，年十六襲國相答剌罕，時西契丹方强，威制高昌，命大師僧少監來圉其國，恣睢用權，奢淫自奉。王患之，謀於仳理伽曰：『計將安出？』仳理伽對曰：『能殺少監，挈吾衆歸大蒙古國，彼且震駭矣。』遂率衆圍少監，少監避兵於樓，升樓斬之。」長春真人西遊記：「晚至南山下，即大石林牙，其國王遼後也。自金師破遼，大石林牙領衆數千走西北，移徙十餘年，方至此地。其風土氣候，與金山以北不同。平地頗多，以農桑爲務，釀蒲萄爲酒，果實與中國同。惟經夏秋無雨，皆疏河灌溉，百穀用成，東北西南，左右山川，延袤萬里，傳國幾百年。乃滿失國，依於大石，士馬復振，盜據其土。繼而算端西削其地，天兵至，乃滿盡滅，算端亦亡。」元朝秘史卷八：「鼠兒年，太祖起兵征乃蠻。」卷九：「牛兒年，屈出魯、脱脱阿相合於額的失不都而麻，太祖追及之，殺脱脱阿，屈出魯奔合賴乞塔部。」卷一一：「命者別追屈出魯，至撒里崑而止。」

元史卷一二〇曷思麥里傳：「曷思麥里，初爲西遼闊兒罕近侍，後爲谷則斡兒朶所屬可散八思哈長官。太祖西征，曷思麥里率可散等城酋長迎降，大將哲伯（即者別）以聞，帝命曷思麥里從哲伯爲先鋒，攻乃蠻，克之，斬其主曲出律。哲伯令曷思麥里持曲出律首往徇其地，若可失哈兒、押兒牽、斡端諸城，皆望風降附。」

金史卷一二一粘割韓奴傳：「初太祖入居庸關，遼林牙耶律大石，自古北口亡去，以其衆來襲奉聖州，壁於龍門東二十五里，婁室往取之，獲大石，並降其衆。宗望襲遼主輜重於青塚，以大石爲鄉導。詔曰：『遼趙王習泥烈、林牙大石、北王喝里質、節度使訛里剌、孛堇赤狗兒、招討迪六、詳穩六斤、同知海里及諸官民，並釋其罪。』復詔斡魯曰：『林牙大石，雖非降附，其爲鄉導有勞，可明諭之。』時天輔六年（應作天輔七年，即保大三年）也。既而亡去，不知所往。天會二年，遼詳穩撻不野來降，言大石稱王於北方，署置南北面官僚，有戰馬萬匹、畜産甚衆。詔曰：『追襲遼主，必酌事宜而行；攻討大石，須俟報下。』三年，都統完顔希尹言，聞夏人與耶律大石約曰：『大金既獲遼主，諸軍皆將歸矣。宜合兵以取山西諸部。』詔答曰：『夏人或與大石合謀爲釁，不可不察，其嚴備之。』七年，泰州路都統婆盧火奏：『大石已得北部二營，恐後難制，且近羣牧，宜列屯戍。』詔答曰：『以二營之故發兵，諸部必擾，當謹斥候而已。』八年，遣耶律余睹、石家奴、拔离速追討大石，徵兵諸部，諸部不從。石家奴至兀納水而還，余睹報元帥府曰：『聞大石在和州之域，恐與夏人合，當遣使索之。』夏國報曰：『小國與和州壤地不相接，且不知所往也。』皇統四年，回紇遣使入貢，言大石與其國相鄰，大石已死。詔遣韓奴與其使俱往，因觀其國風俗，加武義將軍，奉使大石，韓奴去後不復聞問。大定中，回紇移習覽三人至西南招討司貿易，自言：『本國回紇鄒括番部，所居城名骨斯訛魯朵，俗無兵器，以田爲業，所穫十分之一輸官。耆老相傳，先時契丹至，不能拒，因臣之。契丹所居屯營，乘馬行，自旦至日中始周匝。近歲契丹使其女壻阿本斯領兵五萬，北攻葉不輦等部族，不克而還，至今相攻未已。』詔曰：『此人非隸朝廷番部，不須發遣，可於咸平府舊有回紇人中安置，勿令失所。』是歲，粘拔恩君長撒里雅、寅特斯率康里部長孛古及户三萬餘求内附，乞納前大石所降牌印，受朝廷牌印。詔西南招討司遣人慰問，且觀其意，禿里余睹、通事阿魯帶至其國，見撒里雅，具言願歸朝廷，乞降牌印，無他意也。因曰：『往年大國嘗遣粘割韓奴自和州往使大石，既入其境，大石方適野，與韓奴相遇。問韓奴何人，敢不下馬。韓奴曰：「我上國使也，奉天子之命，來招汝降，汝當下馬聽詔。」大石曰：「汝單使來，欲事口舌耶！」使人捽下，使韓奴跪。韓奴罵曰：「反賊！天子不忍於爾加兵，遣招汝，爾縱不能面縛請罪闕下，亦當盡敬天子之使，乃敢反加辱乎！」大石怒，乃殺之。此時大石林牙已死，子孫相繼，西方諸部仍以大石呼之。（金皇統四年，當西遼仁宗夷列紹興三年，所稱大石即夷列。）」」

松漠紀聞：「遼亡。大實林牙亦降，後與粘罕雙陸争道，罕心欲殺之，而口不言。大實懼，及既歸帳，即棄其妻，携五子宵遁。詰旦，粘罕怪其日高而不來，使召之，其妻曰：『昨夕以酒忤大人（大音舵），畏罪而竄，詢其所之，不以告。』粘罕大怒，以配部落之最賤者，妻不肯屈，彊之，極口嫚駡，遂射殺之。大實深入沙子，立天祚之子梁王爲帝而相之。女真遣故遼將余都姑帥兵經畧，屯田於合董城（城去上京三千里）。大實遊騎數十，出入軍前，都姑遣使打話，遂退。沙子者，蓋不毛之地，皆平沙廣漠，風起揚塵，至不能辨色，或平地頃刻高數丈，絶無水泉，人多渴死。大實之走，凡三晝夜始得度，故女真不敢窮追。遼御馬數十萬，牧於磧外，女真以絶遠未之取，皆爲大實所得。今梁王、大實皆亡，餘黨猶居其地。」趙子砥燕雲録：「沙子裏，在沙院西北，去金國四千里，廣有羊馬，人藉此爲生，五穀惟有糜子，蕎麥，一歲一收，地極寒而草茂，冬月不凋，雖枯不梗，馬可卧，柔如氈毯。南接天德、雲内，北連党項國南關口，到此數程無水，惟契丹有使命往還，用皮毬盛水，駞負之。天祚有子趙王者，見在金門御寨。許王者，乃元妃所生，年十八九，今在沙子。天祚僞弟大石林牙，已立爲主，稱天輔皇帝，盛聞結集兵馬，已及數十萬，待時興舉。」拾遺卷一一二云：「（松漠紀聞、燕雲録）二書所紀，全與遼史不合。史本紀載梁王雅里爲耶律敵烈所立，非大石也。皇子表載天祚六子，趙王從天祚至白水濼，爲金師所獲。許王至青冢濼，爲金師所獲。大石宵遁入西域，至起兒漫。百官册立爲天祐皇帝，又安所得既獲之許王而立之乎？沙子地名亦不見遼史，此皆傳聞之誤。」

大石率師至可失哈兒（喀什噶爾）以東數天路程處，可失哈兒東黑汗王阿合馬・伊本・哈散率領軍隊來戰，大石大敗，大石之一員大將被俘。（見巴托爾德文集卷二第一分册所記一一三三年塞爾柱突厥算端桑札兒致報達宰相信。）

志費尼世界征服者史：「大石離西州東北行，進至葉尼塞河上游轄戛斯部駐地。」又云：「意欲取得原爲遼朝藩屬之轄戛斯部之支援。轄戛斯部欺其勢衰力弱，逐走之。大石退向西南，至今新疆西北部額敏河流域，逐漸建立葉密立城爲久駐之計。」

多桑蒙古史第一卷附録六哈剌契丹：「丞相阿剌丁朮外尼曰：『哈剌契丹諸汗，契丹人也。建此國者爲契丹要人，因國變而離其國，建國後號古兒汗，古兒汗猶言諸汗之汗也。相傳其去契丹時，從者僅七十人。（另一譯本作八十人）又據別一說，率軍甚衆，進至乞兒吉思境，肆抄掠。乞兒吉思人以軍來逐，遂退至葉密立之地，建築一城，今尚見其廢址。諸突厥部落相率聚其麾下，因統有四萬户，進至別剌撒渾，是即蒙古人所稱之胡八里也。此地君主自稱爲額弗剌昔牙卜之後，國勢衰微，其地之哈剌魯、康里諸部落，已不復奉其號令，且進而抄掠其領土。契丹王軍逼其境，不能敵，遣使延其至都城，願以國讓之。契丹王至別剌撒渾，廢其主，黜汗號，僅封之爲突厥長（Ilk-Turkan）。於諸州設置官吏。自忽木乞吉克（Coum-Kidjik?）達於巴兒撒兒章（Barserdjan?），自笞剌速（Taraz?）達於塔迷只（Tamidj?），皆隸版圖。已而征服康里，遣軍畧合失合兒、兀丹之地。別遣一軍往懲乞兒吉思。其軍歷取別失八里、拔汗那（Fergané）、河中諸地。算端斡思鑾（Osman）之先世，即於是時稱臣。古兒汗畧取諸地以後，遣將額兒訥思（Er-nouz）往討花剌子模。軍入其境，大肆焚殺。花剌子模沙阿即思乞降，許每年貢獻底納兒三萬（另一譯本作三千），布畜若干。額兒訥思許其降，而引軍還，後未久，古兒汗死。其后曲云克（Keuyounk）權國稱制。與人私通，其臣並其姦夫殺之。奉故主兄弟二人中之一人即位，而將別一人處死，妨其有害新君也。阿即思死，算端塔哈失嗣位以後，按期納貢於哈剌契丹，凡事皆承其主君之意而不敢違。後臨危時，囑其子摩訶末仍仿其臣事哈剌契丹。蓋此國爲東方之藩籬，可拒殘猛之民族也。摩訶末即位後，初數年仍如前納貢，與其主君初頗和好。故古兒國算端失哈不丁來侵時，古兒汗曾以萬人往援花剌子模，共敗古兒軍於安的火德之地。」史家剌失德在所撰成吉思汗同時諸王章中，述哈剌契丹朝之事云：「女真主滅哈剌契丹（遼國）之時，契丹貴人名訥失太傅者（張星烺譯屠石大夫Tushi Taifu），素爲其國人所尊，遂西奔。踰乞兒吉思之地，旋至畏吾兒突厥斯單。其爲人多智謀，頗有才具，極謹慎。曾在其地糾集重兵，（張譯作於所過諸國，能招集大軍）盡取突厥斯單全境，而號古兒汗，古兒汗猶言大汗也。其事在（回曆）五二二及五二三年間（一一二八及一一二九年）。訥失太傅死，其子繼立，時年七歲。

嗣君在世，以突厥曆計，得年九十二，（張譯無此句）以太陰曆計得年九十五。其歿年約在六一〇年（一二二三—一二二四）前後。成吉思汗誕生之時，古兒汗年三十四歲（張譯作四十四歲），在位約二十五年矣。」（剌失德，現多譯爲拉施特，此段參見拉施特史集第一卷第二分册，同文異譯。）

中西交通史料匯編册五引多桑蒙古史稱：「乃蠻部太陽汗者，屈出律之父也。爲成吉思汗所殺，部衆分散，勢力消滅。故屈出律於一二〇八年（宋寧宗嘉定元年、蒙古太祖三年，戊辰歲）與蔑里乞部長托克托訂攻守盟約。成吉思汗率軍攻屈出律及托克托於也里的石河，擊敗之於哲姆河。（張星烺注：元史卷一：「太祖三年冬，再征托克托及屈出律汗時，衛剌特部等遇我前鋒，不戰而降。因用爲向導，至也里的石河，討蔑里乞部，滅之。托克托中流矢死。屈出律汗奔契丹。」元史卷一二一速不台傳有蟾河。惟滅里吉之戰，乃在己卯歲，年代稍遲耳。元史卷一二二巴而朮阿而忒的斤傳亦載此戰，謂大戰於襜河。元聖武親征録：己巳歲，大戰於嶄河。嶄河、襜河皆與哲母音近。哲母者，也里的石之支流也。）一二一八年（元太祖十三年）成吉思汗征亞洲西部回教諸國時，遣諸延哲伯（張星烺注：哲伯之名見於元史卷一二〇曷思麥里傳、卷一二一速不台傳、卷一二二巴而朮阿而忒的斤傳。諾延，蒙古語王或酋長之稱號也。）率軍二萬人，討屈出律。屈出律時駐喀什噶爾。哲別兵將至，屈出律遠遁。哲伯出示，宣布宗教自由。人民爭殺屈出律之兵。蒙古人追屈出律，擒之於巴達哈傷。哲伯命斬之。」

中西交通史料匯編册二（中華書局二〇〇三年版爲第一編）：「耶律大石征服中央亞細亞，回教著作家亦有言之者。拉施特史集稱大石爲屠石大夫（Tushi Taifu），又世界征畧家傳記亦詳言大石事蹟。遼史此節（卷三十）雖短，而讀之幾如讀冒險談者。十二世紀初半，歐洲各國所傳之中央亞細亞某征畧家，即大石也。大石深染漢人文化，必爲佛教徒，而非基督教徒，可以斷然無疑。至傳爲基督教徒者，必聶派之好事者爲之也。盧白魯克遊記亦曾言之矣。盧之菊兒汗即遼史之葛兒罕，菊葛二字古音相近，回教著作家作古兒汗（Gurkhan）。大石卒，其後嗣皆仍稱葛兒罕，其義猶言普遍汗（Universal Khan）也。至直魯古即位，改元天禧，在位三十四年時，秋出獵，乃蠻王屈出律以伏兵八千擒之，而據其位。遂襲遼衣冠，尊直魯古爲太上皇，皇后爲皇太后，朝夕問起居，以侍終焉。直魯古死，遼絶。屈出律（回教著作家作Guchluk）者，乃蠻部長太陽汗之子，成吉斯汗未登大位先嘗與克烈部長王汗（元史又作汪罕）甚親密，及王汗敗死，太陽罕忌成吉思勢力日益澎漲，乃聯合蔑里乞部、克烈部、猥剌部暨秃魯班、塔塔兒、哈答斤、散只兀諸部，以抗成吉斯，戰於沆海山，敗績。成吉斯即位之三年，乃蠻部被滅，屈出律奔契丹（見元史卷一太祖本紀），契丹主直魯古善遇之，妻以其女。後竟篡位，聽其妻之言棄基督教而從佛教，一二一八年（宋寧宗嘉定十一年），成吉斯汗率師伐之，屈出律兵敗，奔巴達克山，被殺。（見多桑蒙古史第一册）屈出律初時及其所部乃蠻人，皆信基督教，盧白魯克及回教著作家皆言之確鑿也。盧白魯克此章第二段之温克王，亦見於馬哥孛羅遊記，孛羅謂温克即歐洲宣傳之拍萊斯脱約翰王（Prsster John）也。温克乃中國「王」字之訛音。堯烈部酋長王汗，受金封爵爲王。番言音重，故稱王爲王汗。王汗之名，中國人曰托里（見元史卷一），波斯史家謂爲托格魯耳（Togrul）。王汗嗣位，多殺戮昆仲，其叔父菊兒（元史太祖本紀僅作菊兒，元聖武親征録作菊兒可汗）帥兵與王汗戰，敗之，王汗僅以百餘騎脱走，來奔於烈祖（即成吉思汗之父也速該），烈祖親爲將兵逐菊兒走西夏，復奪部衆，歸於王汗，王汗之弟怨王汗多殺之故，復叛歸乃蠻部，乃蠻部長爲發兵伐王汗。王汗走河西、回鶻、回回三國，奔契丹（見元史卷一），王汗之叔亦名菊兒汗，故盧白魯克誤以爲此菊兒汗與西遼菊兒汗爲兄弟也。克烈部初在黑龍江鄂爾坤河及圖喇河兩流域。成吉斯時，喀拉和琳附近確爲克烈部所轄也。拉施特史集亦謂克烈全部皆信基督教，叙利亞之基督教著作家阿伯爾法拉哲斯（Gregory Abulfaragius）記一〇〇一年（宋真宗咸平四年）至一〇一二年（大中祥符五年）間，八吉打城（Bagdad 即報達城）教務大總管接呼羅珊麻甫城（Merv）主教書，謂遠在東北突厥内地，有克烈部王受洗禮信基督教。王遣使至麻甫城，請一基督教僧往其國，俾施洗禮。彼之部下臣民二十萬衆，將悉永奉基督教也。大總管應其請，派僧侣教師多人往其國。故克烈部之奉基督教，在北宋初遼人統治蒙古時已然矣。阿伯爾法拉哲斯大書特書，瑪力克岳忽難（Malik Yuhanna 約翰王之義）者，托里王汗之稱號也。馬哥索羅遊記亦明載温克汗者，即拍萊斯脱約翰也。成吉斯未興前，王汗及其部下，皆虔奉基督教，已無可疑。貴由大汗（即元定宗）登位時，小亞美尼亞王海敦遣其胞弟仙拍德，赴蒙古和琳賀之,仙拍德在撒馬兒罕城時致書於錫拍羅斯島王及后,其書今仍存在。書中有『當今大汗之祖未生時,基督教徒已流衍四方』一語,據各種記載觀之,聶派基督教之傳入蒙古爲期實甚早,北宋時必已大興矣。盧白魯克謂王汗初信基督教,後則背之而改奉佛教。余未能查得他種記載,以證明其説也。綜觀所有西人記載,約翰王之名,蓋已三變真人矣。第一爲十二世紀初半,格白拉地方主教在歐洲所傳之中央亞細亞征畧家,其幕後真人爲耶律大石,大石未必爲基督教徒,吾前已言之矣。大石或對於其國内聶派教徒,待遇極厚,而聶派人遂傳以爲信基督教,亦如盧白魯克書中所言蒙哥、貴由二汗情形也。西遼建國,幾九十年,典章文獻,皆已湮没,無可徵信。第二爲盧白魯克書中之乃蠻部牧羊者,其真人爲乃蠻部長屈出律。屈出律及其部下崇奉基督教,吾人幸尚有回教著作家可以證明也。第三爲基督教著作家阿伯爾法拉哲斯書明瑪力克岳忽難爲托里王汗之稱號也,最初所傳之約翰王與王汗相距百有餘年,其非一人可以斷然無疑,然事之西傳,絶非無因,余意耶律大石及屈出律當時,聶派教徒或曾確加以約翰王之徽號也。西方人姓氏種類無量數,且可隨意更改,至若名字則取諸新舊約經典有限數也。中國及受中國文明薰浴諸國則正相反,名字無量數,且可任意更改,至若姓氏,則世世相傳,不輕更易,且極有限數,西方人同名者十人中必有二三,國王同名,更不足奇也。」

志費尼世界征服者史上册記哈剌契丹諸汗:「彼等原居於契丹,且爲其地擁有權勢者,因某種原故使之離其國家,被迫流亡,履危涉險,跋涉遠行,彼等稱其王公首領爲菊兒汗,即衆汗之汗。

當其離開契丹時，僅由家人部下八十名陪同，據另一說，則由極龐大之部屬隨同。進抵吉利吉思國，發動進攻，遭遇抵抗。輾轉至葉密立，遂建一城，其基址至今猶存，此地有突厥部落甚衆，集合在菊兒汗麾下，多達四萬户。但在此不能久留，遂繼續前進，抵達蒙古人稱之爲虎思斡耳朵之八剌撒渾。該邦君王爲阿甫剌西牙卜之後，但無能力。該地哈剌魯及康里突厥人已擺脱其隸屬，進而常欺凌之，襲擊其部屬，抄掠其牲畜，竟無力拒止。聞菊兒汗及其部下移居，且人多勢盛，遂遣使道其軟弱及康里、哈剌魯人之强梁及奸詐，請蒞其都城，並以其版圖爲獻，從而得自脱於塵世之煩惱。菊兒汗遂進抵八剌撒渾，登臨寶座。由阿甫剌西牙卜後人接受汗號，並回授以夷離堇突厥蠻之銜。派沙黑納至由謙謙州（葉尼塞河流域）抵巴兒昔汗，由答剌速抵牙芬奇之各地方。不久，人畜兩旺，遂以康里人置於其統治之下，又遣軍往可失哈耳及忽炭，並征服該地區。又派一軍至吉利吉思之地，以報曩日受辱之仇，又征服别失八里，繼之出兵拔汗那與河中，凡此州邑均已臣服，算端（可汗）烏斯蠻之祖先、河中諸算端均認其爲宗主。因得如此勝利，軍隊亦大受鼓舞，騎士與馬匹亦大增，遂派其大將額兒布思出師花剌子模，洗劫村落，屠殺無辜。花剌子模沙（國王）阿即思遣使求見，願臣服於菊兒汗，並納一筆貢賦三千金的那，此款將於今後以貨物或牲口上交。締和後，額兒布思頒師回朝。菊兒汗不久崩逝，其妻塔不煙（一一四五——一一五〇）感天皇后繼承登基，頒發敕旨。百姓順服。後來她因爲淫亂，和跟她通奸的人，一起被處死。（按此係以寡妻與其女普速完倒混。普速完爲夷列之妹，大石之女。奸夫是她的夫弟蕭朴古只。)後由菊兒汗兩兄弟之一被選繼承。另一因圖篡國被除掉。被選者逐漸强大,委任官吏并派沙黑納於各地。兩兄弟事實上必爲夷列帝(一一五一——一一六三)的兒子,據遼史遺詔以其妹繼承,因他的兒子顯係長子仍在幼冲。然普速完死後,繼位者爲夷列幼子,從志費尼的叙述看,其長兄此時曾企圖維護其權力。次子即直魯古,最後一個菊兒汗(一一七八——一二一一),死於一二一三年。

當阿即思子帖乞失繼承時,繼續交納按規定之貢賦,極力討好菊兒汗。臨死時,告誡其子輩不得與菊兒汗交戰,亦不得撕毁已達成之協議,因其可爲阻擋强敵之長城。

算端摩訶末登基後,暫時仍納貢賦,保持雙方友誼。故在古耳的失哈不丁進攻算端時,菊兒汗曾派兵馬一萬人相助。在俺都淮參戰,敗古耳人。然算端仍存野心:認爲羣星之主均應低於其御傘,且須向之交納賦税,今向菊兒汗納貢,殊感煩惱。因停貢賦兩三年,遲遲不履行義務。最後菊兒汗派大丞相馬合木·太去督責其應交之賦税。但當使者來到花剌子模時,算端正準備對欽察之戰,不擬作無禮答復,以此違反其父訓。且彼將離國土,不願哈剌契丹人利用此時機,發動進攻,另一面又耻於接受藩屬地位。因未明確答覆,而以此事留於其母禿兒汗哈敦解決,遂即離去。

禿兒汗哈敦令尊禮接待菊兒汗之使臣。殷勤應酬,悉數交納年貢。另派使者隨馬合木·太入朝菊兒汗,表示歉意。同時保證恪守藩屬之約。然而馬合木·太已窺知算端之野心及無禮,並發覺其毫無屈尊；幾視世上所有諸侯皆爲其臣仆，即天公亦只能爲其侍者。馬合木·太回報菊兒汗。並稱：『算端不誠實，不會再納貢。』菊兒汗並未特别禮待算端使者，亦未重視其事。

算端由欽察戰役中凱旋而歸花剌子模，并開始策劃征服河中，率領一軍至不花剌，并遣密使四出，封官許願，特别對算端烏斯蠻進行拉攏。所有人都厭惡菊兒汗之長期統治，憎恨其税吏及地方官，遂一反從前作法，開始作威作福，無法無天。因此每人都接受算端邀請，既使之鼓舞，又博得其喜歡；於是算端由不花剌返回，約定來年進攻菊兒汗。

同樣在東方，菊兒汗的異密（埃米爾）亦開始謀叛。時，屈出律方侍菊兒汗，不能如意反對。聞知菊兒汗時運已變，國運摇摇欲墮，因請歸以召集其散離之舊部，以協助菊兒汗。此辭正合菊兒汗之意，信之。遂以貴重榮袍以顯揚之，封爲屈出律汗。走後菊兒汗悔之。遣人召四方諸侯，皆其所屬異密及代理人，如算端烏斯蠻等。時算端烏斯蠻請求菊兒汗之一女爲妻，未獲允。因之心懷不滿，拒不應召。反向算端摩訶末遣使表示效忠。仍在撒馬爾干用算端名字來誦讀忽慯巴，並打鑄錢幣，公開起兵反抗菊兒汗。菊兒汗征集三萬人應戰。再度攻下撒馬爾干，但不許造成重大損失，因彼視該地爲其府庫。但當屈出律在邊遠地區集中兵力，開始襲擊和蹂躏其領土時，爲擊退敵兵，遂由撒馬爾干撤軍，趕去應戰。聞有屈出律騷亂，及菊兒汗軍平亂時，算端乘機，進向撒馬爾干。衆算端出城相迎，奉獻國土。共攻菊兒汗，最後到達有塔陽古重兵戍守之答剌速。彼率兵出城交鋒。兩軍對陣相攻，兩軍左翼均將對方右翼擊敗，遂雙方撤兵。此時菊兒汗軍退却，塔陽古被俘；算端亦退兵。當其撤退時，契丹軍在城鎮、村落中鈔掠、屠殺。在抵八剌撒渾前，居民皆望算端征服該地區，緊閉城門，并在哈剌契丹軍到達時出兵拒戰，苦戰十六日，以爲算端在其後。馬合木·太與菊兒汗之諸異密試圖和解，並提出忠告，未得相信。最後，散在四方之契丹軍均集中；以此驅趕其自算端軍中所獲大象去攻城門，摧毁城門。四面匯集之軍皆進城，屠殺凡三晝夜，名紳四萬七千名被列入遇害者之中，同時菊兒汗之軍因得到大量戰利品而士氣大增。此時，由於鹵掠，及支付糧餉、薪金，國庫已空，於是馬合木·太恐有損自己財富，遂擬集軍士由屈出律處奪回之私財。當諸異密聞知此意時，均感不安；因煽動叛亂，獨立。同時，屈出律又準備行動，得知菊兒汗與其軍分開，城鎮與農村均遭受壓迫，且大部軍隊距之甚遠，遂利用時機，以閃電式襲擊菊兒汗，並擒獲之。遂向屈出律屈膝稱臣，但屈出律不受稱臣，且尊之爲父，以禮相待，不傷感情。菊兒汗原聘大異密之女。當其落入屈出律掌握中時，屈出律遂自娶之。兩年後菊兒汗去世（直魯古在一二一一年被屈出律所廢，死於一二一三年），西遼統治八十九年亡。」

B·B·巴托爾德記（參見蒙古入侵時期的突厥斯坦等）：

「契丹人曾分兩路西遷；一路由東突厥斯坦，但敗於喀什噶爾阿爾斯蘭汗·阿哈默德（即塔布噶乞汗·哈桑之子，阿爾斯蘭汗·蘇勒曼之孫）。伊本·阿提爾認爲此次導致契丹統帥陣亡之役，發生於延慶五年（一一二八年，回曆五二二年）；實際時間或稍晚，因蘇丹辛札爾在一一三三年七月寫給巴格達政府信中，稱此役爲不久前發生之事。

所有穆斯林史料均認爲，最先被契丹人征服之穆斯林統治者爲八剌沙衮之可汗。據伊本·阿提爾稱，早在阿爾斯蘭汗（或是蘇勒曼）時代，即有部分契丹人（一萬六千帳）移居謝米列契（七河流域）。初居於中國與黑汗王朝交界之地，負責保衛山區通道。以此曾分得土地，並領取薪餉。以後彼等攔阻一商隊，要求引之尋求水草豐盛之牧場，商隊遂引之向八剌沙衮，即謝米列契。十六世紀一編年史家曾引用一條材料，認爲此次遷移發生在一〇四一—四二年（回曆四三三年），當時阿爾斯蘭汗曾要求此輩移民信奉伊斯蘭教，而彼等堅執不從，但其他方面則完全接受，遂得安居其地。伊本·阿提爾則謂阿爾斯蘭汗常襲擊之，形成威脅。當契丹人進犯謝米列契時，此輩移民皆歸附其同族，相與征服突厥斯坦。

據朮外尼所稱，契丹人，或如穆斯林作家所稱之黑契丹人，係經乞兒吉思地區而達葉密爾，並在該地建一城，至十三世紀只餘遺址。可見，彼輩初居今塔城地區，人數達四萬帳。黑汗王朝之八剌沙衮統治者則誘使彼輩往攻曩曾爲其欺凌之突厥部落，即康里與葛邏祿；黑契丹人遂佔領了八剌沙衮，在自劍河至答剌速之城建立國家。此後，又敗康里部，征服突厥斯坦；一一三七年，在忽毯殺死馬窩拉那哈爾統治者馬哈木德汗；一一四一年，在喀特彎草原，即撒馬爾汗以北之石橋玉雅納古墓一帶，摧毀塞爾柱蘇丹辛札爾之軍。另派一支特別隊伍征服花剌子模。

謝米列契與突厥斯坦邊區并歸黑契丹版圖，帝國元首稱『葛兒罕』，即『諸汗之汗』。據伊本·阿提爾稱，第一代葛兒罕之衣著非常華麗，身穿中國絲綢，並按本族帝王風俗頭戴面紗，信摩尼教。在臣民中享有很高威望，馭軍紀律嚴格。嚴禁劫掠，每當攻占一城，每户只收一第納爾金幣作爲賦税。即行中原施行之户税制。但士兵與人通奸（即破壞當地居民家法）却不受懲罰。葛兒罕對其助手，既不給予封地（除短期出征），亦不令其統率騎士逾百人。凡歸順之地方酋首，令於腰間繫一銀牌，以示隸屬。此類藩臣甚多。葛兒罕直接管轄者有謝米列契南部，即固爾扎邊區和錫爾河地區東北部，葛爾罕大營設於伊犁以西之楚河沿岸，距八剌沙衮不遠，稱曰虎思斡耳朵或和托。伊犁以北之七河地區，屬葛邏禄可汗管轄，其首城爲海押立，在科帕爾以西平原。馬窩拉那哈爾和東突厥斯坦，仍由黑汗王朝統治。在葛兒汗境内，至少在後期，對帝國統治者有三種藩屬依附關係：一、有一葛兒罕常駐之代表，如早期突厥派駐契丹之吐屯（漢語稱監護官或少監），花剌子模即此類；二、定期由葛兒罕派來收税官；三、類似布哈拉僧侶頭目，於一定時期兼理世俗政權，爲黑契丹人征收賦税。

據伊本·阿提爾説，第一代葛兒罕死於一一四三年初；其女繼承王位，不久死去，政權入其母手中，即由葛爾罕之妻攝政，再後政權轉歸葛兒罕之子漠罕默德。據中國史書記載，黑契丹立國者之子耶律夷列執政，與其母之攝政，均在其妹之前。朮外尼亦可證明，據稱他説：十二世紀七十年代，黑契丹當權者爲葛兒罕之女。耶律夷列在其統治地區内曾作人口調查，計八萬四千五百户，此爲葛兒罕直轄區之遊牧民户。耶律夷列之妹，普速完，十三世紀初一位穆斯林作家則尊稱其爲『諸汗之汗』。據朮外尼言，在其當政期間，其夫實際掌權。據中國史書，伊曾謀殺其親夫，而公開與情夫同居，被殺者之父發兵圍王宫，普速完被迫出面當衆殺死情夫，而得以自救。朮外尼在叙葛兒罕之妻時稱，伊與情夫一道爲叛衆所殺，此係以葛兒罕之女誤爲其妻。朮外尼雖曾叙其女執政，但在黑契丹史概述中却未及此事。普速完死後，耶律夷列之次子直魯古繼位，據朮外尼稱，彼曾殺害其長兄。在若干穆斯林史料中，此最後之葛兒汗稱「馬尼」，但其他史料中，則稱之爲『庫曼』。

女人經常攝政，特别是謝米列契『瑪麗亞·斯圖亞特』之私生活，必然會削弱帝位威望。穆斯林作家叙述，可以設想，黑契丹某些顯貴實力，不比葛兒罕本人差。在此條件下，黑契丹帝國之統治制度便難於長久維持，儘管黑契丹人早在自己家鄉就已吸收中國文明的一切成果，而在統治制度上顯然優越於其他遊牧國家。正如朮外尼所指出，黑契丹之税官，與以前時代相反，對人民壓榨非常殘酷。葛兒罕使臣傲慢，頗傷藩屬王公之自尊心，以及不信教者之統治又傷害帝國人口中絶大多數穆斯林之宗教感情。很難斷定，葛兒罕本人究竟信奉何種宗教，以及第一代葛兒罕是否確如伊本·阿提爾所稱之摩尼教徒，或如奥伯特與查倫克所稱爲基督教徒，後者以之與中世紀歐洲傳説中之「聖徒約翰」視爲一人。但未提出任何足以令人信服之證據。甚至連十五世紀史家關於末代葛兒罕之女爲基督教徒説，亦無更早之史料印證。伊斯蘭教徒未曾受迫害，穆斯林作家均稱贊前兩代葛兒罕態度公正，並尊重伊斯蘭教。伊斯蘭教僅失去其統治宗教之地位，而與其他信仰平等，其他信仰亦獲得增加信徒之自由。景教教皇伊里亞三世，曾在喀什喀爾建一主教區，喀什噶爾主教銜，全稱爲「喀什噶爾和涅瓦克特之主教」，亦即喀什噶爾主教區，亦包括謝米列契南部在内。托克馬克與比希别克兩處最早之景教古墓，爲屬於黑契丹統治時代者。基督教之成就，或爲促使穆斯林宗教活躍原因之一，或與上述政治條件一起，爲引起中亞史上廣泛穆斯林運動之一原因。

葛兒罕自始意識到運動之危險及規模。運動始自和闐統治者之叛亂；葛兒罕當時已懷疑其穆斯林藩臣葛邏禄之阿爾斯蘭汗，并令其派出後備部隊，以迫使其表態：或參加反叛，或對穆斯林作戰，即使選取後一種，亦將尋找借口以消滅此危險之藩臣。阿爾斯蘭汗履行其主之要求。他在黑契丹顯貴中有一知己沙穆爾・塔班古，勸其警惕葛兒罕之意圖，并告以如其意圖實現，將有滅門之禍。所以，如爲自己後代計，則應先發於葛兒罕之前，服毒自殺，則其子將能繼承汗位。阿爾斯蘭汗從此忠告，後來，沙穆爾・塔班古確曾扶其子繼位，與葛兒罕使臣一同治理海押立。

黑契丹政府在對反叛之穆斯林藩臣中，最初取得完全成功，只是當那些受到成吉思汗排擠而從蒙古逃亡出來的遊牧民穿過帝國東部邊境時，情况發生了變化，率領這批遊牧民者爲屈出律，即蒙古西部最强悍之乃蠻部落末代可汗之子。據稱屈出律進入謝米列契後（約在一二〇九年），曾親見葛兒罕，據另外史料言，彼係被黑契丹軍隊所俘獲，但得葛兒罕之優遇，并許其召集本部已潰之部隊，但彼利用此機會謀反，以怨報德。术外尼關於屈出律曾與叛亂中最强大之穆斯林統治者花刺子模王摩訶末訂有某種條約之説，十分不可信，似據此條約，東突厥斯坦、固爾扎邊區與謝米列契，應歸先敗葛兒罕者所有。歷史學家涅塞維，比較熟悉花剌子模宫廷事，并熟悉摩訶末派往屈出律之一使臣，則稱：屈出律與葛邏禄之馬木竇汗（即阿爾斯蘭汗之子）結成聯盟，亦即其曾利用謝米列契反叛穆斯林之支持。屈出律曾劫掠葛兒罕在訛迹邗之金庫；同時（一二一〇年），花刺子模與撒馬爾罕之可汗斡思蠻結成聯盟，在答剌速附近的伊拉密什平原進攻黑契丹軍；戰鬥不够堅决，因此兩軍之右翼均被摧毁；但黑契丹統帥塔楊庫·塔拉兹被穆斯林俘獲，其軍隊亦被擊退。在傳聞穆斯林此勝利影響下，八剌沙衮居民不疑其王會馬上來臨，而對黑契丹人關閉城門。儘管有一效勞葛兒罕之穆斯林富户馬合末别爲之勸降，仍徒勞無益。八剌沙衮圍困十六日後被攻破，遭大劫三日，穆斯林凡死四萬七千人。可見，謝米列契之穆斯林曾望能得花刺子模王之援而未有結果；摩訶末僅在馬簻拉那哈爾確立權力。屈出律在八刺沙衮附近亦被黑契丹人擊潰；葛兒罕金庫落入黑契丹軍隊之手。當葛兒罕要求收回其錢財時，在黑契丹人中引起軍事叛亂，屈出律利用此叛亂，并成爲叛軍首領，衆叛親離之葛兒罕遂降。屈出律外表上仍尊之稱帝，直至老死，繼續在位兩年，而實權則握於屈出律之手。

凡此約發生在一二一二年。先是一二一一年，在謝米列契北部出現一支蒙古軍隊，由成吉思汗之一統帥忽必來那顔率領，葛邏禄之阿爾斯蘭汗（或是上述阿爾斯蘭汗之子和馬木竇汗之弟）命令殺死黑契丹駐海押立之地方官，而臣服於成吉思汗。穆斯林運動時期，固爾扎邊區有一新興地方勢力崛起，穆斯林布查爾初爲一匪幫首領，後勢力擴大，終於佔領當地主要城市阿力麻里，并稱號托格魯爾汗。同時亦自認爲成吉思汗之藩臣。

蒙古人在西方之勝利，爲一二一一年開始之對中國戰争所推遲，兵力受牽制，因使屈出律得以在葛兒罕帝國廢墟上確立其權力。首先，對穆斯林運動展開鬥争，正如以上所叙，彼曾爲自己目的利用過穆斯林運動。從宗教觀點看，穆斯林對屈出律之統治，亦同於對葛兒罕之統治，難於容忍。屈出律原先亦同於大多數乃蠻，爲基督教徒（景教徒）；但，後娶一黑契丹貴族婦女、即葛兒罕之末婚妻爲妻，按其要求改奉偶像崇拜（可能是佛教）。此外，穆斯林運動之主要領袖花剌子模王摩訶末，仍對屈出律進行不公正之譴責，謂其曾盜用花剌子模軍隊戰勝黑契丹之勝利成果，並劫走穆斯林已取得之戰利品。花剌子模王所派之使臣，亦威脅屈出律，但未得何結果。花剌子模王不僅讓葛兒罕帝國東部地區仍留在屈出律之手，甚至放棄其在錫爾河右岸之領地（除若干要塞外）。並進行破壞，以免留於屈出律。

摩訶末無力干涉屈出律在東突厥斯坦確立權力。屈出律在此地區雖未進行征伐，但接連三、四年每當秋穫期則去襲擊，使居民破産終至順從。由於穆斯林頑强抵抗，勝利者以堅決措施反對伊斯蘭教，要求穆斯林改信基督教或佛教，或者至少在外表上放棄其宗教，並改服中國服裝。

爲此曾派兵監督，屈出律分派士兵住於各穆斯林人家，對不順從者擁有最廣泛之權力。穆斯林禮拜、講經則被完全禁止。

屈出律在自己領地東北擒獲布查爾（當時他正在狩獵），殺之，圍阿力麻里，但由於一二一七年重新西征之蒙古人逼近而撤退。一二一八年，蒙古人派哲别那顔率兩萬人征屈出律。屈出律軍隊解其對阿力麻里之圍而撤退，哲别扶植布查爾之子蘇克納克・鐵根守阿力麻里。蒙古統帥在進入屈出律領地境内後立即宣佈：信教自由，因之穆斯林去反對其宗教迫害者。屈出律曾試圖在謝米列契地區一山道間反擊蒙古人，但被擊潰，而逃往喀什噶爾。顯然，蒙古人未遭任何反抗便占有八剌沙衮，因稱曰『谷八里』，即『好城』之意，蒙古人通常均以此名稱呼自願投降之城市。喀什噶爾穆斯林殺盡屈出律派住各家之士兵，有如迎接解放者歡迎蒙古人，由於蒙古軍隊紀律嚴明，和平居民未受任何損害。屈出律逃至撒里庫爾，被蒙古人擒殺之。」

耶律淳在天祚之世，歷王大國，受賜金券，贊拜不名。一時恩遇，無與爲比。當天祚播越，以都元帥留守南京，獨不可奮大義以激燕民及諸大臣，興勤王之師，東拒金而迎天祚乎？乃自取之，是簒也。況忍王天祚哉？

大石既帝淳而王天祚矣，復歸天祚。天祚責以大義，乃自立爲王而去之。幸藉祖宗餘威遺智，建號萬里之外。雖寡母弱子，更繼迭承，幾九十年，亦可謂難矣。

然淳與雅里、大石之立，皆在天祚之世。有君而復君之，其可乎哉？諸葛武侯爲獻帝發喪，而後立先主爲帝者，不可同年語矣。故著以爲戒云。

贊曰：遼起朔野，兵甲之盛，鼓行竅外，席卷河朔，樹晉植漢，何其壯歟？太祖、太宗乘百戰之勢，輯新造之邦，英謀叡略，可謂遠矣。雖以世宗中才，穆宗殘暴，連遘弑逆，而神器不摇。蓋由祖宗威令猶足以震疊其國人也。聖宗以來，内修政治，外拓疆宇。既而申固鄰好，四境乂安。維持二百餘年之基，有自來矣。

降臻天祚，既丁末運，又觖人望，崇信姦回，自椓國本，羣下離心。金兵一集，内難先作，廢立之謀，叛亡之迹，相繼蠭起。馴致土崩瓦解，不可復支，良可哀也！耶律與蕭，世爲甥舅，義同休慼。奉先挾私滅公，首禍搆難，一至於斯。天祚窮蹙，始悟奉先誤己，不幾晚乎！

淳、雅里所謂名不正，言不順，事不成者也。大石苟延，彼善於此，亦幾何哉？